ENZYKLOPÄDIE
DEUTSCHER
GESCHICHTE
BAND 31

D1668174

ENZYKLOPÄDIE
DEUTSCHER
GESCHICHTE
BAND 31

HERAUSGEGEBEN VON
LOTHAR GALL

IN VERBINDUNG MIT
PETER BLICKLE
ELISABETH FEHRENBACH
JOHANNES FRIED
KLAUS HILDEBRAND
KARL HEINRICH KAUFHOLD
HORST MÖLLER
OTTO GERHARD OEXLE
KLAUS TENFELDE

DIE ENTSTEHUNG DES DEUTSCHEN REICHES

VON
JOACHIM EHLERS

3., um einen Nachtrag erweiterte Auflage

R. OLDENBOURG VERLAG
MÜNCHEN 2010

Bibliografische Information der Deutschen Nationalbibliothek
Die Deutsche Nationalbibliothek verzeichnet diese Publikation in der Deutschen
Nationalbibliografie; detaillierte bibliografische Daten sind im Internet
über <http://dnb.d-nb.de> abrufbar.

© 2010 Oldenbourg Wissenschaftsverlag GmbH, München
Rosenheimer Straße 145, D-81671 München
Internet: oldenbourg.de

Umschlagentwurf: Dieter Vollendorf
Umschlagabbildung: Adlerfibel (Mittelrhein, 1. Hälfte 13. Jahrhundert);
Hessisches Landesmuseum Darmstadt, Inv.-Nr. Kg 31:10

Gedruckt auf säurefreiem, alterungsbeständigem Papier (chlorfrei gebleicht)
Satz: Schmucker-digital, Feldkirchen b. München
Druck und Bindung: Sachbücher dd ag, Birkach

ISBN 978-3-486-59280-1 (brosch.)

0/2 3426

Vorwort

Die „Enzyklopädie deutscher Geschichte" soll für die Benutzer –
Fachhistoriker, Studenten, Geschichtslehrer, Vertreter benachbarter
Disziplinen und interessierte Laien – ein Arbeitsinstrument sein, mit
dessen Hilfe sie sich rasch und zuverlässig über den gegenwärtigen
Stand unserer Kenntnisse und der Forschung in den verschiedenen
Bereichen der deutschen Geschichte informieren können.
Geschichte wird dabei in einem umfassenden Sinne verstanden:
Der Geschichte der Gesellschaft, der Wirtschaft, des Staates in sei-
nen inneren und äußeren Verhältnissen wird ebenso ein großes Gewicht beigemessen wie der Geschichte der Religion und der Kirche,
der Kultur, der Lebenswelten und der Mentalitäten.
Dieses umfassende Verständnis von Geschichte muß immer wieder
Prozesse und Tendenzen einbeziehen, die säkularer Natur sind, nationale und einzelstaatliche Grenzen übergreifen. Ihm entspricht
eine eher pragmatische Bestimmung des Begriffs „deutsche Geschichte". Sie orientiert sich sehr bewußt an der jeweiligen zeitgenössischen Auffassung und Definition des Begriffs und sucht ihn
von daher zugleich von programmatischen Rückprojektionen zu
entlasten, die seine Verwendung in den letzten anderthalb Jahrhunderten immer wieder begleiteten. Was damit an Unschärfen und
Problemen, vor allem hinsichtlich des diachronen Vergleichs, verbunden ist, steht in keinem Verhältnis zu den Schwierigkeiten, die
sich bei dem Versuch einer zeitübergreifenden Festlegung ergäben,
die stets nur mehr oder weniger willkürlicher Art sein könnte. Das
heißt freilich nicht, daß der Begriff „deutsche Geschichte" unreflek-
tiert gebraucht werden kann. Eine der Aufgaben der einzelnen
Bände ist es vielmehr, den Bereich der Darstellung auch geogra-
phisch jeweils genau zu bestimmen.
Das Gesamtwerk wird am Ende rund hundert Bände umfassen. Sie
folgen alle einem gleichen Gliederungsschema und sind mit Blick
auf die Konzeption der Reihe und die Bedürfnisse des Benutzers in
ihrem Umfang jeweils streng begrenzt. Das zwingt vor allem im dar-
stellenden Teil, der den heutigen Stand unserer Kenntnisse auf
knappstem Raum zusammenfaßt – ihm schließen sich die Darle-
gung und Erörterung der Forschungssituation und eine entspre-

chend gegliederte Auswahlbibliographie an –, zu starker Konzentration und zur Beschränkung auf die zentralen Vorgänge und Ent-
wicklungen. Besonderes Gewicht ist daneben, unter Betonung des
systematischen Zusammenhangs, auf die Abstimmung der einzelnen
Bände untereinander, in sachlicher Hinsicht, aber auch im Hinblick
auf die übergreifenden Fragestellungen, gelegt worden. Aus dem
Gesamtwerk lassen sich so auch immer einzelne, den jeweiligen Benutzer besonders interessierende Serien zusammenstellen. Ungeachtet dessen aber bildet jeder Band eine in sich abgeschlossene Einheit
– unter der persönlichen Verantwortung des Autors und in völliger
Eigenständigkeit gegenüber den benachbarten und verwandten
Bänden, auch was den Zeitpunkt des Erscheinens angeht.

Lothar Gall

Inhalt

Vorwort des Verfassers

Viele Generationen haben nach der Entstehung des deutschen Reiches gefragt, nähere Umstände beschreiben und den Zeitpunkt frühester Vollendung festlegen wollen. Lange war diese Frage Kernproblem deutscher Wissenschaft vom Mittelalter, verfolgt im Sinne des „Sanctus amor patriae dat animum" der Monumenta Germaniae Historica. Aber welches Vaterland war und ist gemeint? Eine Antwort wird uns schon deshalb nicht erspart bleiben, weil die europäische Staatengemeinschaft von dauerhaften nationalen Strukturen bestimmt wird und gültige Selbstdefinitionen ihrer Glieder erwarten muss. Wir können diesen Erwartungen einer historisch gebildeten und politisch bewussten europäischen Elite nicht mit unbeholfenen Hinweisen auf angebliche Überständigkeit des nationalen Prinzips entgehen, denn aus der permanenten deutschen Identitätskrise folgen Unsicherheiten für alle. Unsere Geschichte ist freilich komplex und bis heute von teilweise gegenläufigen Traditionen sehr hohen Alters geprägt, so dass sie sich nicht auf einfache Bilder mit scharfen Umrissen reduzieren lässt. Historische Analyse solcher Traditionen kann ein kohärentes Verständnis nationaler Geschichte zwar nicht ersetzen, aber Wege zu ihm öffnen und vor Wiederholung alter Irrtümer warnen.

Für Hilfe bei der ersten Auflage danke ich meiner Frau, die das Manuskript des enzyklopädischen Überblicks gelesen und dafür gesorgt hat, dass der Zwang zur Konzentration den Text nicht ins Unverständliche trieb; Johannes Fried hat als geduldiger Herausgeber mannigfache Erklärungen des seinerzeit säumigen Autors für glaubwürdig gehalten und immer wieder Zeit für anregende Gespräche gehabt. Die vorliegende dritte Auflage bemüht sich um repräsentative Beschreibung neuer Wege und Perspektiven der Forschung.

Berlin, im Januar 2010   Joachim Ehlers

I. Enzyklopädischer Überblick

1. Historisches Bewußtsein und historische Realität

Die Rede vom deutschen Reich des Mittelalters ist ein Mythos. Dessen heute noch wirkende Form bildete sich endgültig im 19. Jahrhundert aus und erhielt mit der nationalen Bewegung, die in der Gründung des „Zweiten Kaiserreiches" 1871 gipfelte, politische Dynamik: Erwartungen des modernen Nationalstaates wurden auf das mittelalterliche Reich übertragen, aus dem Vergleich mit der als Weltmachtanspruch mißverstandenen Autorität des älteren Imperiums legitimierte das neue Kaiserreich seine eigene Forderung nach zumindest europäischem Rang. Die auffällige Verspätung der deutschen Nationalstaatsbildung trat auf diese Weise umso deutlicher ins Bewußtsein und fand ihre Erklärung in der Annahme, ein seit der römischen Kaiserzeit mit sich selbst identisch gebliebenes deutsches Volk sei als geschichtsmächtige Größe dem modernen deutschen Nationalstaat vorausgegangen, aber durch bestimmte, mitunter als historisches Schicksal hypostasierte Umstände und Abläufe an einheitlicher, administrativ und machtpolitisch dauerhafter Staatsbildung gehindert worden: Die Italien- und Kaiserpolitik habe über Jahrhunderte beste Kräfte abgelenkt von den eigentlichen Aufgaben innerer Konsolidierung und äußerer Mehrung des Reichsgebietes nach Osten; immer wieder seien hoffnungsvolle Ansätze wie das Reichskirchensystem der Ottonen oder der Erbreichsplan Heinrichs VI. am Widerstand der Päpste oder am Partikularismus der Fürsten gescheitert; vor der zunehmend aggressiven Haltung der Nachbarn im Westen (besonders Frankreich), Norden (Dänemark), Osten (Polen) und Süden (Papsttum und italienische Kommunen) habe die schwache Staatlichkeit des Reiches stets aufs Neue zurückweichen müssen.

„Deutsches" Reich im Mittelalter?

Neben dieser von einem modern-unitarischen Ansatz her festgestellten progressiven Schwäche des Reiches konnte freilich die ebenso intensive Bildung von Territorialstaaten nicht übersehen werden, weder vom allgemeinen Geschichtsbewußtsein, das zumeist

Reich und Territorialstaaten

dynastiegebunden und dem Einzelstaat verhaftet war, noch von der kritischen Geschichtswissenschaft. Daraus ergab sich jener Bruch im deutschen Bild von der Vergangenheit, den Bismarck als seine persönliche Erfahrung beschrieb: „Jeder deutsche Fürst, der vor dem 30jährigen Kriege dem Kaiser widerstrebte, ärgerte mich; vom Großen Kurfürsten an aber war ich parteiisch genug, antikaiserlich zu urteilen und natürlich zu finden, daß der siebenjährige Krieg sich vorbereitete" [73: BISMARCK, Erinnerung, 2].

Dieser Antagonismus von Reich und Territorialstaat, von übergreifender Einheit und Regionen, von Gesamtstaatsidee und föderativer Realität ist als solcher sehr alt und läßt sich schon im frühen Gespaltene Mittelalter nachweisen. Er hatte immer zur Aufspaltung von Loyali-
Loyalitäten täten geführt und war insoweit ein gemeineuropäisches Phänomen, das erst mit zunehmender Verdichtung administrativer, fiskalischer und schließlich legislativer Befugnisse durch die Monarchie in Frankreich und England, im Reich durch die Fürsten, eine spezifische, unterscheidende Wirksamkeit entfalten konnte. Während das französische Königtum seit dem 12. Jahrhundert immer effektiver regierte und die Fürstentümer der in karolingischer Tradition gesamtstaatlich konzipierten Monarchie eingliederte, blieb die Herrschaftsgewalt des römisch-deutschen Königs hinter den allmählich wachsenden administrativen Kräften der Landesherren zurück. Aus diesen beiden Verlaufsformen ergab sich im Westen die früh angelegte Verbindung von höchster Legitimität und oberster Regierungskompetenz bei der Krongewalt, während das Reich ein Personenverband blieb, getragen vom König und den Fürsten, mit am Ende deutlichem Vorsprung an Staatlichkeit bei den Landesherrschaften. „Das Reich stand über den Staaten, wie der Kaiser über den Fürsten, es war ‚mehr‘ als ein Staat, konnte aber selbst kein Staat sein, und damit keine patria, und das ist der Grund, weshalb die Deutschen unendlich lange auf ein Vaterland gewartet haben. Ihre Geschichte in den letzten Jahrhunderten bleibt ohne die der älteren Jahrhunderte unverständlich" [127: WERNER, Art., 237].

Hier liegt zweifellos eine Sonderentwicklung vor, die durch Deutsche mehrere Dualismen gekennzeichnet ist: Dem König trat das von
Dualismen Kurfürsten und Ständen repräsentierte Reich gegenüber, den königlichen Hausmachtgebieten die Gesamtheit der sich ausformenden Territorien, den rudimentär entwickelten monarchischen Institutionen eine zunehmend akademisch professionalisierte Verwaltung im Fürstendienst. Immer mehr boten die deutschen Lande, jedes für sich und seine Dynastie, politisch-staatliche Rahmenbedingungen

für Kontinuität und Kohärenz, vor allem aber für das Bewußtsein historischer Legitimität.

Mit der Reformation wurden nicht nur die Unterschiede zum westlichen Europa deutlicher, es verschärften sich auch die Differenzen im Reiche selbst. Wie nahezu alle Lebensäußerungen unterlag auch das Geschichtsbewußtsein der Konfessionalisierung, und das hatte Folgen für die Bewertung der Geschichte des Mittelalters und der Kirche sowie für eine weitere Stärkung des dynastischen und staatengeschichtlichen Prinzips in der Historiographie. Neben die Tradition einheitlicher Kaiser- und Reichsgeschichte trat die Erfahrung segmentierter Welten in der politisch-patriotischen Realität.

Durch das Vordringen des Absolutismus intensivierte sich diese Erfahrung und trieb zur Suche nach Gegenbildern, mit denen eine aufgeklärt-bürgerliche Kritik ihren eigenen Standort historisch begründete. Ein solches positives Gegenbild war für Johann Jakob Bodmer (1698–1783) das mittelalterliche Wahlkönigtum, vor allem aber glaubte er in der althochdeutschen und mittelhochdeutschen Literatur jene Ursprünglichkeit zu finden, die der französisch-klassizistisch bestimmten Hofkunst fehlte [109: MERTENS, Bodmer]. Mit Bodmer haben auch Klopstock, die Dichter des Göttinger Hains und viele andere den hochformalisierten Charakter der höfischen Minnelyrik nicht erkannt; ihre Rückbesinnung auf das alte Reich blieb trotz der bewußten Abkehr von herrschenden Staatsordnungen ihrer Zeit letztlich einseitig kulturbezogen. Dies vor allem deshalb, weil der Graben zwischen intellektueller Isolation und höfischer Gesellschaft, zwischen „Geist" und „Politik" in Deutschland nahezu unüberbrückbar geworden war. „So gesehen trägt die langsam aber unaufhaltsam sich herausbildende Idee einer deutschen Kulturnation ohne und gegen die politische Nation auch die Züge eines Vergeltungsdenkens" [129: WIEDEMANN, Nationalgeist, 88].

Unter solchen Voraussetzungen hatte es die nationale Bewegung des 19. Jahrhunderts schwer, an Kontinuitäten anzuknüpfen, mit deren Hilfe das einzelstaatlich geprägte historische Bewußtsein zugunsten des geeinten Deutschlands hätte überwunden werden können. Besonders Preußen mußte zum Problem werden, weil es im Dualismus mit Österreich führende Macht des Deutschen Bundes geworden war, diese seine Qualität aber gegen das alte Reich gewonnen hatte. Schon im 18. Jahrhundert waren alle Versuche gescheitert, Friedrich den Großen zum deutschen Nationalhelden und damit zur Integrationsfigur zu stilisieren; die harsche Absage des

Mittelalter als Gegenbild

Preußen und die deutsche Nation

Königs an die sich erneuernde deutsche Literatur enttäuschte deren Autoren und Rezipienten gleichermaßen. Einmal mehr erwies sich das Kontinuitätsproblem als immer wiederkehrendes, bis heute nicht verklungenes Leitmotiv der deutschen Geschichte. Preußische Staatsgesinnung und preußischer Patriotismus haben der deutschen Einigungsbewegung mit Recht skeptisch gegenübergestanden; als dieser Prozeß schließlich nicht mehr aufzuhalten war, mußte die ältere Reichsgeschichte neuen historischen Konzeptionen angepaßt werden und erlitt dabei schwere Schäden, denn nun stand, als hoher Wert durch die Philosophie Hegels neu legitimiert, der Staat vollends im Zentrum des politischen und historischen Interesses. Das Fragen nach Gründen für die besondere deutsche Verspätung auf dem Weg zur Nation wurde deshalb begleitet von wissenschaftlichen Erklärungsmodellen, mit denen das offensichtliche Scheitern des mittelalterlichen Reiches als Staat ebenso verstehbar werden sollte wie das gleichwohl kräftige Einheitsbewußtsein der Deutschen in ihrer damaligen Gegenwart.

Staat als Norm

Damit freilich geriet das Reich in eine ihm nicht angemessene Perspektive, denn es wurde primär staatlich, d. h. unter den Bedingungen der zweiten Hälfte des 19. Jahrhunderts: nationalstaatlich, gesehen. Ein solcher Blickwinkel mußte zwangsläufig zu negativen Befunden führen. Wo aber der mittelalterliche Staat modernen Ansprüchen nicht genügte, also versagte, schien es doch ein deutsches Volk zu geben, das in nie verlorener Identität seit der „Vorzeit" bis in die Gegenwart existierte, hauptsächlich durch die reichen Zeugnisse gemeinsamer Sprache und Kultur definiert werden konnte und augenscheinlich jeder staatlichen Bildung als autonome, nicht weiter ableitbare Größe vorgeordnet war.

Deutsches Volk

Die so gedachte Relation zwischen Staat und Volk ist von der sich institutionell-organisatorisch rasch festigenden kritischen Geschichtswissenschaft aufgenommen, damit aber auch als empirisch gesicherter historischer Tatbestand langfristig legitimiert worden. Die Frage nach dem deutschen Staat des Mittelalters galt fortan als großes Thema einer Forschung, die sich selbstverständlich auch mit den Anfängen dieses Staates zu befassen hatte. Der Gegenstand fesselt die deutsche Mediaevistik bis heute, allerdings mit wechselnder Intensität und neuerdings unter stark veränderten methodischen Voraussetzungen.

Ein langer, kontroversenreicher Weg der Forschung hat ergeben, daß die Entstehung des deutschen Reiches kein objektivierbarer historischer Vorgang ist wie etwa die Entstehung der mittelalter-

lichen Stadt oder die Ausbildung landständischer Verfassungen,
sondern in erster Linie ein von vielerlei Voraussetzungen abhängi-
ges Problem historischer Urteilsbildung. Wir wissen heute, daß aus   Historische Urteils-
der Geschichte des Reiches, aus den politischen, verfassungsge-   bildung
schichtlichen, sozialhistorischen Befunden an sich, keine unmittel-
baren Aufschlüsse über seine Anfänge und Entstehungszeit zu ge-
winnen sind. Allenfalls ergeben sich Indizien für das Fortwirken
oder Auslaufen fränkisch-karolingischer Strukturelemente. Diese
karolingische Grundstruktur kann bis in Stadien so weitgehender
Transformation verfolgt werden, daß qualitativ Neues aufscheint;
ob solche nachkarolingischen Befunde zwangsläufig „deutsch" sein
müssen, ist höchst zweifelhaft und muß jeweils gesondert nachgewiesen werden.

Nachweise dieser Art sind aber, weil es zuvörderst um Ideen,
Konzepte, Geschichtsbilder, allgemein um Bewußtseinsinhalte geht,
nur durch genaue Analyse des Selbstverständnisses und der Urteils-
kategorien mittelalterlicher Zeitgenossen zu erbringen, denn allein
von ihnen aus kann über den fränkischen, sächsischen, römischen
oder deutschen Charakter des Reiches befunden werden. Um dessen Genese zu erforschen und darzustellen, muß aus den Quellen
das System der seinerzeit leitenden Maßstäbe und Möglichkeiten
zur Theoriebildung erhoben werden.

2. Reich und Nation

Ein ideengeschichtlicher Ansatz, der die politischen und gesell-   Ideengeschicht-
schaftlichen Zustände im Blick hält und auf Interdependenzen ach-   licher Ansatz
tet, wird dem komplexen Gegenstand am besten gerecht werden,
weil es eine wissenschaftliche Definition dessen, was „deutsch" ist,
nicht gibt und eine solche hier auch nicht geliefert werden kann.
Unser Gegenstand ist gleichwohl mittelalterlich vorgegeben, also
authentisch: Wir befassen uns mit dem entstehenden *regnum Teutonicum*, das im 11. Jahrhundert seinen Namen erhalten hat; wir untersuchen einen komplexen historischen Ablauf mittlerer Dauer und
fragen nach den Umständen der Namengebung, die weit mehr bedeutet als einen propagandistischen Ausfall der päpstlichen Kanzlei. Darüber hinaus aber erleichtert der ideengeschichtliche Zugriff
die Auseinandersetzung mit der älteren Forschung, die das Entstehen des deutschen Reiches keineswegs zu Unrecht mit den Anfängen der deutschen Nation verbunden hat. Kritik an der Tradition

und Rezeption vorliegender Ergebnisse dürfen einander nicht von vornherein ausschließen.

Methodische Überlegungen dieser Art müssen sich freilich mit der Frage auseinandersetzen, ob die europäischen Reichsbildungen der nachkarolingischen Zeit überhaupt als Nationen gelten können. Um skeptischen Einwänden, die häufig auf Mißverständnissen beruhen, wirksam zu begegnen, muß konsequent zwischen „Nationalismus" auf der einen, „Nationsbewußtsein" auf der anderen Seite unterschieden werden, weil im Nationalismus die pathologische Übersteigerung einer Gruppenbefindlichkeit vorliegt; die vielfach zwanghafte Tendenz, das Nationale zum wertsetzenden Prinzip für alle anderen Lebensbereiche zu machen und diesen absolut überzuordnen; Motive und Normen politischen, gesellschaftlichen, kulturellen Verhaltens allein aus dem nationalen Prinzip abzuleiten und gleichzeitig an ihm zu messen. Die mediaevistische Nationenforschung befaßt sich demgegenüber nicht mit der Pathologie, sondern geht von einer universalhistorisch, anthropologisch und ethnographisch erweiterten Perspektive aus, indem sie fragt, wie es überhaupt zur Integration von Großverbänden kommt. Auf diese Weise wird die Nation als wissenschaftlicher Gegenstand historisch relativiert und mit der notwendigen Distanz eine wichtige Voraussetzung kritischer Analyse geschaffen.

Zugleich verliert damit eine konventionelle Sicht an Bedeutung, die Nationen für spezifisch moderne, frühestens seit der Französischen Revolution ernsthaft diskutierbare Erscheinungen hält. Der tiefe Einschnitt, den die prozeßhaft zu verstehende Revolution seit der Mitte des 18. und noch in der ersten Hälfte des 19. Jahrhunderts [143: FURET, Revolution, 16–32] bewirkt hat, ist insofern unleugbar, als er das Ende alteuropäischer Schichtenspezifik bei politischen und gesellschaftlichen Integrationsvorgängen bedeutete: Die mittelalterliche Adels- und Klerikernation wich der Nation der Bürger, einem bürgerlichen Nationalstaat, an dem zu partizipieren weniger Recht als Pflicht bedeutete. Erst die Forderung nach nunmehr in den Massen sich verbreitendem Nationalbewußtsein schuf die Voraussetzungen für Nationalismus als Ideologie und Mobilisierungsinstrument.

Es handelt sich hierbei aber (was ein neuzeitlich verengter Blick gern übersieht) nicht so sehr um qualitative als vielmehr um quantitative Veränderungen, weil die Integrationsformen ihrer Struktur nach seit der Wanderzeit, also seit dem 4./6. Jahrhundert, überraschend wenig Modifikationen erfahren haben. Substantiell

Nationen im Mittelalter?

Moderner Nationalismus

neu ist lediglich die weitere gesellschaftliche Verbreitung des Groß-
gruppenbewußtseins auf neue Trägerschichten und die Formulierung der Zielvorstellungen. Nationenforschung ist deshalb auch als
Gesellschaftsgeschichte zu betreiben und muß unterscheiden zwischen dem, was die Träger des Nationsbewußtseins wollen und pro-
pagieren (intentionale Daten) einerseits und dem, was die Integration tatsächlich bewirkt (funktionale Daten).

Der Nutzen einer solchen methodischen Differenz, die zuerst
an ethnologischen Befunden entwickelt worden ist [150: MÜHL-
MANN, Methodik, 108–132], hat sich sowohl für die spezielle Analyse
als auch für die vergleichende Betrachtung europäischer Verbands-
bildungen und Ethnogenesen vor allem dadurch erwiesen, daß sie
Bedeutung und praktische Konsequenzen fiktiver Elemente im Geschichtsbewußtsein aufzeigen half. Wenn die durch Cassiodor/Jor-
danes im 6. Jahrhundert überlieferte „Stammessage" der Goten deren Herkunft von der nordischen Insel Skandza behauptet, von
Landnahme, Wanderung ins Pontusgebiet, Reichsgründung unter
Leitung von Königen berichtet und dabei eine seit den Anfängen
bestehende ethnische Homogenität voraussetzt, so ist die Fiktion offenkundig, weil die im Zuge generationenlanger, weiträumiger Orts-
verlagerung eingetretenen Veränderungen in der Zusammensetzung
des Verbandes ebenso negiert werden wie Akkulturationsprozesse
und politische Katastrophen. Die gleichwohl aufgestellte Behauptung einer Identität setzt konstante Elemente voraus, aus denen sich
ein entsprechendes Bewußtsein ergeben konnte.

Unter diesen Elementen steht das Königtum als politische Institution an erster Stelle, denn auf seinem Erfolg beruhte die Existenz des Verbandes. Nahezu gleich bedeutend ist die in der Erzählung ausgedrückte Überzeugung, eine gemeinsame Geschichte zu
haben. Dieses zweite Element ist insofern fiktiv (intentional), als es
die verschiedenen Stufen gotischer Ethnogenese außer acht läßt und
nicht berücksichtigt, daß keineswegs bei allen Mitgliedern des Verbandes ein solches Geschichtsbewußtsein zu finden war, sondern
nur bei einem engeren Kreis, dem „Traditionskern" [158: WENSKUS,
Stammesbildung, 75f.], der königsnah, aber ethnisch differenziert
gewesen ist.

Zwei wichtige Einsichten folgten aus Untersuchungen dieser
Art: 1. Die Integration von Großverbänden braucht einen politischen Rahmen, der in vorrevolutionären Gesellschaften üblicherweise von der Monarchie geboten wird. 2. Solche Integration reali-
siert sich auf der Basis konkreter Vorstellungen über die eigene Ver-

Ethnologie und
Ethnogenese

Traditionskern

gangenheit. Diese Vorstellungen mischen Reales mit Fiktivem und verhalten sich in jedem Fall der Wirklichkeit gegenüber selektiv. Offensichtlich falsch ist deshalb die Annahme, daß am Beginn der Geschichte einer Nation das Volk als bewirkende Ursache stünde, daß ein Volk sich seinen Staat schaffe. Es scheint sich vielmehr in aller Regel umgekehrt zu verhalten: Die politische Organisation, die Verfassung, hat, wenn die Reichsbildung eine gewisse Dauerhaftigkeit erlangt, erst in einem zweiten Schritt ethnogenetische Konsequenzen.

Das läßt sich durch den Vergleich mittelalterlicher Reiche belegen. Die „verspätete Nation" [153: PLESSNER] Deutschland und das vielfach als Idealtyp eines schon im Mittelalter ausgebildeten Nationalstaats betrachtete Frankreich sind Nachfolgestaaten des karolingischen Großreiches, 843 im Vertrag von Verdun zwischen Karl II. und Ludwig II. faktisch (durch den weiteren Geschichtsverlauf), nicht aber der Absicht nach (es handelte sich um eine der üblichen Reichsteilungen) angelegt. Sie haben von dieser ihrer gemeinsamen karolingischen Basis ausgehend durchaus verschiedene Wege eingeschlagen. Wir fragen nach den Gründen dafür.

3. Die Auflösung der karolingischen Ordnung Europas

3.1 Monarchie und Königswahl

Charakteristisch für die Einheit des karolingischen Großreiches mit seiner weiten Ausstrahlung über die Grenzen hinaus war der Gedanke monarchischer Herrschaft als christlich bestimmter Rechts- und Friedensordnung. Der König lenkte nicht nur das Reich, sondern auch dessen Kirchen. Diese enge Verbindung weltlicher und geistlicher Sphären war freilich ambivalent, und die Rangfolge kehrte sich um, wenn die Bischöfe ihrem Amtsverständnis entsprechend ein Recht zur Prüfung der Idoneität des Königs durchsetzen konnten. Das war 833 der Fall, als sich der bereits abgesetzte Kaiser Ludwig der Fromme noch einer öffentlichen Kirchenbuße unterziehen mußte, „ein geradezu atemberaubender Substanzverlust der monarchischen Autorität keine zwanzig Jahre nach dem Tod Karls des Großen" [179: SCHIEFFER, Karolinger, 133].

Es stellt sich deshalb die Frage, inwieweit karolingische Staatstheorie und Reichskultur über die nach Karls des Großen Tod im-

Christliche Rechtsordnung

mer spürbarer werdende Reichskrise hinaus noch weiterwirken
konnten. Als wesentliches Hindernis der Einheit hatte sich schon
zur Zeit Karls die schiere Größe des Reiches erwiesen, der zwar
durch Anerkennung regionaler Eigenständigkeit Rechnung getragen wurde, die aber unter den Kommunikationsbedingungen der
Zeit administrativ nicht zu bewältigen war. Das dynastische Erb-
prinzip verhinderte zudem ein immer wieder erneuertes Votum der
Großen für das Reich, wie es in späterer Zeit jede Königswahl in
überschaubaren Zeitspannen mit sich brachte.

Dieses Wahlprinzip hatte sich seit der Mitte des 9. Jahrhunderts
allmählich eingeführt, zunächst durch seine negative Komponente:
die Verlassung des Königs und die Einladung an einen anderen, der   Verlassung des
bis 879 freilich stets ein Angehöriger des karolingischen Hauses   Königs
war. 854 und 858 sagten sich führende westfränkische Große von
Karl II. los und luden Ludwig II. von Ostfranken ein; nach dem
Tod Lothars II. konnte Karl II. dessen Reich übernehmen und sich
869 in Metz krönen lassen; 879 erlangte mit Boso von Vienne, der
sich in der Provence erheben ließ, zum ersten Mal ein Nichtkarolin-
ger königliche Würde innerhalb des Frankenreiches; 887 verließen
die ostfränkischen Großen Kaiser Karl III. und wählten Arnulf;
888 schließlich war das Jahr der *reguli* [5: ANNALES FULDENSES, 116],
als sechs nichtkarolingische Prätendenten nach dem Königtum
strebten: Der Robertiner Odo in Westfranken, in Hochburgund der
Welfe Rudolf, in Italien Berengar von Friaul und Wido von Spoleto, Ludwig III. (Bosos Sohn) in der Provence, Ramnulf von Poi-
tiers in Aquitanien. Bis auf Wido haben alle Arnulf gehuldigt, der
sie seinerseits anerkannte und damit zeigte, daß er über den Rahmen des ostfränkischen Reiches hinaus keine realen Herrschaftsansprüche mehr stellte. Er hat die Gewalt über das Westreich sogar
ausdrücklich abgelehnt, als eine Adelsgruppe unter Führung des
Erzbischofs Fulco von Reims sie ihm anbot. Das war ohne Präze-
denz, ist aber noch kein Indiz für „ein neues, sich selbst genügendes
Gemeinschaftsbewußtsein, das als werdendes deutsches Volksbewußtsein gedeutet werden darf" [181: SCHLESINGER, Auflösung,
117]; aus der Zeit selbst besitzen wir kein die Situation reflektieren-
des Zeugnis wie das der *Chronica regum Francorum* aus dem 11.
Jahrhundert, die mit großer zeitlicher Distanz zu den Wahlen Arnulfs und des Robertiners Odo bemerkt: *Hic divisio facta est inter
teutones Francos et latinos Francos* [16: CHRON. REG. FRANC., 214],
und auch hier ist von Franken, nicht aber von Deutschen und Franzosen die Rede.

Wahlprinzip   Mit der Verlassung von Arnulfs Friedelsohn Zwentibold durch die Lothringer setzte sich 890 eine Tendenz fort, die 911 mit der Wahl Konrads als des ersten nichtkarolingischen Königs im Ostreich und mit den Wahlen Heinrichs I. und Arnulfs von Bayern 919 ihren Höhepunkt erreichen sollte: Von der Auswahl unter mehreren Söhnen des letzten karolingischen Königs über die Auswahl unter allen männlichen Angehörigen des karolingischen Hauses hin zur Auswahl unter nichtkarolingischen fränkischen Großen formte sich am Ende das Prinzip der freien Wahl auch nichtfränkischer Kandidaten.

3.2 Monarchie und Adelsherrschaft

Damit ging selbstverständlich eine weitere Stärkung adliger Mitwirkungsrechte einher, die sich schon 843 eindrucksvoll erwiesen hatten, als die *fideles* der Könige deren Auseinandersetzungen beendeten und die Teilungsmodalitäten bestimmten. Ähnliche Manifesta-

Adelsmacht   tionen der Adelsmacht gab es fortan immer wieder, wenn auch in verschiedener Ausprägung. Während Ludwig II. seine Oberherrschaft über die seit Karl dem Großen östlich des Rheins bestehenden regionalen politischen Einheiten, die *regna* Bayern, Franken, Sachsen und Alemannien, festigen konnte, indem er deren politische Führungsschicht für sich gewann, mußte Karl II. seine Herrschaftsansprüche vertraglich mit den weltlichen und geistlichen Großen teilen und sein Reich als „monarchie contractuelle" [174: MAGNOU-NORTIER, Propos, 550] begreifen lernen. Wirkte hier die geistliche Reformpartei noch kräftig mit, so war die Monarchie im Osten vor allem auf den Laienadel angewiesen, dessen mächtigste Repräsentanten je länger je weniger dulden wollten, daß der von ihnen Gewählte sich über den Kreis der Pares allzuweit erhob oder durch die geistliche Weihe ganz aus ihm ausschied. Nach den Erfahrungen mit der karolingischen Restaurationspolitik, die Konrad I. im Bund mit den Bischöfen verfolgt hatte, mußte Heinrich I. beim Regierungsantritt notgedrungen auf die Königssalbung verzichten und damit außer der Pflicht zu reichsweitem Kirchenschutz auch den Anspruch auf reichsweite Kirchenherrschaft aufgeben.

Dies blieb Episode. Otto der Große hat die Tradition der Königsweihe aufgenommen und eine mächtige Steigerung der sakralen

Herrschafts-   Würde seiner Herrschaft erreicht: die liturgische Repräsentanz des
theologie   in Christus begründeten Königtums und damit eine weiterwirkende Herrschaftstheologie, die später wesentlich zur unversöhnlichen

Schärfe des Konflikts zwischen Heinrich IV. und Gregor VII. beigetragen hat. Wenn es gleichwohl nicht zu einer der westlichen „religion royale" vergleichbaren monarchischen Theorie gekommen ist, so liegen die Gründe dafür in der hegemonialen Stärke des ottonisch-salischen Königtums, die 962 zur Übernahme der Kaiserwürde und damit in der Nachfolge der römischen Caesaren zum höchsten im Abendland denkbaren Legitimationsgrad geführt hat. Eigenständige Reflexion schien fortan weitgehend überflüssig.

Schon seit der Erneuerung durch Karl den Großen hatte das Kaisertum als Institution und als Idee so starkes Gewicht erlangt, daß es noch über den Vertrag von Verdun hinaus wirkte und trotz der Auflösung des Gesamtreiches nicht nur immer wieder Vereinigungsansätze hervortrieb, sondern auch Reichsbildungen außerhalb der fränkischen Tradition als undenkbar erscheinen ließ. Selbst Arnulf, der mit Karl III. einen Kaiser gestürzt und sich auf das Gebiet des Ostreiches konzentriert hatte, erwarb 896 noch die Kaiserkrone. Obwohl die Beziehungen der Teilreiche untereinander allmählich den Charakter von Außenbeziehungen annahmen und seit 842 (Straßburg) immer wieder *amicitiae* die Familienbindungen ersetzten, ist auch unter den nichtkarolingischen Königen der Folgezeit niemand zu erkennen, der sein Reich nicht als *regnum Francorum* verstanden hätte.

Auch die exzeptionelle Bedeutung des Mittelreichs, des späteren Lothringen, ist wesentlich aus dem Kaisertum zu erklären. 843 wurde dieser Raum Bestandteil des Reiches Kaiser Lothars I. und nach seinem Tod 855 als Teilreich seinem Sohn Lothar II. zugesprochen, dessen Namen es späterhin tragen sollte. 869 konnte es durch die Metzer Krönung Karls II. für einige Monate einen eigenen König haben, ehe es 870 im Vertrag von Meerssen an der Maas/Saône-Linie zwischen Karl II. und Ludwig II. geteilt wurde. Obwohl Lothringen durch den Vertrag von Ribemont 880 als Ganzes zum ostfränkischen Reich geschlagen worden ist, betonte der Adel 887 seine Sonderstellung, indem er Arnulf nicht folgte und erst 895 mit dem Unterkönigtum Zwentibolds eine Annäherung zuließ, die im Jahre 900 gefestigt schien, als auch die Lothringer Ludwig dem Kind huldigten.

911 zeigte sich noch einmal die Bedeutung Lothringens, das im Unterschied zu älteren *regna* wie Bayern, Sachsen oder Aquitanien keine Tradition außer seinem Rang als Heimat der Karolinger und, durch die *sedes* Aachen ebenso wie durch Lothar I., als Ort des Kaisertums aufweisen konnte. In jenem Jahr ging der lothringische

Kaisertum

Lothringen

Adel auf die Nachricht vom Tod Ludwigs des Kindes hin zu Karl III. von Westfranken über, der fortan in seinen Urkunden die Intitulatio *rex Francorum* benutzte, also den im 9. Jahrhundert herrschenden absoluten Königstitel der Karolinger aufgab und damit ein neues, regionalisiertes Herrschaftskonzept offenbarte, das auf der betonten Gleichsetzung von „Karolingisch" und „Fränkisch" beruhte. Damit führte er eine ältere Tendenz zur Monopolisierung des Frankennamens durch den Westen fort und stützte sie politisch auf die soeben erreichte Verbindung des zwischen Seine und Maas wirkenden Reichsvolkes der *Franci* mit Lothringen einerseits, auf die Absage an Großreichsvorstellungen andererseits. Bis ins 13. Jahrhundert lautete der französische Königstitel nun *rex Francorum*, ehe er durch die Intitulatio *rex Franciae* ersetzt wurde.

3.3 Regionalisierung

Die schwankende Haltung des lothringischen Adels weist ihrerseits auf eine alte und tiefwirkende Differenz zwischen jenen Teilen des großfränkischen Reiches, die einst zum römischen Reich gehört hatten, und den Gebieten, denen die romanisch-christliche Basis fehlte. Rheingrenze Der Rhein ist dadurch zur Kulturgrenze geworden, vor allem hinsichtlich der Kirchenverfassung mit ihren relativ festen, aus der römischen *civitas*-Organisation herrührenden räumlichen Einheiten. Aber auch für die weltliche Regierungs- und Verwaltungspraxis haben im Westen territoriale Vorstellungen stets größere Bedeutung gehabt als in der personalen Herrschaftsordnung des Ostens.

Der Romanisierung mit ihren Nachwirkungen entsprach sekundär die Frankisierung der *gentes ultra Rhenum*, denn auch bei Alemannien, ihnen ergaben sich Unterschiede der Akkulturation. In Alemannien Sachsen waren von vornherein fränkische Adlige als örtliche Vertreter der Königsherrschaft eingesetzt, in Sachsen dagegen haben einheimische Adelsfamilien schon während der Missionsphase die fränkische Sache unterstützt und sind dafür in den Königsdienst genommen worden. In Sachsen begann sich deshalb schon früh, um die Mitte des 9. Jahrhunderts, aus einem königlichen Auftrag zur Grenzsicherung gegen die Slawen der Dukat der Liudolfinger zu bilden. Gleichzeitig ist die stärkere Absonderung Sachsens aus dem gesamtfränkischen Bezug festzustellen; der letzte fränkische Hoftag auf sächsischem Gebiet hat 852 in Minden stattgefunden.

Auf fortgeschrittene Romanisierung und kirchliche Organisation ist dagegen die seit merowingischer Zeit bestehende Sonderstellung Bayerns im Frankenreich zurückzuführen, denn die 798 einge- Bayern richtete bayerische Kirchenprovinz Salzburg förderte einen Integrationsprozeß, der mit dem bayrischen Unterkönigtum der Kaisersöhne Lothar (seit 814) und Ludwig (seit 817) beschleunigt wurde. Anders als Sachsen aber blieb Bayern ein karolingischer Schwerpunkt und wurde zur Basis des ostfränkischen Reiches, neben die schon bald das Rhein/Main-Gebiet trat.

Die Herrschaft Ludwigs II. legte den Grund für das Fortleben einer die vier *regna* Bayern, (östliches) Franken, Sachsen und Alemannien übergreifenden Monarchie in den ostrheinischen Gebieten. Dieser Raum, seit der antiken Ethnographie als Germania Germania durch den Rhein von der Gallia geschieden, hat Ludwig II. den Beinamen *rex Germanorum* [4: ANNALES BERTINIANI] eingetragen. Im 19. Jahrhundert führte das, philologisch begründet durch die Gleichsetzung der Germanen mit den Deutschen und motiviert vom Wunsch nach möglichst früher Fixierung eines Zeitpunktes für die Entstehung des deutschen Reiches, zu der offensichtlich falschen Übersetzung „Ludwig der Deutsche". Einem König, der mehrfach Revision des Vertrages von Verdun und Herrschaft über das Gesamtreich angestrebt hat, wird das nicht gerecht. Es gibt auch keine Hinweise auf ein Sonderbewußtsein Ludwigs und seiner Berater, das über den Horizont fränkisch-karolingischer Tradition hinausweisen würde.

Die lange Dauer seiner Regierung († 876) hat aber zur Stabilisierung des ostfränkischen Reiches so wesentlich beigetragen, daß sein Sohn Ludwig der Jüngere nach dem Tod des Vaters das (östliche) Franken und Sachsen fest in der Hand hielt; wie im Vorgriff auf die berühmte Reichsdefinition WIDUKINDS VON CORVEY [46: Sachsen und III.63: *omnis Francia Saxoniaque*] sprach ein alemannischer Autor Franken auf der Reichenau vom *regnum Francorum et Saxonum* [13: BREVIARII ERCHANBERTI CONTINUATIO, 329] und benannte damit den politischen Kern des ostfränkischen Reiches ebenso präzis wie bald darauf die Kanzlei Arnulfs (887–899) mit der Wendung *per totam Franciam et Saxoniam* [D Arnulf 62].

Die Kohärenz des Ostreiches beruhte in der Tat auf diesen beiden großen Einheiten und auf der besonders an Franken haftenden karolingischen Tradition. Sachsen und Franken waren die wichtigsten Exponenten eines verfassungsgeschichtlichen Ablaufs, den die merowingischen Könige in Gang gesetzt und mit dem sie der ostrheinischen Bevölkerung dadurch eine feste Struktur gegeben hatten, daß sie deren Siedlungsgebiete unter einheitliche königliche Verwaltung stellten: Die vom Frankenherrscher als dessen Amtsträ-

Regna-Struktur

ger bestellten *duces* haben in den Gebieten östlich des Rheins die *regna* Bayern, Sachsen, Franken, Alemannien und damit politische Bedingungen verfestigt, unter denen Völker entstehen konnten. Diese *Baioarii, Saxones, Franci, Alemanni* waren mithin keine „deutschen Stämme" als Untergliederungen eines schon bestehenden „deutschen Volkes", sondern selbständige ethnische Gruppen, deren adlige Repräsentanten im dauerhaften Zusammenschluß des ostfränkischen Reiches erst die Voraussetzungen für eine erheblich später einsetzende deutsche Ethnogenese geschaffen haben. Diese Voraussetzungen gehören selbstverständlich zur deutschen Geschichte, die insofern weit früher beginnt als das deutsche Reich.

Retardiert durch immer wiederholte Initiativen der Karolinger, die enge Verbindung ihrer Amtsträger mit den jeweiligen *gentes* zu zerschlagen, tauchten um 900 im ostfränkischen Reich wieder *duces* auf, die nun aber nicht mehr unmittelbar im königlichen Auftrag handelten. Zunächst setzten sich in den von außen besonders bedrohten *regna* jeweils führende Familien durch: In Bayern die Luitpoldinger, die Liudolfinger in Sachsen; in Franken und Alemannien zog sich der Aussonderungsprozeß zwischen annähernd gleich mächtigen Familienverbänden über längere Zeit hin, ehe sich auch hier, begünstigt durch das unwirksame Königtum Ludwigs des Kindes (900–911), Herzogsgewalt anbahnen konnte: Konradiner (Franken) und Hunfridinger (Alemannien) haben freilich keine dauerhafte und den beiden anderen Dynastien vergleichbare Stellung erreichen können.

Als Ludwig IV. im Jahre 911 achtzehnjährig starb, ließ sich der mittlerweile zwischen Ost- und Westfranken eingetretene Sonderungsschub daran ablesen, daß niemand unter den bayrischen, sächsischen, fränkischen oder alemannischen Großen daran dachte, Karl III. von Westfranken einzuladen, obwohl es im Osten keinen männlichen Angehörigen des karolingischen Hauses mehr gab. Gewählt wurde vielmehr der fränkische Herzog Konrad, während der lothringische Adel sich Karl III. anschloß und damit den neuen ostfränkischen König von einem Teil der konradinischen Familiengüter abschnitt.

Konrad I.

Rückblickend erweisen sich die Sonderungsprozesse innerhalb des Frankenreiches seit 843 als so vielschichtig, daß monokausale Deutungen von vornherein auszuscheiden haben. Auf der Grundlage einer noch im 10. Jahrhundert nachweisbar wirkenden fränkischen Gemeinsamkeit lassen sich in West und Ost Schübe einer je eigenen Konzentration erkennen, die östlich des Rheins stärker auf

Initiativen des Adels, im Westen eher auf das Wirken der Bischöfe zurückzuführen sind. Progressive Steigerung adliger Mitwirkungsrechte, besonders weitgehend bei der immer mehr von dynastischen und im Osten auch von fränkischen Reichsvolk-Konzeptionen gelösten Königwahl, führte allmählich zu verschiedenen politischen Kulturen; diese Tendenz ist nachhaltig von älteren Differenzen aus einer mehr oder weniger starken Romanisierung gefördert worden, die sich in unterschiedlich intensiver Rezeption der durch Karl den Großen geprägten Reichskultur fortgesetzt haben. Einer am Ende stärkeren politischen Kohärenz der auf vier *regna* ruhenden ostfränkischen Monarchie trat im Westen ein sich selbst sakralisierendes Königtum gegenüber.

4. Die Integration des Reiches

4.1 Ostfränkische Reichseinheit

Historische Phänomene von großer Dauerhaftigkeit erscheinen im Rückblick allzuleicht als selbstverständlich und gleichsam elementar gegeben. Erst bei näherer Betrachtung zeigen sich die Komplexität, das Zufällige und die Schwäche der Anfänge. Auch das ostfränkische Reich ist generationenlang eine Herausforderung für die Integrationskraft seiner Könige gewesen; als Personenverband mußte es immer wieder begründet und bestätigt werden; es war keine Institution, die der König übernahm, sondern Ausdruck des Konsenses seiner Träger. Diesen Konsens hatte der König über Gegensätze traditioneller, historisch-politischer und nicht zuletzt familiärer Natur hinweg zu finden, wobei neue Konflikte entstanden, die auch auf das Königshaus wirken und von dessen Angehörigen wiederum in die Adelsgesellschaft hineingetragen werden konnten. Der König handelte dabei nicht als Exponent eines auf Zusammenschluß gerichteten Volkswillens, sondern er schuf im Zusammenwirken mit den Großen und häufig genug gegen sie Bedingungen, unter denen ein Bewußtsein supragentiler Einheit erst entstehen konnte.

Schon die grundsätzliche Definition ostfränkischer Königsherrschaft war strittig, als Konrad I. am 23. Dezember 918 starb. Die Erhebung des sächsischen Herzogs Heinrich zum König durch fränkische und sächsische Große bezog sich zwar auf das gesamte, von Konrad hinterlassene Reich, ruhte aber bei weitem nicht auf allgemeinem Einverständnis seiner Repräsentanten. Den wenigen Quel-

Adelskonsens

Heinrich I.

len, die mehr als eine Generation später und durchweg aus sächsischer Sicht berichten, läßt sich entnehmen, daß der in Bayern und Alemannien führende Adel während der fünf Monate zwischen dem Tod Konrads und dem Fritzlarer Akklamationsakt seine Zustimmung verweigert hat; umstritten bleibt, ob die Bayern ihren Herzog Arnulf damals zum König gewählt haben und, falls das der Fall gewesen sein sollte, für welchen Herrschaftsbereich. Ein Anspruch Arnulfs auf das ostfränkische Königtum war aus der Tradition Ludwigs II. sehr wohl herzuleiten; angesichts fränkisch-sächsischen Widerstandes aber könnte eine Beschränkung auf das *regnum Baioariorum* nahegelegen haben und damit die Lösung aus dem Verband des Reiches. Ein solcher Schritt ist sehr viel später nochmals erwogen worden, als Otto von Northeim zum Sonderkönigtum in Sachsen gedrängt wurde [28: LAMPERT VON HERSFELD zu 1074, 179]. Was in der zweiten Hälfte des 11. Jahrhunderts keine Aussicht mehr hatte, war im ersten Viertel des 10. noch durchaus realistisch.

Bayern und Alemannen
Unter diesen Umständen mußte Heinrich I. das von Konrad hinterlassene Reich wieder herstellen, indem er Bayern und Alemannen zur Anerkennung seines Königtums veranlaßte. Während Burchard, der in Alemannien noch um seine herzogliche Stellung kämpfte, alsbald huldigte, konnte Arnulf auch durch militärischen Druck nur zum *amicus regis* [46: WIDUKIND I.27] gewonnen werden: Ein Abkommen, das Arnulf die selbständige Herrschaft bei voller Kirchenhoheit beließ, war das erreichbare Maximum an Integration.

Fränkische Legitimation
Heinrich I. hat sein Königtum fränkisch, genauer: ostfränkisch, legitimiert, denn das war die einzig mögliche Form monarchischer Herrschaftsbegründung in dem von ihm beanspruchten Reichsverband. Ein sächsischer König konnte nicht über die drei anderen *regna* herrschen, ein „deutscher" war im Rahmen des karolingisch geprägten historisch-politischen Denkens der Zeit nicht vorstellbar, und dementsprechend stand der Begriff für ein solches, gegen die Tradition konzipiertes und damit von vornherein legitimationsschwaches Königtum noch nicht zur Verfügung. Deshalb lag es nahe, Anerkennung durch den im Westen herrschenden Karolinger Karl III. zu suchen, um Zweifel am Recht des nichtfränkischen Königs zur Nachfolge im ostfränkischen Reich zu entkräften.

Bonner Vertrag
Diese Anerkennung hat Heinrich I. im Bonner Vertrag vom 7. November 921 erreicht. Karl III. gestand ihm darin den Titel *rex Francorum orientalium* zu und nannte sich selbst *rex Francorum occidentalium*, was seiner von 911 an verfolgten, auf das Westreich kon-

zentrierten politischen Konzeption entsprach. Im Gegenzug erkannte Heinrich I. Lothringen als Bestandteil des Westreiches an. Diese *amicitia* ist ein Dokument der Sonderung, denn zum ersten Mal wurde ein nichtfränkischer König auf dem Boden des Frankenreiches als *rex* anerkannt und damit die traditionelle Vorstellung von der einheitlichen fränkischen Monarchie nur mehr mühsam und fiktiv aufrechterhalten.

Nach dem Sturz Karls III. hat Heinrich sich über den Bonner Freundschaftspakt hinweggesetzt und eine Huldigung lothringischer Großer akzeptiert, die sich 925 zu allgemeiner Anerkennung erweiterte. Mit der Übernahme Lothringens war der Umfang des späteren *Regnum Teutonicum* erreicht, doch bis in die 80er Jahre des Jahrhunderts mußten sich die Nachfolger um Sicherung der Neuerwerbung bemühen: Heinrich I. hat auch hier eher einen Anspruch formuliert als sichere Tatsachen geschaffen. Durch Lothringen erweiterte sich das Reich um ein Drittel seines bisherigen Raumes; vor allem aber hatte dieser Zugewinn einer fränkischen Zentralregion von wirtschaftlicher Kraft und hoher zivilisatorischer Qualität langfristige Wirkungen für Existenz und Ausgestaltung der ostfränkischen Monarchie. Ihr gehörte jetzt die Heimat der Karolinger und mit Aachen die späte Residenz Karls des Großen, neben Rom der wichtigste Punkt imperialer Topographie. [Gewinn Lothringens]

Durch seine Bündnisse und Absprachen mit dem Adel des ostfränkischen Reiches hatte Heinrich I. einen Rahmen abgesteckt, den er dynastisch festigte. Die berühmte „Hausordnung" von 929 sollte die liudolfingische Herrschaft über den Tod des regierenden Königs hinaus sichern und sah als unerhörte Neuerung die Individualsukzession vor. Außerdem setzte diese Ordnung die Königsfamilie zur Integration des Reiches ein, unterwarf sie damit einer Zerreißprobe und bereitete die Regierung Ottos I. in wesentlichen Zügen vor. [„Hausordnung" Heinrichs I.]

Einzigartig wie der Gedanke, die alleinige Nachfolge des ältesten Sohnes aus der Ehe Heinrichs I. mit Mathilde im voraus festzulegen, war auch die Art seiner Durchsetzung auf einem Umritt, bei dem der König die Zustimmung der Großen aller *regna* einholte. Daß sie eine Nachfolgeregelung anerkannten, die zugleich über die künftige Stellung des Königshauses entschied, bedeutete nichts anderes als eine Dokumentation des Willens zur Mitwirkung an den großen, überregionalen Entscheidungen und damit ein erneuertes Votum für das Reich. Dessen Geschichte muß spätestens in der ersten Hälfte des 12. Jahrhunderts so beurteilt worden sein, daß die

Regierung Heinrichs I. als entscheidende Caesur erschien. „Von da an rechnen manche nach dem Reich der Franken das Reich der Deutschen" [40: Otto von Freising, VI.17].

Angelsächsische
Heirat
Bestandteil der Ordnung von 929 war die Verheiratung des künftigen Königs mit Edgith, Tocher Eduards des Älteren von Wessex und Halbschwester König Aethelstans. Das bedeutete zwar eine Abkehr vom Heiratsbrauch der Karolinger, die ihre Gemahlinnen aus dem fränkischen Adel genommen hatten, aber mit dieser Ehe wurde das liudolfingische Königtum „erheblich authentischer und deutlicher" [229: Leyser, Wessex, 78]: Die angelsächsische Monarchie war so alt wie die fränkische, zu Edgiths Vorfahren gehörte der im Heidenkampf gefallene Märtyrerkönig Oswald, ihre Schwestern waren mit Karl III., Hugo von Francien und ins burgundische Königshaus verheiratet. Durch die Verbindung Ottos mit Edgith setzten sich die Liudolfinger zum ersten Mal unübersehbar vom ostfränkischen Adel ab.

Karolingische
Tradition
Unter solchen Voraussetzungen erweist sich die demonstrative Wendung Ottos I. zur karolingischen Tradition als Fortsetzung eines Herrschaftsverständnisses, dessen Grundzüge schon unter seinem Vater entwickelt worden sind. Das Ende der *amicitia*-Politik zugunsten des Anspruchs auf königliche Oberherrschaft führte vor dem Hintergrund eines durch die Hausordnung entzweiten Herrscherhauses zu langwierigen, schweren Konflikten besonders mit sächsischen Adelsfamilien, aber die fränkisch-karolingische Komponente der ottonischen Herrschaftstheorie bleibt fortan unübersehbar. Aachen ist bis zum Ende des Mittelalters Krönungsort gewesen, durch die Goldene Bulle seit 1356 reichsrechtlich gesichert; Liturgie und Zeremoniell der Königsweihe erhielten sich in den Grundzügen unverändert; Heilige Lanze und Reichskrone gehörten seither zum festen Bestand der Reichsinsignien.

Lechfeldschlacht
Einen gewaltigen Schub für das ostfränkische Einheitsbewußtsein bedeutete schließlich die Lechfeldschlacht im Jahre 955, die mit Ottos des Großen Sieg über die Ungarn seine Praeponderanz im Reich und im Abendland sicherte. Insofern weist dieses Ereignis über den ostfränkischen Bezugsrahmen hinaus und gehört mit dem christlichen Auftrag zu Heidenkampf und Mission in das Vorfeld der Kaiserkrönung.

4.2 Rom und das Kaisertum

Die Bedeutung des Kaisertums für Reich und Nation kann schwerlich überschätzt werden, denn auch mit dieser Würde knüpften die ostfränkischen Herrscher seit 962 an das karolingische Erbe an. Zugleich übernahmen sie fortan als Inhaber der nach christlichem Verständnis letzten Weltmonarchie und als höchste Repräsentanten irdischer Gewalt heilsgeschichtliche Verantwortung. Im Laufe der Zeit ist dieser imperial und eschatologisch bestimmte Reichsgedanke bis zu einem gewissen Grade auch für die politische Willensbildung des Adels leitend geworden, so daß er als spezifisch mittelalterliche Form deutschen Nationsbewußtseins angesehen werden kann. Das wirksamste, theoretisch formulierbare Integrationsprinzip war demzufolge nicht deutsch, sondern römisch geprägt; anders gewendet: Die Bildung von Reich und Nation hat sich auf politischer, nicht auf ethnischer Grundlage vollzogen. Kaisertum und Nationsbildung

Ein Bewußtsein vom hohen Rang dieses karolingisch tradierten und römisch-heilsgeschichtlich definierten Kaisertums, das nun in den Händen des ostfränkischen Königs und der sein Reich tragenden Aristokratie lag, war den Zeitgenossen bald selbstverständlich. Nicht lange nach 1150 schrieb ein Enkel Heinrichs IV. und Halbbruder Konrads III., der Bischof Otto von Freising, „daß das Reich der Deutschen, das jetzt ... im Besitz von Rom ist, ein Teil des Frankenreiches" sei und daß man Otto den Großen als ersten *rex Teutonicorum* ansehen könne, „... nicht, weil er als erster über die Deutschen regiert hat, sondern weil er nach den Herrschern, die nach Karl ... Karolinger genannt wurden wie die Merowinger nach Merowech, als ein aus ... sächsischem Blut stammender die Kaiserwürde an die deutschen Franken (*ad Teutonicos Francos*) zurückgebracht hat" [40: OTTO VON FREISING. VI.17]. Heilsgeschichtliche Perspektive

Hier findet sich nicht nur der fränkische Charakter des Reiches klar ausgesprochen, sondern auch die ursächliche Verbindung von Kaisertum und deutscher Nation: Sie hat sich erst aus dem Besitz der Kaiserwürde ergeben, die, so ist zu ergänzen, unlösbar an die Deutschen gebunden bleibt. Der Bischof antwortete damit auf den Versuch Papst Gregors VII. und seiner Anhänger im Reich, Heinrich IV. auf die Ebene christlicher Nationalkönige hinabzustufen, indem man ihm die Titulatur *rex/imperator Romanorum* verweigerte und stattdessen vom *rex Teutonicorum* sprach. Mit dieser ethnisch verengten Bestimmung des salischen Königtums zielte die gregorianische Reformpartei auf das Zentrum des Reichsgedankens; Tendenz des Papstes zur Nationalisierung

noch die in den 60er Jahren des 19. Jahrhunderts entfesselte Kontroverse über die Kaiser- und Italienpolitik der deutschen Könige hat durch kleindeutsch reduzierte Perspektive das für jedes Kontinuitätsbewußtsein notwendige Verständnis der spirituellen Aspekte mittelalterlicher deutscher Nationsbildung verhindert.

Italienpolitik   Mit der Wendung nach Italien haben die Ottonen, hat vielleicht schon Heinrich I. in seinen späten Jahren an die transalpine Politik der süddeutschen Herzöge angeknüpft. Auch das wirkte integrierend, weil ein Teil der traditionellen Ziele bedeutender Mächte innerhalb des Reiches sich im Handeln seiner Könige wiederfand. Mit der Eroberung des italienischen *regnum* und der folgenden Kaiserkrönung Ottos des Großen erhielt das ostfränkische Reich freilich eine neue Qualität, denn nun bestimmte die imperial verstärkte karolingische Tradition zusammen mit dem Romgedanken das Selbstverständnis der ostfränkischen Führungsschicht und brachte durch den notwendig folgenden Gegensatz zum älteren Kaisertum in Byzanz alsbald die Ausweitung politischer und militärischer Aktivitäten bis nach Süditalien. Die Rezeption des römischen Kaisergedankens wirkte so intensiv, daß Otto III. über die Hälfte seiner Regierungszeit in Italien verbrachte; aus den Diplomen läßt sich zeigen, daß Rom, Ravenna und Pavia damals die Schwerpunkte des Reiches waren. Dieses Kaisertum war tatsächlich und konsequent römisch; Otto hat das ausdrücklich angestrebt [43: THANGMAR, c.25] und seine von 998 an gebrauchte Bulle mit der Umschrift *Renovatio imperii Romanorum* versehen, die Römer statt der Franken als Reichsvolk proklamierend. Diese gegenüber Karls des Großen Formel *Renovatio Romani imperii* charakteristisch veränderte Fassung blieb Bestandteil des Kaisertitels und ging (endgültig seit Heinrich V.) auch in den Königstitel ein.

Kritik der   Der Versuch, aus imperialer Theorie die praktische Konse-
Zeitgenossen   quenz einer auf Rom zentrierten Herrschaft zu ziehen, hat bei Zeitgenossen scharfe Kritik provoziert [18: CONSTANTIN VON METZ, Vita Ad., c.25. 14: BRUN VON QUERFURT, Vita Ad., c.10; c. 12 (Otto II.)], nicht zuletzt deshalb, weil er auch auf andere Schwerpunkte der Reichs- und Kirchenverfassung einwirkte. Nach oströmischem Vorbild hat Otto III. mit der Gründung von Erzbistümern in Gnesen und in Gran den christlichen Reichen der Polen und der Ungarn

Imperiales Konzept   unter dem Dach des Imperiums anerkannte Selbständigkeit gewäh-
Ottos III.   ren wollen, statt zu versuchen, sie in das ostfränkische Reich einzubeziehen. Dieses Programm, politisch weit realistischer als jede Unterwerfungsabsicht, modifizierte und erweiterte die schon in

der Karolingerzeit gegebene Trias der Reichsländer *Gallia, Italia, Germania:* es findet sich auf dem Widmungsbild des Müchner Evangeliars Ottos III. [Clm. 4453, fol 23^V] als Huldigung der durch Frauengestalten personifizierten *Roma, Gallia, Germania, Sclavinia* dargestellt.

Die Verbindung mit der Kaiserwürde hat das ostfränkische Königtum fortan bestimmt. Später immer wieder angeführte pragmatische Motive für Übernahme und dauernde Erneuerung des römischen Imperiums (wirtschaftlicher Nutzen des Zugriffs auf Italien, Rangerhöhung, Festigung der hegemonialen Stellung in Europa, kirchenpolitische Aspekte) sind dabei weniger ausschlaggebend gewesen als der heilsgeschichtliche Aspekt einer religiösen Verpflichtung des mächtigsten abendländischen Herrschers zum Schutz der Kirche und der Christenheit. Daraus ergab sich sekundär das verstärkte Bewußtsein der Zusammengehörigkeit bei den Trägern eines Reiches, dessen Könige den Alleinanspruch auf das Imperium hatten; insofern verhalf das Kaisertum dem supragentilen Denken endgültig zum Durchbruch und gehört damit zu den wirksamsten Antriebskräften bei der Entstehung des deutschen Reiches. *(margin: Integrierende Wirkung des Kaisertums)*

Allerdings zeigen sich gerade hier auch die Gegensätze und heterogenen Wirkungen der mannigfach gebündelten Traditionen und ihrer Repräsentanten. Während das Imperium nicht mit seiner im ostfränkischen Reich liegenden machtpolitischen Basis identisch war, sondern weit über sie hinausgriff, blieb die Adelsherrschaft auf den nordalpinen Raum beschränkt und weitete sich nicht zum imperialen Reichsadel aus. Immer wieder hat es deshalb Versuche der Könige gegeben, ihre Regierungsgewalt in diesem ostfränkischen Raum konzentriert zu stärken, am deutlichsten durch Heinrich II. in Reaktion auf die römisch gedachte Herrschaft seines Vorgängers. Die Inschrift der von Heinrich II. schon als König neben dem Wachssiegel geführten Bulle lautete *Renovatio regni Francorum* und kehrte damit demonstrativ zur älteren Reichs- und Herrschaftsauffassung zurück, verbunden mit scharfer „Zentralisierung der Herrschaftsgewalt im Reich" [WEINFURTER, Zentralisierung]. *(margin: Renovatio regni Francorum)*

Wichtigste Voraussetzung des damit entwickelten politischen Systems war Herrschaft des Königs über die Reichskirche, und eben sie wurde gefährdet, als die gregorianische Reform Freiheit der Kirche forderte. Damit war keineswegs nur die alle Monarchen Europas betreffende Frage aufgeworfen, ob und in welcher Form der König Bischöfe investieren dürfe: Zur Entscheidung stand vielmehr eine neue Definition aller Lebensbereiche im Hinblick auf ihre *(margin: Herrschaft über die Kirche)* geistliche oder weltliche Natur, die Frage nach theologisch, philosophisch und juristisch stichhaltiger Trennung der sakralen von der profanen Sphäre.

Das Verhältnis der weltlichen Herrscher zur geistlichen Gewalt mußte grundsätzlich und stellvertretend für alle an der Position des Kaisers als des idealtypischen Repräsentanten irdischen Regiments geklärt werden; infolgedessen richteten sich die theoretischen und politischen Angriffe bald auf Heinrich IV. als den gegenwärtigen Inhaber der Kaiserwürde. Die persönliche Seite des Konflikts darf nicht übersehen werden, denn mit Gregor VII. stand dem Salier eine polarisierende Natur gegenüber, die das neue Prinzip der Differenz geradezu verkörperte und Heinrichs IV. Ablehnung jeder Unterordnung verstärkt hat. Wenn er die Kirchenherrschaft in der hergebrachten Form weiter ausüben wollte, durfte der König dem hierokratischen Gedanken in der Tat keine Konzessionen machen, schon gar nicht einem Papst, der Heinrich nicht als römischen Kaiser und König gelten lassen und damit das imperiale Integrationsprinzip des Reiches schwächen wollte. Heinrich IV. beharrte infolgedessen sowohl auf dem römischen Anspruch als auch auf der Kirchenherrschaft des Königs im *regnum Teutonicum*, das fortan auch begrifflich existieren sollte, ohne daß aber dem Namen schon ein neues, durch den Konflikt mit dem Papsttum sogar gestärktes deutsches Einheitsbewußtsein entsprochen hätte.

Im Gegenteil. Unmittelbare Folge von Heinrichs IV. Verhalten war der bis zu Königssturz und Neuwahl durchgehaltene Anspruch einer Fürsten- und Adelsopposition, das Reich auch gegen seinen König zu vertreten. Weit darüber hinaus und noch lange danach wirkten aber die mit der Auseinandersetzung verbundenen und in ihrem Verlauf an Prägnanz gewinnenden Unterschiede zwischen dem Reich und Westeuropa. Während frühscholastisches Denken besonders in Frankreich nicht nur die Argumentation der Reformer stärkte, sondern bald auch Theologie, Ethik und Recht, politische Theorie, Kritik gesellschaftlicher Ordnungsmodelle und die Suche nach neuen Formen der Wissenschaftsorganisation bestimmte, sprang der Funke im Reich von der dort hauptsächlich als Machtkampf zwischen Kaiser und Papst verstandenen Kontroverse nicht auf andere Gebiete über. Die geistige und politische Führungsschicht blieb den zukunftsträchtigen methodischen Ansätzen gegenüber weitgehend passiv, und diese Passivität distanzierte vom Westen, der den Anspruch des deutschen Königs auf kaiserliche Auctoritas bald als nationale Überheblichkeit verstand: „Wer hat denn

Kaiser als Repräsentant weltlicher Gewalt

Reich und Westeuropa

die Deutschen zu Richtern über die Nationen eingesetzt? Wer hat diesen plumpen und heftigen Menschen das Recht gegeben, daß sie nach Willkür einen Herrn über die Häupter der Menschenkinder setzen?" [26: JOHANN VON SALISBURY, Briefe I, Nr. 124].

Der Prozeß, in dessen Verlauf ein deutsches, nachfränkisches Reich erkennbar wurde, erscheint mit dem Kaiserturm und den Umwälzungen der zweiten Hälfte des 11. Jahrhunderts eng verbunden, ohne schon einen konsistenten Abschluß erreicht zu haben: Die nationale Spezifik ist, ebenso wie sein Name, von außen an das Reich herangetragen worden.

4.3 Die Struktur des Reiches

Dieser äußere Einfluß auf Begriffsgeschichte und Reichsbewußtsein zeigt, daß der Nationsbildungsprozeß im Innern nicht sehr weit fortgeschritten war. Noch im letzten Viertel des 11. Jahrhunderts gab es offenbar nur eine begrenzte Zahl integrativer Elemente, unter denen das Kaisertum neben der fränkisch-karolingischen Tradition am intensivsten wirkte. Diese Tradition war im Westen allerdings wesentlich differenzierter ausgebildet und schon früh als Monopol beansprucht worden.

Funktional stärkstes Band faktisch vollzogener Einheit blieb somit das trotz aller Krisen, Rückschläge und Gefährdungen außerordentlich erfolgreiche Königtum, von dem das ostfränkische Reich seit Heinrich I. zur Hegemonie in Europa geführt worden ist. Die Stärke blieb zwar eher latent und war auf das Reich, nicht auf den jeweiligen König bezogen, sie brachte aber charakteristische Nachteile früh errungener Macht mit sich: Anders als beim ständig in seiner Existenz bedrohten westfränkisch-französischen Königtum mit seinem hohen Legitimationsbedürfnis schien historisch-politische Theoriebildung weitgehend überflüssig; zum anderen aber wurden strukturelle Schwächen allzu lange verdeckt. *König als Integrationsfaktor*

Der ostfränkisch-deutsche König wirkte seit 962 in einem Raum, der sich von Westen nach Osten über 1000, von Norden nach Süden über 1500 km erstreckte und von seiner geographischen Gliederung her wenig Anhalt zur Begrenzung im Ganzen bot, aber auch für die Bildung von Regionen kaum natürliche Vorgaben bereithielt. Allenfalls die Küsten von Nord- und Ostsee kamen hierfür in Frage, nicht dagegen die Alpen mit ihrer seit römischer Zeit verbindenden Funktion. Die mächtige, im Durchschnitt nur 50 m hohe Ebene des Nordens verlor sich östlich im slawischen Siedlungsge- *Räumliche Struktur des Reiches* biet und führte im Westen ohne Hindernis bis zu den Höhen des Artois ins westfränkische Reich; auch die drei großen Buchten, mit denen die Tiefebene in die breite Mittelgebirgszone zwischen Ardennen und Böhmerwald greift, wirkten ebensowenig regional prägend wie das südlich der Donau langsam bis zum Fuß des Hochgebirges steigende Voralpenland. Die Flußsysteme von Maas, Rhein, Ems, Weser, Elbe und Oder stellten Verkehrswege von Süden nach Norden bereit und führten damit eine West/Ost-Stufung der dazwischen liegenden Räume herbei, aber zu Grenzen haben Flüsse von jeher nur deshalb getaugt, weil sie eine exakte Verlaufsbeschreibung erleichtern. Die karolingischen *regna* sind dementsprechend weniger aus geographischen Voraussetzungen erwachsen als nach politischen, kirchlichen und administrativen Gesichtspunkten gebildet worden, und mit dieser Eigenart bestimmten sie zugleich die Binnengliederung des Reiches, als dessen Bestandteile sie weiterlebten.

Schwerpunkte der Königsherrschaft   Der Schwerpunkt königlicher Herrschaft hatte unter den späten Karolingern eindeutig im Süden und im Rheintal gelegen. Mit dem Regierungsantritt Heinrichs I. verlagerte er sich für nahezu ein Jahrhundert in den Norden, weil die Ottonen nur mehr in Sachsen das karolingische Fiskalgut nutzen und in Verbindung mit ihren Eigengütern zur Basis der Königsherrschaft machen konnten. Diese materielle Bedingung steigerte ältere gentile Traditionen zu einem Selbstbewußtsein, das dauernden sächsischen Anspruch auf das Königtum postulierte. Die Merseburger Nachwahl des bayerischen Liudolfingers Heinrich II. zeigt das ebenso wie der Landtag in Werla, auf dem der sächsische Adel über die Annahme Konrads II. entschied, ehe er dem schon Gekrönten in Minden huldigte. Für die Integration des politischen Verbandes bedeuteten solche Vorgänge Krisen und Höhepunkte zugleich, denn die mit ihnen verbundenen Beratungen brachten außer der Entscheidung über den neuen König auch ein klareres Bewußtsein von der Teilhabe des Adels am Reich. Jeder Dissens bekräftigte den Willen zur Mitwirkung, jeder überwundene Konflikt machte die Einheit des Gemeinsamen selbstverständlicher.

Die Könige selbst haben auf diesen Integrationsprozeß erst allmählich, niemals aber mit gleichbleibender Kraft wirken können. Regionalisierung   Das ist hauptsächlich auf die umfassende Regionalisierung zurückzuführen, die das Reich seit Heinrich I. erfaßte und deren Wirkung vor allem indirekt, über die Itinerare der Herrscher, ermessen werden kann.

In Alemannien und Bayern haben sich die Könige, abgesehen

von militärischen Aktionen gegen die Herzöge, bis zum Ende der
Regierungszeit Ottos III. ausschließlich im Zusammenhang mit der
Italien- und Kaiserpolitik aufgehalten, noch dazu jeweils sehr kurz.
Bis zur Jahrtausendwende gibt es deshalb nur wenige Diplome, die
in den beiden *regna* für auswärtige Empfänger ergangen sind, d.h.
der König empfing dort weder nichtbayerische oder nichtalemanni-
sche Petenten noch verhandelte er entsprechende Rechtssachen; er
regierte also in den Herzogtümern nicht. Der Grund für diese Beschränkung ist offensichtlich darin zu suchen, daß der Hof in Bayern und Alemannien nur dann Gastung und andere Servitialleistun-
gen fordern durfte, wenn es um Belange des Gesamtreiches ging; es
heißt zugleich, daß der König im Süden nicht mehr über das ältere
Reichsgut verfügte, denn „der königliche Fiskus, einschließlich der
Pfalzen, wurde in die Machtbasis der Herzöge eingeschmolzen"
[226: KELLER, Reichsstruktur, 83]. Was den Ottonen in Sachsen zum
Vorteil gereichte, schränkte ihre Regierungsfähigkeit in Bayern und
Alemannien ein: Der Zugriff regional führender Familien auf das
Königsgut. Heinrich I. hatte diese Lage anerkannt, weil er sein Königtum nur dadurch reichsweit akzeptabel machen konnte. Erst
Heinrich II. wagte Änderungen und bahnte jene gleichmäßige Präsenz des Hofes in allen Teilen des Reiches an, die für das salische
Königtum charakteristisch werden sollte. Damit aber war ein we-
sentlicher Schritt zur politisch-administrativen Integration des Reiches getan, das bald darauf als *regnum Teutonicum* seine supragentile Bezeichnung erhielt.

Alemannien und Bayern

4.4 Herrschaftsformen

Langfristig wirksame Voraussetzungen und aktuelle Chancen des
Königtums für die Ausübung der Regierungsgewalt sind deshalb lei-
tende Kräfte im Prozeß der Reichsbildung gewesen, aber dieser Befund ist nicht auf Deutschland beschränkt und sollte deshalb nicht
überschätzt werden: Die Entstehung des deutschen Reiches ist keineswegs identisch mit der Geschichte seiner Könige im 10. und 11.
Jahrhundert. Sie haben zwar die politischen Bedingungen für Zusammenschluß und fortschreitende Integration geschaffen, aber den
Menschen, auch der hohen Aristokratie, waren ihre je verschiedenen Lebens- und Wirkungskreise wichtiger als das Reich. Eine
streng reichsgeschichtliche Perspektive wird dem Thema deshalb
nur in Grenzen gerecht; sie entspricht nicht den Anschauungskate-
gorien der Zeit und erfaßt infolgedessen kaum mehr als Ausschnitte

der Wirklichkeit. Das führt zu Fehleinschätzungen mit unabsehbaren Konsequenzen für das historische Urteil.

Aus zentralistisch verengter Sicht ergab sich für eine national gestimmte Historiographie der Vorwurf des Partikularismus. Seine emotionale Wirkung verdankte dieses kritische Leitmotiv dem selbstquälerisch und anklagend zugleich vorgebrachten Angebot, gegenwärtiges Mißbehagen aus der Geschichte zu erklären, die Ursachen entlastend einer fernen Vergangenheit aufzutragen und Lehren für die Gegenwart bereitzuhalten. Unterschiede im Regierungsstil einzelner Herrscher schienen eher individuell als strukturell bedingt, und die Ansicht der Zeitgenossen trat hinter modernen Deutungen ganz zurück: Der Bruch zwischen den konsequent imperial bestimmten Plänen Ottos III. und einer als Realpolitik geschätzten Konzentration Heinrichs II. auf Herrschaftsverdichtung im ostfränkischen Reich wird bis heute sehr viel deutlicher erkannt als die Caesur des Jahres 936, denn die „beharrliche Aufbauarbeit" Heinrichs I. scheint sich in „Ausgestaltung und Aufgipfelung" [97: HLAWITSCHKA, Vom Frankenreich, VII] unter Otto dem Großen kontinuierlich fortgesetzt zu haben.

Demgegenüber muß daran erinnert werden, daß Charakteristiken dieser Art zur wissenschaftlichen Beschreibung „deutscher" Reichsentstehung erst und nur dann beitragen, wenn spezifische Phänomene von der politischen, gesellschaftlichen und religiösen Grundstruktur der Zeit hinreichend unterschieden werden können. Das aber fällt bei der gemeineuropäischen Bestimmung dieser Grundstruktur so schwer, daß man sich meist auf den Versuch beschränkt, nationale Besonderheit anhand ereignisgeschichtlicher Abläufe zu demonstrieren. Zwar kann auf dieses triviale Verfahren mit seiner eng begrenzten Aussagekraft nicht ganz verzichtet werden, weil es offensichtlich einer historisch gegebenen Lage entspricht, die durch Bildung präliminarer Rahmenbedingungen für die Entstehung der nachkarolingischen europäischen Nationen gekennzeichnet ist. Aber die Ereignisse müssen im Selbstverständnis der Beteiligten reflektiert werden: Seit wann konnten die stabilisierenden Neuansätze Heinrichs I. oder Ottos des Großen trotz der Konflikte im Königshaus und des Dissenses der Großen als solche erkannt und gewürdigt werden? Ist der Umbruch zur Zeit Heinrichs IV. eher unter eschatologischer Perspektive oder als elementares Ereignis deutscher Geschichte begriffen worden?

Im übrigen sind die nachkarolingischen Herrschaftsformen im Reich der Ottonen weniger einmalig als es vielfach scheint. Der

Partikularismusthese

Gemeineuropäische Grundstruktur

enge Bezug von Königtum und Herzogsgewalt, ihr seit der Zeit
Heinrichs I. durch Legitimation geordnetes Verhältnis, bei dem erst
die Anerkennung königlicher Oberherrschaft regionale Positionen
sicherte, entspricht weitgehend der westfränkisch-französichen *mar-* *Marchiones-*
chiones-Verfassung, die das Reich in vizeköniglichen Strukturen er- Verfassung
staunlich fest zusammenhielt. Dabei wird ein mittleres Herrschafts-
niveau erkennbar, wenn Bayern und Lothringen ebenso wie Aquitanien vom karolingischen Unterkönigtum zur Ebene des Dukats her-
abgestuft wurden, Alemannien dagegen gleichzeitig von der Adels-
landschaft zum Herzogtum aufstieg. Ebenso wie im Westen hatten
auch in der ostfränkischen Monarchie regionale Adelsgruppen großen Einfluß, blieben als politische Kräfte akzeptiert und konnten
nicht mehr wie unter den Karolingern durch Einweisung auswärti-
ger Amtsträger aufgebrochen werden. Der so erreichte Zuwachs an
innerer Konsistenz der *regna* läßt sich daran erkennen, daß ihre
Grenzen seit der Zeit Heinrichs I. fest wurden, und auch im europäischen Vergleich der Monarchien entstand ein kartographisch fi-
xierbares Bild, das in vieler Hinsicht an die Gemeinschaft der modernen Nationen erinnert.

Dabei handelt es sich nicht um oberflächliche Assoziation, sondern um die ersten Spuren eines hinfort sehr stabilen Zustandes.
Angriffe von außerhalb stärkten seit den Erfolgen Heinrichs I. nicht Äußere Gegner
mehr wie bisher die regionalen Mächte, sondern ein Königtum,
dem schließlich alle Kräfte des Reiches so weit zu Gebote standen,
daß sich nach der Lechfeldschlacht ein Bewußtsein gemeinsamen
Erfolges einstellte: „Niemals zuvor ist bei den Unsrigen *(apud no-
strates)* ein solcher Sieg gehört oder vollbracht worden" [1: ADAL-
BERT VON MAGDEBURG, 168]. Wie wenig selbstverständlich diese
Empfindungen gleichwohl waren, zeigt noch der Widerwille, mit
dem die Polenpolitik Heinrichs II. vom sächsischen Adel mehr er-
tragen als unterstützt wurde, vom gleichen Adel, der auch Ottos III.
imperiales Konzept kritisiert hatte: Nationale Motive dürfen hier
nicht unterstellt werden.

Darüber hinaus aber lehren solche Einstellungen und Reaktio-
nen, daß die Monarchie noch weit davon entfernt war, außer den
militärischen auch andere Energien zumindest gelegentlich bündeln
zu können. Die wirtschaftlichen, intellektuellen, künstlerischen
Kräfte blieben regional oder aber gesamteuropäisch geprägt und
richteten sich nicht auf die Reichsebene aus. Als der Kampf zwischen Heinrich IV. und dem Papsttum die Stellung des Königs in
Frage stellte, bezog der süddeutsch-sächsische Reformkreis Positio-

nen, die ihre Gültigkeit behalten haben, während die Monarchie nicht zu einer theoretischen Neubestimmung fand. Das von Heinrich I. eingeleitete Auseinandertreten von Königsfamilie und Reich steigerte sich zum Dualismus von König und Reich, als Heinrich IV. den koordinierenden Regierungsstil der Ottonen und ersten Salier zugunsten stark betonter Rechtsansprüche des Königtums aufgab. Solche Ansprüche überforderten den Konsens, und mit dem Aufbau eigener, über das ganze Reich verteilter Herrschaftspositionen schwächte der König seine Integrationskraft. Später hat Friedrich I. die Mitwirkung der Großen wieder als Regierungsmaxime verkündet und damit zur ursprünglichen Basis des nachkarolingischen Herrschaftsverbandes zurückgelenkt. Die Entstehung des deutschen Reiches hatte im 11. Jahrhundert noch keineswegs einen Abschluß gefunden: Das Reich war nach wie vor kein Zustand, sondern ein historischer Vorgang, der sich in die Stauferzeit hinein fortsetzte.

Dualismus von König und Reich

5. Die Träger des Reiches

5.1 Adel und König

Geht man von der Prozeßhaftigkeit des Reiches aus, so ist zunächst nach denen zu fragen, die daran führend beteiligt waren. Dabei ergibt sich, daß Vorgang und handelnde Personen auf den König ausgerichtet waren, denn erst durch die Annahme eines Zentrums für divergierende Kräfte erhielt deren Zusammenwirken politischen Sinn. Widukinds Bericht von der Aachener Krönung Ottos des Großen im Jahre 936 [46: WIDUKIND II.1f.] – mag er sich in der Schilderung des Ablaufs auch auf die Erhebung Ottos II. zum Mitkönig (961) beziehen [76: BRÜHL, Deutschland, 465ff.] – ist insofern höchst aussagekräftig, denn er zeigt im Zeremoniell den Coronandus als ruhende Mitte, um den die geistlichen und weltlichen Großen tätig sind. Die Setzung auf den Thron Karls des Großen und der Anblick des Geweihten im Schmuck seiner liturgisch aus ihrer Symbolik erklärten Insignien führte den Beteiligten das Resultat ihrer politisch vorbereiteten und verabredeten Rechtshandlung, die das Reich konstituiert hatte, vor Augen.

König als Zentrum divergierender Kräfte

Königswähler

Wer war berechtigt, an diesen auswählenden Vorbereitungen und am abschließenden Kürspruch teilzunehmen? Noch im 11. Jahrhundert ist das weitgehend unklar; WIPO [47: Gesta c. 1f.] nennt als Mitwirkende an der Wahl Konrads II. (1024) die Erzbischöfe

von Mainz, Köln, Trier, Salzburg; die Bischöfe von Metz, Straßburg, Freising „und viele andere Bischöfe und Äbte", darunter auch
die Bischöfe Sachsens, die aber nachweislich gefehlt haben, weil sie
auf dem sächsischen Landtag in Werla gesondert über die Nachfolge Heinrichs II. mitberieten. Auch italienischen Fürsten sprach
Wipo gegen das Herkommen ein Mitwirkungsrecht zu und entschul-
digte ihre Abwesenheit mit der kurzen Zeit, die zwischen dem Tod
des Vorgängers (13. Juli) und der Wahlversammlung in Kamba am
Rhein (4. September) geblieben war. An weltlichen Großen treten
bei Wipo die Herzöge von Sachsen, Istrien, Bayern, Schwaben,
Ober- und Niederlothringen, Franken und Böhmen auf sowie andere *potentes*, unter ihnen die Markgrafen und Grafen.

Aus solchen lange vor dem Wahltag einsetzenden Beratungen
der Großen und der sie auf einem gemeinsamen Tag mit dem Kürspruch abschließenden Entscheidung ging freilich nicht nur der
neue König hervor. Dessen Person stand beim Tod Ottos des Großen schon fest, war umstritten beim Übergang auf Otto III. und von
diesem auf Heinrich II., wurde 1024 durch Auswahl ermittelt und
seit Heinrich III. dynastisch gestützt. Dominierend aber blieben Beratung und Fürstenspruch, gesteigert bis zur rechtsförmlichen Absetzung mit anschließender Neuwahl in der Krise des Königtums
zur Zeit Heinrichs IV.: Das moderne Stichwort „Königswahl" ver- **Königswahl**
deckt den wesentlich weiteren Sinn eines das Reich immer wieder
herstellenden, befestigenden und es dabei vom König langsam
emanzipierenden Vorgangs. Nur das an solchen Punkten anschaulich werdende und sichtbar gemachte Zusammenwirken seiner Führungsschicht, nicht aber der Herrschaftsanspruch einer Dynastie,
konnte den großräumig siedelnden Personenverband als solchen erhalten.

Dabei muß der König ausdrücklich als Mitglied der Adelsgesellschaft verstanden werden, wenn die Eigenart des Reiches und
seiner Verfassung treffend beurteilt werden soll. Seit die karolingische Dynastie erloschen war, gab es den durch lange Tradition seit
der Merowingerzeit beinahe natürlich gewordenen Unterschied zwischen dem Königshaus und den Großen des Reiches nicht mehr;
wie wichtig dieser Abstand war, zeigen die langwierige und schließlich durch päpstliche Rechtsauskunft abgeschlossene Agonie der
Merowinger und das gewaltsame Ende der westfränkischen Karo-
linger, deren auch ohne jede Machtbasis gefährliche Legitimität an- **König als Gleicher**
ders nicht beseitigt werden konnte. Der nachkarolingische Monarch **unter Großen**
war demgegenüber ein Gleicher unter Großen, von ihnen erhoben,

ihrer Konkurrenz aber prinzipiell nicht entzogen. Das veränderte den Charakter des Königtums beträchtlich, verlieh ihm den Anstrich des Provisorischen, das auch innerhalb der eigenen Familie zur Disposition gestellt und gelegentlich durch „Aufstände" verändert werden sollte.

Zu den großen Leistungen des Königtums als Institution gehörte deshalb schon in der Karolingerzeit „die Bändigung der machtvollen Adelsschicht, ihre Heranziehung zu großen staatlichen Aufgaben" [189: WERNER, Adelsfamilien, 23]: Um wieviel mehr gilt das für die Nachfolger im 10. Jahrhundert! War das großfränkische Reich auf seiner romanischen Grundstruktur durch Karl den Großen an institutionelles Denken herangeführt worden, so haben die Nachfolgereiche umso stärker aus personalen Bezügen existiert und das monarchische Element zugunsten des aristokratischen ge-

Adelssippen schwächt. Aristokratie aber bedeutete Dominanz der Verwandtschaft, denn aus ihr ergaben sich die wesentlichen Voraussetzungen für Handlungsfähigkeit und Handlungsmotivation. Das Beziehungsgeflecht ist dadurch umfassend geworden, vor allem aber entziehen sich die weitläufigen Bedingungen und Möglichkeiten verwandtschaftsgeleiteter Abläufe vielfach der rekonstruierenden Kontrolle, weil „Verwandtschaft" nach frühmittelalterlicher Auffassung über den Kreis heute noch feststellbarer Agnaten und Cognaten hinausreichte, sich im Unwägbaren sogenannter „Überlieferungsverbände" [306: WENSKUS, Stammesadel, 114] verlor. Die Kausalität von Parteinahmen, Entscheidungen oder Verhaltensweisen ist, wenn sie aus Solidaritäten dieser Art erwuchs, nur selten wirklich aufzuklären.

Familien-
kontinuität Erst allmählich und in der gesellschaftlichen Hierarchie von oben nach unten absteigend machte sich ein neuartiges Kontinuitätsbewußtsein der Familien bemerkbar, das zu ihrer Verfestigung führte. Die ernsthaft wahrgenommene Pflicht zum entsühnenden Totengedächtnis für verstorbene Angehörige hat den entscheidenden Anstoß gegeben, indem eigens zur Pflege der *Memoria* gestiftete geistliche Gemeinschaften die toten mit den lebenden Familienmitgliedern verbanden und auch die Getreuen in diese Bindung einbezogen. Dadurch bildete sich Kohärenz des Erinnerns, das seinerseits auf die Hausklöster oder -stifte als so bisher nie dagewesene zentrale Orte der Familien bezogen war. Das Rechtsmittel der Erbvogtei stärkte diese Mitte, denn es brachte mit der fortan größeren Konstanz des Güterbesitzes dauerhaftere Verbands- und Vermögensstrukturen mit sich. Solche Strukturen aber bestimmten den Rang und die Handlungsfähigkeit einer Familie in der politischen und gesellschaftlichen Ordnung. Daß diese im 10. Jahrhundert begann und im 11. deutlich faßbar wird, gleichzeitig mit der Festigung nachkarolingischer Reiche und ihrer Verfassung, ist sicherlich kein bloßer chronologischer Zufall, denn von diesen festen Mittelpunkten des Besitzes und der Familientradition ging in Verbindung mit übertragenen Rechten die adlige Landesherrschaft aus.

Landesherrschaft

Sie entwickelte sich im Laufe der Zeit zu einem charakteristischen Grundbefund der deutschen Geschichte; auf ihr beruhte der Territorialstaat, zu dessen Anfängen auch die Dialektik von Königsnähe einerseits, Königsferne andererseits gehörte, die Option des Adels auf Loyalität mit Förderungsanspruch oder auf Distanz bei ungestörtem Ausbau eigener Positionen. Da es dem Königtum niemals gelungen ist, diese Doppelpoligkeit von Nähe und Ferne ganzer Regionen und ihrer Bewohner zu überwinden, hatte eine supragentil-„deutsche" Integration denkbar schlechte Voraussetzungen und konnte sich nur im Gefolge weit ausgreifender Ziele entwickeln, vor allem durch die Kaiser- und Italienpolitik. Sie wurde von Anfang an auch von den süddeutschen *regna* mitgetragen, obwohl Alemannien und vor allem Bayern eindeutig königsferner waren als Sachsen und Franken.

5.2 König und Klerus

Dieses abgestufte Verhältnis der *regna* zum Königtum läßt sich an der Kirchenverfassung ablesen, die vor allem auch deshalb aussagekräftig ist, weil geistlicher und weltlicher Adel im Hinblick auf das Reich nicht streng unterschieden werden dürfen. Es sind Angehörige der gleichen Familien, die dem König als Bischöfe, Herzöge oder Grafen begegnen; deshalb erklärt das alte Denkmodell einer „Reichskirche", mit deren Hilfe dem „Laienadel" Grenzen gesetzt wurden, nur wenig. In Alemannien hat der König erst um die Jahrtausendwende Einfluß auf die Hochstifte gewonnen; der erste in Bayern gegen den Willen des Herzogs eingesetzte Bischof war Gebehard I. von Regensburg (994–1023). In beiden Fällen hat Otto III. als Erster die aus karolingischer Tradition noch lange nachwirkenden vizeköniglichen Ansprüche nicht mehr akzeptiert, und das ist in mehrfacher Hinsicht aufschlußreich. Zunächst erinnert es daran, daß die karolingische Tradition keineswegs immer und selbstverständlich dem Königtum zugute gekommen ist, sondern der Umsetzung und selektiven Anwendung bedurfte. Darüber hinaus aber ge-

„Adel" und „Klerus"?

hörte die Nivellierung älterer Besonderheiten zu Ottos III. imperialer Reichskonzeption, die auch Italien nicht mehr als distinktes *regnum* gelten lassen wollte. Supragentile Herrschaftsformen haben am römischen Herrschaftsgedanken immer wieder Halt gefunden.

Sakrale Würde des Königs   Ein weiteres wesentliches Moment der Integration war die sakrale Würde des Königs, denn sie hob ihn aus dem Kreis der Hocharistokratie deutlich heraus und konstituierte damit eine Ebene, die ohne geistliche Vermittlung nicht erreichbar war. Zugleich bot die Weihe den vornehmsten Grund, aus dem jede weitere Verbindung des Königs mit dem Klerus, vor allem die Kirchenhoheit, abgeleitet werden konnte. Das war langfristig deshalb von Bedeutung, weil Episkopat und Äbte der großen Klöster seit karolingischer Zeit auf das Prinzip der Reichskirche und damit auf die weltliche Gewalt ausgerichtet waren; nach der Auflösung der karolingischen Ordnung aber hatte der Adel mit dem Eigenkirchenwesen, mit Vogtei und Schutzgewalt erheblichen Einfluß auf die kirchlichen Einrichtungen gewonnen, deren Vorsteher aus den gleichen Familien stammten wie die regionalen Machthaber.

Regalien in Bischofshand   Hier gelangen den ottonischen Herrschern bedeutende Einbrüche, indem sie loyale Bischöfe und Äbte mit weltlichen Herrschaftsrechten ausstatteten und sich dadurch institutionell gesicherte Stützen schufen. Die teilweise Entfremdung dieser Kleriker von ihren geistlichen Aufgaben, schon durch Zeitgenossen kritisiert und von anderen eher mit rhetorischen als theologischen Argumenten zum aufgenötigten Dienst am Volk erklärt [42: RUOTGER, c. 29], wurde dabei in Kauf genommen. Aus dem Regalienbesitz der Bischöfe, ihrer daraus folgenden Teilhabe am Reich und der Nutzung des Kirchengutes durch den König sollte sich später die im Vergleich mit Frankreich wesentlich ernstere Dimension des Reformkonflikts ergeben, aber zunächst öffnete das Bündnis mit dem Episkopat neue und vielversprechende Wege zur Integration.

Reichsbewußtsein der Bischöfe   Bischöfe sind auf diese Weise zu den wichtigsten Trägern des Reichsbewußtseins geworden, obwohl sie auch für ihre adligen Verwandtschaftsverbände standen. Aber der König konnte die Bistumsbesetzungen weitgehend beeinflussen, stärker als er die permanente Konkurrenz innerhalb des Adels durch Förderung oder Huldentzug, Ämterübertragung oder Sturz seit jeher gesteuert hatte. Zwar kann nicht immer hinreichend klar zwischen langfristiger Bemühung um Reichsintegration und zufallsbedingter Kirchenpolitik einzelner Könige unterschieden werden, aber einige feste Punkte lassen sich erkennen. So haben in Sachsen bis in die Regierungszeit Kon-

rads II. hinein die Domkapitel von Hildesheim, Halberstadt und
Magdeburg die meisten Bischöfe hervorgebracht, und generell stützten sich die ottonischen Könige anders als die Karolinger auf den
Episkopat statt auf die Reichsklöster. Domschule und Domkapitel
sind deshalb zu wichtigen Stätten der Vorauswahl bei der Besetzung
höchster kirchlicher Ämter geworden; Förderung von Schule und
Studium durch die Könige kann erst aus diesem Zusammenhang
umfassend verstanden werden, denn nicht mehr adlige Abkunft allein entschied nun über Bischofspromotionen, sondern konstitutiv
wurde die persönliche Beziehung des Schülers zum Lehrer, des Ka-
nonikers zum Bischof, des Bischofs zum König, dem die Kandidaten empfohlen wurden.

Es konnte infolgedessen keinen festen Kreis königsnaher Bistümer geben, denn Nähe und Ferne hingen auch hier von den Personen, nicht von den Institutionen ab, und entsprechend fluktuierte
die Dichte des Beziehungsgefüges gemäß der Integrationskraft des
jeweiligen Königs. Immerhin aber gab es seit ottonischer Zeit den
Begriff *ecclesia regni* oder *ecclesia imperii*. Ihr konstituierender Kern
war die Hofkapelle, in der ausgewählte Kleriker zusammengeführt,   Hofkapelle
auf König und Königsdienst hin gebildet, bei erwiesener Loyalität
und Eignung für kirchliche Ämter bestimmt werden konnten. Die
Hofkapelle ging seit dem Tod Heinrichs I. jeweils unverändert auf
den Nachfolger über und bildete damit ein starkes Element der
Kontinuität; in der Verbindung von Kanzlei und Kapelle manife-
stierte sich die wirksamste administrative Energie, die das Königtum überhaupt entfaltet hat. Die dauernde Übertragung des Erzka-
pellanats auf den Erzbischof von Mainz seit 965 und die Einrich-
tung der deutschen Kanzlei um die gleiche Zeit brachten institutio-
nalisierte Bindungen von König und hohem Klerus auf der Ebene
politisch mitwirkender Beratung.

Noch aber war das Reich keine autonome Rechtskörperschaft   Charakter des
unter Leitung des Monarchen, sondern es blieb Zusammenschluß   Reiches
mächtiger Personen und der ihnen anhängenden Verbände, repräsentiert durch den König, der, einmal erhoben und durch die Weihe
sanktioniert, Anspruch auf Dienste hatte. Erzkapellanat und Kanz-
lerwürde konnten deshalb keine Reichsämter sein, und ebensowenig gab es einen autonomen Sektor für die Reichspolitik, sondern
das, was rückblickend als solche erscheint, war die oft kontingente
Synthese regional bestimmter Einzelbestrebungen, Ziele, Wünsche
und Erwartungen. Deren mächtigste Repräsentanten waren zugleich
die Träger des Reiches, und deshalb mußten die Bedingungen deut-

scher Ethnogenese denkbar schwierig sein. Daran änderten die im Laufe des 11. Jahrhunderts einsetzenden transpersonalen Staatsvorstellungen wenig, denn nun konnte unter den Bedingungen des Reformkonflikts dem König das Reich gegenübergestellt werden, dessen Sache die geistlichen und weltlichen Großen in der Krise auch selbstständig glaubten vertreten zu müssen. Dieses bald *Regnum Teutonicum* genannte Reich enthielt somit eine föderative und, gemessen an den Voraussetzungen der Ottonen- und frühen Salierzeit, revolutionäre Komponente.

6. Geschichte und Tradition

Dieser Wandel grundsätzlicher Auffassungen von der Wirklichkeit des Reiches läßt sich an der zeitgenössischen Historiographie erkennen, wenn sie auf das Geschichtsbewußtsein ihrer Autoren und Leser hin befragt wird. Wie die Sagentradition der wanderzeitlichen gentilen Verbände für deren Entstehen und weitere Existenz konstitutiv war, so ist für die mittelalterlichen und neuzeitlichen Nationsbildungen die Überzeugung grundlegend, daß es eine Gemeinsamkeit in der je eigenen Geschichte gibt; Akzeptanz dieser Geschichte trägt wesentlich zur inneren Konsolidierung politischer Verbände bei.

Geschichtsbewußtsein

Ein solches Geschichtsbewußtsein ist freilich weit entfernt von gelehrt-antiquarischem Wissen, es widerspricht ihm sogar vielfach. Das kollektive Erinnern bildet sich durch die Konstruktion eingängig erzählbarer Abläufe, die von Natur aus nicht gegebene Zusammenhänge herstellen. Belastendes wird dabei ausgeschieden, eine harmonisierte Vergangenheit, die „alte, frohe Zeit" Thietmars [44: II.45], erhält im Sinne des *mos maiorum* ihren Rang als Grundgesetz politischen Verhaltens; sie wird zur Quelle für Normen der politischen Ethik und impliziert deren Theorie, lange bevor dafür eigene literarische Formen gefunden werden. Wegen dieses breiten Bedeutungshofes ist die Historiographie ein klarer Spiegel des Selbstverständnisses ihrer Zeit, denn „sie erzählt, ist und bewirkt Geschichte" [312: BEUMANN, Methodenfragen, 8].

Nation und Geschichte

Insofern bedeutet die Gewißheit, eine gemeinsame Geschichte zu haben, für die Nationsbildung mehr als eine gemeinsame Sprache und geht dem ethnischen Bewußtsein voraus. Wenn die politischen Rahmenbedingungen es irgend zulassen, bringt kontinuierlicher Bezug auf die als kollektiver Besitz angenommene Vergangenheit Nationen hervor und erhält sie am Leben, oft sogar über ihre ursprüngliche Reichsbildung hinaus. Historisches Erinnern kann zur erhaltenden Energie werden, falls es anpassungsfähig, selektiv und normsetzend bleibt.

Für die Frage nach der Entstehung des deutschen Reiches ist deshalb Aufklärung darüber nötig, seit wann es ein spezifisch deutsches Geschichtsbewußtsein gab, das sich sowohl von einer anders bestimmten Vergangenheit abheben als auch von der Geschichte der zeitgenössischen Reiche unterscheiden konnte. Erst aus dieser Sicht ergibt sich mit hinreichender Deutlichkeit die Bezugsgröße für politisches Handeln und ethnisches Selbstverständnis; es ist klar, daß dabei zunächst nicht ein wie auch immer geartetes Abschlußstadium interessieren darf, sondern vor allem der genetische Prozeß mit seinen Elementen und Motivationen.

Unter diesen Elementen eines supragentilen Geschichtsbewußtseins im ostfränkischen Reich hatte die karolingische Tradition höchste Bedeutung, denn auf ihr gründete die Existenz des politischen Verbandes schlechthin. Alle Vorstellungen von Reich, König, Recht, Kirche und Kirchenorganisation, von Legitimität und politischer Religiosität, von Hierarchie in Staat und Gesellschaft waren karolingisch, wobei die Konzeption des Großreichs lange Zeit im Vordergrund stand. Allmählich aber sind diese politisch-gesellschaftlichen Denkmuster auf die Teilreiche konzentriert und dabei jeweils abgewandelt worden; der Westen hat die Adaptation seit Hinkmar von Reims († 882) allerdings bewußter und bis zum Monopolanspruch vorangetrieben. *(Karolingische Tradition)*

Im ostfränkischen Reich hat die Konzentration schon vor dem Vertrag von Verdun begonnen. Mit dem Sturz Ludwigs des Frommen 833 begann die Kanzlei Ludwigs II. die Urkunden ihres Königs nach dessen Herrschaftsjahren *in orientali Francia* zu zählen und nahm damit die 843 notifizierten Ansprüche vorweg. Dem müssen Anfänge einer ostfränkischen Sondertradition zugrundegelegen haben, die in der folgenden Zeit weiter ausgebaut und verfestigt worden sind. Ihre Zentren waren das Kloster Fulda, der erzbischöfliche Hof in Mainz und die Hofkapelle Ludwigs II., denn in den Ostfränkischen Reichsannalen (den sog. „Fuldaer Annalen", deren Abfassung mit den genannten Einrichtungen eng verbunden ist) wird zum Jahre 838 erstmals in einem historiographischen Text der Begriff *regnum orientalium Francorum* benutzt, der Bezug auf das Gesamtreich also aufgegeben. Damit war eine Reichsbezeichnung etabliert, deren Bedeutung 921 im Bonner Vertrag deutlich werden sollte. *(Ostfränkisches Reichsbewußtsein)*

Auf dem Weg dorthin waren allerdings hergebrachte Terminologien zu überwinden, die mit dem bayerischen oder dem alemannischen *regnum* verbunden waren und Ludwig II. *rex Baiouuariorum* oder, in St. Gallen auf das eigene *regnum* bezogen, *rex Alamannorum* nannten; offenbar war es zunächst schwierig, im ostfränkischen Rahmen supragentil zu denken. Hier sind zur Zeit Ludwigs II. bedeutende Schritte getan worden, begünstigt vor allem durch die lange Dauer seiner Regierung.

Dabei gingen die Historiographen auch eigene Wege, die den Intentionen des Königs zuwiderliefen und erkennen lassen, daß eine gewisse Verselbständigung des ostfränkischen Reichsbewußtseins schon bald eingetreten war. Ludwigs II. Zug ins westfränkische Reich (859) wurde offen abgelehnt, die Teilung seines Reiches unter die Söhne (876) „so zurückhaltend wie möglich" [210: EGGERT, Reich, 334] notiert.

Sächsische Historiographie

Von dieser Grundlage hat die Historiographie der Ottonenzeit ihren Ausgang genommen, und es ist bemerkenswert, daß ihre bekannten Autoren (Widukind von Corvey, Hrotsvith von Gandersheim, Ruotger, Adalbert von Weißenburg) erst in den 60er Jahren des 10. Jahrhunderts an Orten zu schreiben begannen, die schon in karolingischer Zeit Bedeutung hatten. Hier sind die Zusammenhänge offensichtlich, weil die karolingische Tradition ihre legitimierende Kraft besonders seit Otto dem Großen bewußter und augenfälliger entwickelt hat als zuvor. Das Reich blieb ein *regnum* oder – bei Widukind – *imperium Francorum*; Aachen wurde zum Krönungsort, wobei als Motiv die Aufgabe beachtet werden muß, den erst kurz zuvor gewonnenen lothringischen Adel im Reichsverband zu halten. Das konnte am besten durch demonstratives Anknüpfen an eine gemeinsame karolingische Vergangenheit erreicht werden, für die den Sachsen allerdings erst der rechte Weg geebnet werden mußte. Widukind von Corvey hat hier beachtliche Vermittlerdienste geleistet und mit der Behauptung, die Christianisierung der Sachsen habe aus ihnen und den Franken *quasi una gens* [I.15] gemacht, eine Formulierung Einhards aufgegriffen, dem zufolge Sachsen und Franken im christlichen Glauben *unus populus* [19: EINHARD, c. 7] geworden waren: Die Theorie vom *populus Francorum atque Saxonum* als Reichsvolk ist nicht nur sehr alt, mit Vorläufern im Kreis um Karl den Großen, sondern sie entsprach auch handfesten Bewältigungspotentialen, die dem sächsischen Adel nach der Unterwerfung die Integration erleichtert haben.

Die Verbindung von Sachsen und Franken in einer Dichte, die

dem allgemeinen Bewußtsein der Führungsschicht des Reiches nicht
ganz unvertraut gewesen sein kann, beweist darüber hinaus, daß die
älteren Völker durch ihre gemeinsame Geschichte in der karolingischen Monarchie eine neue Qualität bekommen haben. Einerseits
waren ihre *regna* ethnisch gefestigt, andererseits hatten sie an Legiti- Ethnisch
mität zur Autonomie verloren, weil sie als politisch verfaßte Einhei- gefestigte *regna*
ten aus dem Bezug zum Großreich entstanden waren. Diesen sekun-
dären Charakter haben sie nie mehr ganz ablegen können, so daß
Herrschaft über mehrere *regna* in der karolingischen Vergangenheit
die beste Legitimation fand, auch wenn das Großreich jetzt nur
mehr ein ostfränkisches Reich war. Dessen feste Verankerung im
politischen Bewußtsein der Zeitgenossen geht auch daraus hervor,
daß kein Historiograph trotz Kaiserkrönung und mehrfacher Ein-
griffe Ottos des Großen und Ottos II. in die westfränkischen Belange jemals einer wirklichen karolingischen Restauration im Sinne
der Erneuerung des Reiches Karls des Großen das Wort geredet
hat.

Die Historiographie der ottonischen Zeit hat demgegenüber
das ostfränkische Reich als supragentile Bezugsgröße fest im Blick Ostfränkisches
gehabt, und dieses Motiv einer kohärenten Reichsgeschichte findet Reich als supragen-
sich selbst dort noch, „wo die Geschichte des Reichs unmittelbar als tile Bezugsgröße
eine Geschichte der Herrscherfamilie aufgefaßt worden ist" [322:
KARPF, Herrscherlegitimation, 189]. Das dynastische Interesse stand
im Vordergrund, obwohl die Autoren mehr auf das Königshaus hin
als in seinem Auftrag formuliert haben.

Für das besondere, nachkarolingische Reichsbewußtsein ist die
Caesur entscheidend, die alle Historiographen, angefangen mit
Liudprand von Cremona bis zur Vita Mahthildis antiquior, als
durch den Regierungsantritt der sächsischen Herrscher gegeben an-
nahmen. Die Epoche blieb seither erkennbar, trotz aller Mühe um Ottonisches König-
Darstellung einer übergreifend fränkischen Kontinuität, die bei tum als Epochen-
WIDUKIND [46: I.34] in Form einer Reliquientranslation sinnfällig scheide
werden sollte.

Nicht das Reich aber stand im Vordergrund, sondern das Königtum; nicht das Reich ist die *patria* seiner Herrscher, sondern
Sachsen. Bei Hrotsvith führt erst die Kaiserkrönung in eine neue Dimension, bei Widukind die Lechfeldschlacht. Der Italiener Liudprand hatte den Reichsbezug am klarsten im Blick und sprach sogar
von einer *gens Teutonica*, die er von der *gens Latina* absetzte [30:
LIUDPRAND, Relatio, c. 37]; er nahm die Sprache als unterscheiden-
des Kriterium, das für die in Italien schon länger gebräuchliche

Fremdbezeichnung wohl der Ausgangspunkt gewesen ist. Einheitlich „deutsches" Selbstverständnis der Sachsen, Franken, Bayern,
Alemannen und Lothringer bezeugt er dagegen nicht.
Bei den nördlich der Alpen schreibenden Historiographen wird
man den genuin italienischen Begriff als Bezeichnung für die eigene
Gemeinschaft noch lange vergeblich suchen, denn sie schilderten einen Integrationsprozeß, den die Könige durch partielle Überwindung gentiler Realität eingeleitet und erstaunlich weit vorange-
bracht hatten. Solange supragentiles Königtum aber nur in den Bahnen fränkisch-karolingischer Tradition gedacht werden konnte,
mußte es auch historiographisch entsprechend definiert werden;
deshalb drückten die Geschichtsschreiber ihr Einheitsbewußtsein

Politische
Kategorien
nicht in ethnischen, sondern in politischen Kategorien aus. Diese
waren auf der königlichen Ebene fränkisch, auf der imperialen römisch geprägt. Entsprechend haben die Historiographen ihren Horizont grundsätzlich nicht auf das Gebiet der später so genannten
„deutschen Stämme" beschränkt, sondern sind vom expansiv-addi-
tiven Charakter der Monarchie ausgegangen: Lothringen, Italien,
Burgund, Böhmen konnten als eigene *regna* hinzutreten, ohne daß
ihnen Sachsen, Franken, Bayern und Alemannen – die Kernvölker
der *orientalis Francia* – als ethnisch kohärente Einheit gegenüberge-
treten wären. Höchster Ausdruck dieser föderativen Vielfalt war das
Imperium, und es ist kein Zufall, daß der erste Autor, dem die rich-
tige Reichsbezeichnung als reflexionswürdiger Gegenstand erschien, der scholastisch gebildete und von den exegetischen Methoden der Schule von St-Victor/Paris stark beeinflußte Bischof Otto
von Freising († 1158) gewesen ist.
Er hat seine Überlegungen im Rahmen einer Weltchronik [40:
VI.17] angestellt, und es sollte in der Tat weltgeschichtliche Bedeutung haben, daß die Kanzlei Papst Gregors VII. seit 1074/76 dazu
überging, Kaiser Heinrich IV. als *rex Teutonicorum* auf ein *regnum
Teutonicum* zu beziehen, das von Italien und Burgund abzusondern
war. Sollte die päpstliche Terminologie ihre relativierende Wirkung
entfalten, dann allerdings mußte die angesprochene Öffentlichkeit
dem neuen Namen eine Sache assoziieren können, und diese Möglichkeit hat es damals, offenbar zum ersten Mal, gegeben. Die Übernahme des deutschen Reichsbegriffs durch die Niederaltaicher Annalen um 1075 zeigt das deutlich, und ihnen folgten in kurzem Abstand Berthold von Reichenau, Bernold von Konstanz, Lampert
von Hersfeld (um 1077) und Bruno von Magdeburg (nach 1082). Oft
sind die Vorstellungen von dem, was dieses deutsche Reich bedeu-

tet, noch unklar und auch nicht immer einheitlich, aber diese im
Sinne der gregorianischen Reform antiheinricianisch schreibenden
Autoren reflektieren ein doch wohl schon verbreitetes Unterschei-
dungsvermögen, dem *regnum* und *imperium*, „deutsch", „frän- Regnum und
kisch" und vor allem „römisch" begrifflich auseinandertreten muß- Imperium
ten.

Dem setzte Otto von Freising später die Verbindung von fränkischer Tradition, deutschem Reich und Imperium entgegen, indem
er sich ausdrücklich dagegen wandte, den Beginn des deutschen
Reiches in die Zeit Heinrichs I. zu setzen und damit vom römischen
Reich, von seiner heilsgeschichtlich-spirituellen Qualität abzutren-
nen. Mit dem Aufkommen der Bezeichnung des Reichs als „deutsches" beginnt der Streit um die Stellung dieses Reiches in der Welt.

7. Terminologie

7.1 Der Volksname

Seit wann haben die Bewohner des *Regnum Teutonicum* diese Bezeichnung als Ausdruck ihrer politischen Gemeinschaft angesehen
und in diesem Sinne gebraucht? Gab es daneben einen neuen, die
ehrwürdigen Völkernamen der *Franci, Saxones, Baioarii, Alemanni*
überwölbenden gemeinsamen Namen der „Deutschen"? Wäre er
von diesen selbst geführt worden, so hätten wir ein sicheres Indiz Eigenbezeichnung
für das neue ethnische Bewußtsein, wobei auch in diesem Falle der
Umkehrschluß nicht erlaubt ist: Das Fehlen des Begriffs heißt keineswegs, daß es die Sache nicht gab.

Bekanntlich ist es zu einer allgemein akzeptierten, einheitlichen
Bezeichnung des Reichs als eines „deutschen" vor allem deshalb
nicht gekommen, weil sie vom gentilen Selbstverständnis, das in
den *regna* herrschte, verhindert worden ist. Entsprechend den noch
immer maßgeblichen Vorstellungen der Karolingerzeit hätte das
Reich seinen Namen von der führenden *gens* erhalten müssen, die Reichsvolk als
dadurch zum Reichsvolk erklärt worden wäre. In Sachsen, wo man Namengeber
sich mit Recht in dieser Stellung sah, ist der Versuch gewagt worden, den eigenen Volksnamen mit dem Reich zu verbinden: Hrotsvith von Gandersheim meinte das Gesamtreich Ottos des Großen,
wenn sie vom *regnum Saxonum* [25: HROTSVITH, Prim., v. 73]
sprach; der gleiche Ausdruck findet sich in den Hildesheimer Annalen zu 965, aber üblicherweise wurde der sächsische Volksname mit
dem Königtum verbunden wie in THIETMARS zusammenfassender

Benennung Heinrichs I., der drei Ottonen und Heinrichs II. als *Saxoniae reges* [44: Prolog, v. 7]. Als Staatsterminologie war das den anderen Völkern schon deshalb nicht zuzumuten, weil es Unterwerfung statt Bündnis bedeutet hätte: Die ältere Mathildenvita nennt unter den *gentium nationes*, die sächsischer Herrschaft (*Saxonico inperio*) unterworfen seien, nicht nur Slawen, Dänen und Böhmen, sondern auch die Bayern [45: VITA MAHTH. ANT., c. 4]. Deshalb blieb es, wenn überhaupt ein ethnischer Bezug hergestellt wurde, beim Frankennamen: *Francia* [DDOI 137–143] oder *imperium Francorum* 46: WIDUKIND II.1, III.57, III.73]. Seit der zweiten Hälfte des 9. Jahrhunderts stand zwar der *Germania*-Name auch außerhalb der kirchlichenTerminologie zur Verfügung, setzte sich aber nicht durch.

theodiscus (786)   Die Geschichte des deutschen Volksnamens beginnt mit dem 786 anläßlich einer angelsächsischen Synode erstmals belegten lateinischen Wort *theodiscus*, das von dem Substantiv *theoda* = „Volk" abgeleitet wurde und also „völkisch", „volkstümlich", „zum Volk gehörig" bedeutet. *Tam latine quam theodisce* [MGH Epp. 4, Nr. 4] seien der Synode früher gefaßte Beschlüsse verlesen worden: *Lingua theodisca* heißt demnach „Volkssprache" (im Unterschied zum Lateinischen). Das Wort kommt aus gelehrt-kirchlichem Milieu, und Gleiches gilt für den Erstbeleg der genuin volkssprachigen Bildung *biudisko*, mit der Ulfilas am Ende des 4. Jahrhunderts das Griechische ἐθνικῶς („volkstümlich", „heidnisch") des Neuen Testaments übersetzte. Ob es hierfür eine ältere volkssprachige Grundlage gab oder ob die beiden Wörter aus aktuellem Bedürfnis entwikkelt worden sind, ist ebenso ungewiß wie im Falle des um 1000 bei Notker Teutonicus von St. Gallen erstmals auftretenden *diutisk*.

Klar hingegen ist die Bedeutung: 786 heißt *theodisce* unzweifelhaft „in der angelsächsischen Volkssprache". Adressat des Synodalberichts war Papst Hadrian I. (772–795), bei dem der Absender, Bischof Georg von Ostia, Verständnis des Wortes voraussetzen konnte. Solche Kenntnis ging vielleicht auf Karl den Großen und seine Berater zurück, die ihre eigene Sprache weder als *lingua vulgaris* noch als *lingua barbara* oder gar *gentilis* (heidnisch) verstanden wissen wollten und dem Papst schon während der Aufenthalte Karls in den Jahren 774 und 781 in Rom mit dem Wort *theodiscus* eine Bezeichnung vermittelten, die „im Zusammenhang mit der Rompolitik der Franken geschaffen worden" [356: THOMAS, Ursprung, 324] sein könnte.

Ingelheimer   Der zweite *theodiscus*-Beleg bezieht sich auf die Ingelheimer
Synode (788)   Synode, auf der die versammelten Franken, Bayern, Sachsen und

Langobarden Tassilo von Bayern wegen eines Delikts aburteilten, *quod theodisca lingua harisliz dicitur* [9: ANNALES REGNI FRANCORUM zu 788]. Daraus kann selbstverständlich nicht gefolgert werden, daß der zum synodalen Gericht versammelte polygentile *exercitus* [350: ROSENSTOCK], der im christlichen Glauben vereinte fränkische *populus* [342: JAKOBS], sich untereinander *theodisce*, d.h. in einer heeresspezifischen Gemeinsprache, habe verständigen können.

Zum dritten Mal begegnet die *lingua theodisca* schließlich 801 im Capitulare Italicum Karls des Großen [MGH Capit. 1, Nr. 98], und diese Nähe zum Frankenherrscher spricht dafür, daß es sich um eine gelehrt-lateinische Bildung mit der allgemeinen Bedeutung „Sprache des nichtromanischen Volkes" handelte, die damals bereits auf „Sprache der nichtromanisierten Franken" spezifiziert war. Ein ethnischer Sinn ist damit aber noch nicht gegeben, sondern es handelt sich um eine reine Sprachbenennung, wie sie später auch NITHARD [35: III.5] verwendete, als er die Straßburger Eide (842) in den Sprachen der Ostfranken (*lingua Teudisca*) und der Westfranken (*lingua Romana*) mitteilte. *Capitulare Italicum (801)*

Bei der Interpretation dieser Befunde müssen wir von der Tatsache ausgehen, daß Sprachgemeinschaft und ethnische Gemeinschaft nicht notwendigerweise dasselbe sind. Ethnien gehen nicht aus Sprachgemeinschaften hervor und bilden von sich aus keine politischen Einheiten; sie sind vielmehr deren Resultate, oft gleichzeitig mit der Formierung einer Sprachgemeinschaft. Wir fragen deshalb nicht: „Wann bildet das aus einer deutschen Sprachgemeinschaft erwachsene deutsche Volk ein deutsches Reich?", sondern: „Seit wann heißt das Reich der Ottonen und Salier ‚deutsches Reich' (*regnum Teutonicum*), seine Bewohner ‚Deutsche' (*Teutones*), ihr Siedlungsgebiet ‚Deutschland' (*Teutonica terra*) oder ‚deutsche Lande' (*duitsche lant*)?" *Sprachgemeinschaft und ethnische Gemeinschaft*

Neben dem Wort *theodiscus* hat vielleicht schon seit den 30er Jahren des 9. Jahrhunderts die Form *teutonicus* gestanden, die bei Vergil (Aeneis VII, v. 741) vorkommt und wahrscheinlich durch Vergilkommentare so weit verbreitet worden ist, daß sie sich im 10. und 11. Jahrhundert als die übliche durchsetzen konnte. Erstmals erscheint sie in der Verbindung *theutonica lingua* in den Ostfränkischen Reichsannalen (‚Fuldaer Annalen' [5] zu 876, bald danach in St. Gallen [37: NOTKER BALBULUS, Gesta Karoli I.10] und in der Überschrift des rheinfränkischen Ludwigsliedes [31], die den Text als *Rithmus teutonicus* charakterisiert. Alle diese Zeugnisse bezeichnen die Sprache, nicht das Volk; alle stehen fest im fränkischen Zu- *teutonicus* sammenhang und geben keinen Hinweis auf eine ethnische Neuformation.

Fremdbezeichnung Zur Benennung eines Volkes waren Wort und Begriff *theodiscus* gleichwohl geeignet, und zwar als Fremdbezeichnung, die in Italien, möglicherweise schon zur Zeit Ludwigs des Frommen (813–840), vorkam. Sie faßte nach dem Sprachkriterium alle nicht romanisierten Franken zusammen, ohne nach deren ethnischem Selbstverständnis zu fragen. Auf diesen italienischen Sprachgebrauch dürfte eine Unterscheidung zurückgehen, die drei nach der Kaiserkrönung Ottos des Großen ausgestellte Diplome (DDOI 222 b, 232, 371) zwischen *Teutonici* einerseits, *Sclavi* bzw. *Italici* und *Franci* andererseits machten, denn weder Widukind von Corvey noch andere sächsische Historiographen haben den Begriff vor der Jahrtausendwende benutzt. Als Volksname begegnen *Teutonia, teutonicus, Teutones* im 10. Jahrhundert sonst nur in Italien, in Westfranken-Frankreich und an der Slawengrenze.

Grenzraum und Italienbezug In diesen Grenzraum gehört Brun von Querfurt, der um das Jahr 1000 *Teutones* [14: BRUN, Vita, c. 10] mit ihrer *nova metropolis* Magdeburg [c. 4] kannte. Brun hat dem Kreis um Otto III. nahegestanden, ebenso wie Thangmar, der in seiner Lebensbeschreibung Bischof Bernwards von Hildesheim die Rede des Kaisers an die Römer mit ihrer Nennung der *Theotisci* referierte [43: THANGMAR, c. 25], von denen Otto III. sich zugunsten seines neuen römischen Reichsvolkes abgesetzt habe. Der Italienbezug beider Autoren ist offensichtlich und verweist auf die Exklusivität der „deutschen" Volksbezeichnung in ottonischer Zeit. Sie wird auch nicht durch Thietmar von Merseburg gestört, denn die wenigen Belege für *Teutonici* und *Teutonicum regnum* in seiner Chronik [44: V.25f., VII.75, VIII.34] finden sich nur in deren Corveyer Überarbeitung aus dem 12. Jahrhundert. Um 1045 gebrauchte Wipo, Hofkapellan Heinrichs III. und vermutlich burgundischer Herkunft, die Landesbezeichnung *terra Teutonicorum* [48: WIPO, Tetr., v. 190], die eine Generation später, um 1080, im ANNOLIED [10] ihr volkssprachiges Gegenstück sowohl im Plural (*wider diutsche lant*, v. 274) als auch im Singular (*in diutischemi lande*, v. 112) gefunden hat.

gens Teutonica Bei einem nördlich der Alpen lateinisch schreibenden Autor erscheint die *gens Teutonica* erstmals zwischen 1090 und 1100 [36: NORBERT VON IBURG, Vita Bennonis, c. 13]; ihr Entstehen wird bezeichnenderweise mit dem Sieg Karls des Großen über die Sachsen erklärt, so daß hier die schon von EINHARD [19: c. 7] konstatierte, durch WIDUKIND VON CORVEY [46: I.15] bekräftigte gründende Tat der fränkischen Sachsenmission als ethnogenetisches Motiv aufgenommen wird. Auch dieses Zeugnis setzt italienischen Einfluß voraus, denn es reflektiert die kurz zuvor aufgekommene Reichsbezeichnung der päpstlichen Kanzlei.

Der deutsche Volksname ist demnach seit dem späten 10. Jahrhundert aus Italien zunächst in den lateinischen Sprachgebrauch und von dort auf nicht mehr rekonstruierbare Weise in die Volkssprache übernommen worden, wobei das ANNOLIED [10] eine Stufe Annolied markiert, auf der die Substantivierung noch nicht gelungen war: Es nennt *Vranken, Suâben, Peire* und *Sahsin,* aber keine Deutschen. Sie finden sich erst in der um 1150 entstandenen KAISERCHRONIK als Kaiserchronik *Dûtisce/Diutiske* [27: vv.497, 16039, 16063, 16899]. Eine vom Namen ausgehende historische Traditionsbildung, wie sie Frankreich mit der Verbindung von Franken und Trojanern kannte, hat es in Deutschland nicht gegeben, obwohl eine neue, supragentil-deutsche Stammessage durch Bezug auf die Teutonen immerhin hätte entstehen können. Davon findet sich jedoch keine Spur: „Der Name der Deutschen war zunächst einmal ein gänzlich ahistorisches und apolitisches Phänomen" [357: THOMAS, Rezeption, S.42].

7.2 Die Reichsbezeichnung

Der politische Anstoß kam, ebenso wie der Volksname, von außen. Er richtete sich primär auf die Reichsbezeichnung, sollte ihr einen national-deutschen Sinn geben und ist damit gescheitert. Das Reich Römisches Reich blieb bis 1806 ein römisches Reich.

Aus seiner Geschichte und den besonderen Bedingungen der Entstehung des politischen Verbandes ist das ohne Mühe herzuleiten, denn die Legitimationstheorien waren fränkisch-karolingisch und seit 962 auch römisch-imperial bestimmt. Die offizielle Terminologie kann den Herrscherdiplomen entnommen werden und zeigt den Königstitel in seiner karolingischen, d. h. absoluten Form (*N.N. rex*) ohne ethnische Erweiterung (*N.N. rex Francorum* o. ä.). Die einzige frühe Ausnahme, DHII 424 aus dem Jahre 1020 mit der Intitulatio *Heinricus ... rex Teutonicorum* ist Empfängerausfertigung des Bischofs Heriward von Brixen, steht also in dem schon aus der Geschichte des deutschen Volksnamens bekannten Italienbezug. Die Könige dagegen haben von sich aus jede ethnische Bereichsbezeichnung strikt vermieden, weil damit Einschränkung der traditionell umfassenden Amtsgewalt des christlich-karolingischen Königtums verbunden gewesen wäre. Von der ottonisch-salischen Monarchie, deren Hauptaufgabe die politische Integration des Reiches gewesen ist, konnten deshalb keine deutsch-ethnogenetischen Impulse ausgehen. Im Gegenteil: Aus dem politisch erreichten Zusammenschluß durfte sich keine der typischen Ethnogenesen im Sinne einer supragentilen Neubildung ergeben, wenn auf der fränkisch-karolingischen Basis imperial-römisch weitergedacht werden sollte.

Ethnisches Denken fand sich in abgestufter Intensität auf der Ebene der *regna*, also in Sachsen, Franken, Bayern oder Alemannien, nicht aber im Reiche des Königs, das doch gleichwohl im mittelalterlichen Sinn eine Nation war. „Ethnogenese" und „Nationsbildung" sind daher als historische Prozesse unterschiedlicher Qualität auseinanderzuhalten, obwohl es Interdependenzen gibt. Die in Deutschland bis heute übliche Vermischung beider Bereiche mit Hilfe eines unhistorisch-biologistischen Volksbegriffs verstellt den Blick auf historische Ablaufsbedingungen und zwingt zu Ersatzkonstruktionen (Einheit aus der Sprachgemeinschaft, Volk als staatsbildende Potenz) oder aber dazu, die Existenz mittelalterlicher Nationen überhaupt zu leugnen.

Die ethnogenetische Indifferenz besonders der ottonischen Könige kontrastiert lebhaft mit den Befunden des späten 9. Jahrhunderts. Im karolingisch regierten ostfränkischen Reich lag bereits eine breit entwickelte politische Terminologie in der Volkssprache vor. Der in Fulda ausgebildete Otfrid von Weißenburg († um 875) überliefert *Ostarrichi* als Bezeichnung für das Reich Ludwigs II. [39: OTFRID, Widmung, v. 2], den er lateinisch als *Ludovicus orientalium regnorum rex* [Widmung, Überschrift] anredet. Ludwig ist ein fränkischer König, *Frankono kuning* [ebd., v. 2]; in seinen *regna* spricht man *theodisce* [I, lat. Überschrift] bzw. *frenkisg* (I, v. 34], und auf *frenkisg* sagt man *in Suabo richi*, wenn man ausdrücken will, daß Bischof Salomon von Konstanz im *regnum* Alemannien wirkt [Widmungsgedicht an Salomon, v. 5]. *Ostarrichi* ist das in den Ostfränkischen Reichsannalen [5] zu 838 erstmals genannte *regnum orientalium Francorum*, so daß den sächsischen Königen eine kohärente, in sich sinnvoll gegliederte politische Terminologie zur Verfügung stand. Deren im 10. Jahrhundert offensichtliche Disfunktionalität ist nicht allein politisch zu erklären, weil sie sich aus einem größeren kulturellen Zusammenhang ergeben hat.

Eine lateinische Bezeichnung des „deutschen" Reiches hat seit Anfang des 11. Jahrhunderts in Italien existiert, und zwar in Venedig und Capua/Benevent, also nicht in Reichsitalien, so daß „deutsche" Anregungen ausgeschlossen werden können: Es handelt sich

Ethnisches Denken in den regna

Politische Terminologie

offensichtlich um die logische Weiterentwicklung des in Italien seit
langem gängigen Begriffs. Als Eigenbezeichnung ist die Wendung
regnum Teutonicum erstmals in den gegen 1075 verfaßten Annalen *Regnum*
des bayerischen Klosters Niederaltaich [3] zum Jahre 1038 belegt, *Teutonicum*
die im Jahreseintrag 1061 auch *Teutonici reges* nennen.

Zwischen den italienischen Quellen aus dem Anfang des 11.
Jahrhunderts und den Niederaltaicher Annalen liegt die Terminologie der Kanzlei Papst Gregors VII., auf dessen persönliche Initiative *Päpstliche*
Begriffe wie *Teutonici, terra Teutonica, partes Teutonica/Teutonico-* *Kanzleisprache*
rum, Teutonice terre episcopi, episcopi et duces in Teutonici partibus,
regnum Teutonicum/Teutonicorum, episcopi regni Teutonici u. ä. so
häufig gebraucht wurden, daß ein weit ausgebautes System mit ziel-
bewußter Verwendung sichtbar wird. König Heinrich IV. hieß zunächst, seinem Urkundentitel entsprechend, *rex*, seit Oktober 1074,
als Gregor VII. erstmals eigene lehnrechtliche Ansprüche über Ungarn durchsetzen wollte, aber *rex Teutonicorum*: Diese Intitulatio
wurde „verwendet, um Heinrich IV. die Rechte des imperialen Königs und künftigen Kaisers zu bestreiten und ihn als König der
Deutschen auf eine Stufe mit dem König der Ungarn zu stellen"
[348: MÜLLER-MERTENS, Regnum, 169 f.].

Diese bislang unerhörte Relativierung mit ihren absehbar ver-
nichtenden Konsequenzen für die königliche Auffassung von Reich
und Herrschaft, für die traditionellen Legitimitätstheorien und für
das Verhältnis von König und Reich hatte sich aus dem Reformkon- *Absichten*
zept Gregors VII. ergeben, das nicht imperial, sondern national an- *Gregors VII.*
gelegt war und die deutsche Kirche als Landeskirche behandelte.
Deshalb griff der Papst die in Italien umlaufende politische Terminologie auf, änderte also bewußt den bisherigen Brauch seiner
Kanzlei (der für Deutschland *Gallia et Germania* oder auch nur *Ger-*
mania vorsah), um den Herrschaftsanspruch Heinrichs IV. in bestimmter Weise staatsrechtlich zu erfassen. Eine solche Initiative hat
es nur in diesem Falle gegeben; überall sonst blieb es bei den alten
Namen der Länder, Reiche und Kirchenprovinzen, so daß der
Zweck leicht erkennbar ist: Der Papst wollte Burgund und Italien
von Deutschland unterscheiden, dessen Bewohner als besondere
Einheit anreden und sie auf ihr eigenes Reich verweisen. Bei der
Absetzung Heinrichs IV. und der Wahl Rudolfs von Rheinfelden im
Jahre 1077 handelten die Fürsten als Vertreter des so definierten
regnum Teutonicum, das dem König gegenübergestellt werden
konnte. Die Papsturkunde des Wormser Konkordats führte den Begriff *regnum Teutonicum* dann als staatsrechtlichen Terminus tech-

nicus ein und hob mit ihm das deutsche Reich von den *alia partes imperii* ab [MGH Const. I, Nr. 108].

Die durch Gregor VII. und seine neue Terminologie aufgeworfene Frage, ob der *rex Teutonicus* wie bisher als unanfechtbarer *imperator futurus* gelten könne, wurde nicht selten so negativ beantwortet wie in dem schon erwähnten Brief Johanns von Salisbury [oben S. 24f.]. Er beleuchtet scharf die ebenso breite wie negative Wirkung der kaiserlichen Kontroverse mit dem Papst und die mit ihr einhergehende Distanzierung des Westens von dem nun vielfach als zivilisatorisch rückständig empfundenen *regnum Teutonicum.* Konnte ein mit solcher Polemik aufgeladener Begriff in Deutschland rezipiert werden, dessen Historiographie, soweit sie überregional-politisch ausgerichtet war, bisher die imperiale Perspektive zugrundegelegt hatte? Tatsächlich haben vorwiegend Gegner Heinrichs IV. vom *regnum Teutonicum* gesprochen: Der Niederaltaicher Autor, Lampert von Hersfeld, Berthold von Reichenau, Bernold von Konstanz, Manegold von Lautenbach oder Bruno von Magdeburg. Sie taten es nicht gleichmäßig intensiv und auch mit wechselnder, gelegentlich unpräziser Bedeutung, aber der politische Sinngehalt blieb so virulent, daß sich noch Otto von Freising um 1150 mit ihm auseinandersetzte. Doch auch „in einer politisch unreflektierten Weise" [348: MÜLLER-MERTENS, Regnum, 315] ist der durch breite Rezeption und Reproduktion päpstlicher Verlautbarungen weit in den Sprachgebrauch eingeflossene Begriff schon am Ende des 11. Jahrhunderts verwendet worden und hat in dieser eher naiven Form überlebt, während die staufische Kanzlei mit guten Gründen auf dem *Romanum imperium* bestand, das sie seit 1157 zum *sacrum imperium* erhöhte; damit bereitete sie den seit 1254 durchgesetzten Reichstitel *sacrum Romanum imperium* vor. Die deutsche Komponente blieb vom Reich und seinem politischen Rang, vor allem aber von seinen Trägern, getrennt.

Distanzierung des Westens vom Imperium

8. Sprache und Literatur

Die ungebrochene Kontinuität der Bezeichnung des Reiches als „römisch" weist abermals auf den Vorrang politischer Kriterien für Integration, Existenz und Dauerhaftigkeit des Reiches. Legitimität aus römisch-imperialer Wurzel war dem Zusammenschluß der *regna* schlechthin lebensnotwendige Grundlage und sank erst dann auf die Ebene weitgehend sinnentleerten Traditionsgutes, als das

Legitimation durch „Rom"

starke Betonen eigenen Volkstums dazu führte, in den Nationen ethnische Gebilde zu sehen. Unter völkischem Gesichtspunkt aber verlor der staatlich-politische Bezugsrahmen seine Kontur in solchem Maße, daß die Sprache als weit überschätzte Antriebskraft für das Entstehen politischer Großverbände, Reiche und Nationen in den Vordergrund treten konnte. Damit fielen zugleich methodische Entscheidungen zugunsten der Sprach-und Literaturgeschichte, weil von deren Resultaten wichtigste Einsichten in die frühe Geschichte des eigenen Volkes erwartet wurden.

Im Falle der deutschen Nation ließ sich die Priorität der Philologie außerdem damit begründen, „daß in der Folge *deutsche Sprache, deutsch, Deutsche, Deutschland* der Sprachname der älteste ist und den Ausgang für das Völkeradjektiv, den Volksnamen und den Landesnamen bildet, während sonst überall ein Stammes- oder Ländername am Anfang steht, aus dem die weiteren Bezeichnungen für Land, Volk und Sprache gewonnen sind" [392: WEISGERBER, Deutsch, 41]. Diese stark vereinfachte Sicht führte in Verbindung mit zwei falschen Annahmen – schon die frühe Sprachbezeichnung glaubte man ethnisch verstehen und der angeblichen Sprachgemeinschaft ein Volksbewußtsein unterstellen zu dürfen – auf Abwege. Am Ende stand die Überzeugung, vor allem über die Geschichte der deutschen Sprache und des deutschen Volksnamens auch die Anfänge des deutschen Reiches erkennen zu können. Das erschien nötig und plausibel, weil eine deutsche Nation als Nationalstaat im Sinne des 19. und 20. Jahrhunderts in den mittelalterlichen Quellen nicht zu finden war: Hilfsweise übertrug man den romantischen, eng auf die Sprache bezogenen Volksbegriff ins 9. und 10. Jahrhundert; weil ein so konzipiertes Volk in der mittelalterlichen Überlieferung aber zwangsläufig keine Spuren hinterlassen haben kann, mußten die als frühe Namensbelege mißdeuteten Sprachbezeichnungen unverhältnismäßig aufgewertet werden.

Sprache und Volksname

Die Bedeutung der Sprache für das Entstehen von Nationen soll damit nicht geleugnet werden: sie ergibt sich aus der Tatsache, daß Nationsbildung ein Bewußtseinsvorgang ist, der auch als Kommunikationsprozeß verstanden werden muß. Schon die Frage nach den Möglichkeiten gegenseitiger Verständigung im ostfränkischen Reich beleuchtet das Problem. Die Bildung politischer Begriffe und politischen Bewußtseins vollzog sich, soweit wir das anhand der schriftlichen Überlieferung noch erkennen können, über das Medium des Lateinischen, dem die notwendige Terminologie christlicher Herrschaft verdankt wurde. Dieser Gemeinsprache des Klerus

Sprache und Nationsbildung

stand keine einheitliche deutsche Volkssprache gegenüber, sondern eine Mehrzahl untereinander kaum oder überhaupt nicht verständlicher Sprachen; „Althochdeutsch" ist ein philologischer Verabredungsbegriff, der die Annahme einer im Frühmittelalter allgemein verbreiteten deutschen Hochsprache voraussetzt. Ihr gegenüber konnten das Fränkische, Sächsische, Bayerische und Alemannische auf die Stufe von „Dialekten" oder „Mundarten" gestellt werden, ebenso wie man diese Völker selbst als bloße Untereinheiten, als „Stämme" eines angeblich früh vorhandenen deutschen Volkes sah.

In Wirklichkeit war das Reich der Ottonen und Salier mehr-, ja vielsprachig und ist in dieser Beziehung sogar hinter ein im späten 9. Jahrhundert unter fränkischer Vorherrschaft schon einmal erreichtes Stadium sprachlich-literarischer Angleichungstendenzen zurückgefallen. Nicht die gemeinsame Sprache kann also zum gemeinsamen politischen Handeln geführt haben; retardierender als Verständigungsschwierigkeiten im Einzelfall wirkte gentiles Sprachbewußtsein auf der Ebene der *regna*.

Frühe Anregungen zur Homogenisierung haben sich aus dem Lateinischen ergeben, das über die Liturgie, den Wortschatz der Bibel und die kirchliche Verwaltungsterminologie auf die Volkssprachen gewirkt hat. Unter diesen hatte das Fränkische eine politisch fundierte Führungsposition, die an den weit über das eigene Siedlungsgebiet hinaus gestreuten fränkischen Orts- und Gaunamen aufweisbar ist; durch Rechtswörter beeinflußte es das Alemannische, Bayerische und Sächsische. Auch die volkssprachigen Glossen zu lateinischen Texten wirkten vereinheitlichend, weil man über sie das Lateinische zu verstehen lernte, das seinerseits einen kohärenten Wortgebrauch in den Volkssprachen anregte. Selbst die Sprache der Laien ist dadurch normativ berührt worden, indem bestimmte, immer wiederkehrende Texte wie das Pater noster, das Credo, Beicht- und Taufformeln in die Volkssprache übertragen wurden.

Spuren solcher Einflüsse auf Schreibweise, Laut- und Formensystem oder Syntax, auf die Wortbedeutung in den Bereichen Glauben und Recht, lassen sich nachweisen, umstritten bleibt dagegen in der germanistischen Forschung bis heute, wie tief die mit ihnen einhergehende „Vereinheitlichungstendenz" [387: SONDEREGGER, Tendenzen] vom 8. bis zum 11. Jahrhundert tatsächlich gewirkt hat. Sie ist auf jeden Fall durch überregionalen Handschriftenaustausch verstärkt worden: Otfrids Evangelienbuch findet sich über das fränkische Sprachgebiet hinaus verbreitet, Notkers Texte las man auch in Bayern. Die Einflußrichtung weist vom Fränkischen ins Alemanni-

Wirkung des Lateinischen

„Vereinheitlichungstendenz"

sche und Bayerische, danach vom Alemannischen ins Bayerische. Auch das Sächsische wurde tangiert, wie die Sprache des Heliand zeigt. Nächst dem Lateinischen wirkte also das Fränkische im Sinne der Vereinheitlichung.

Dieser enge Bezug des Fränkischen auf das Lateinische ist im 9. Jahrhundert nicht nur wahrgenommen worden, sondern hat auch ein spezifisch fränkisches Sprachethos hervorgerufen. Es entwik- Fränkisches kelte sich aus dem Wettbewerb mit dem Lateinischen und seiner Li- Sprachethos teratur, deren Kenntnis erst gelehrt hatte, was einheitliche Sprachkultur bedeutet: „Unsere Sprache gilt nämlich als bäurisch, da sie von denen, die sie sprechen, weder durch schriftliche Werke noch durch eine Grammatik zu irgendeiner Zeit kultiviert worden ist. Denn weder überliefern sie die Geschichte ihrer Vorfahren an die Nachwelt, wie das viele andere Völker tun, noch verherrlichen sie deren Taten und deren Leben aus Begeisterung für ihren Glanz und Ruhm. Wenn das dann doch einmal selten genug geschehen ist, so erzählen sie lieber in der Sprache fremder Völker, d. h. in der lateinischen oder griechischen Sprache. Sie nehmen sich peinlich in acht vor der Verunstaltung dieser fremden Sprachen, haben aber vor der Verunstaltung der eigenen keine Scheu" [39: OTFRID, Widmung an Eb. Liutbert von Mainz, Z. 105–117]. Als Notker (Labeo) Teutonicus († 1022) in St. Gallen an seinen Übersetzungen arbeitete, kannte er Otfrids Werk nicht, obwohl dieser seinerzeit ein Exemplar des Evangelienbuchs an die St. Galler Mönche Hartmut und Werinbert geschickt hatte. So empfand Notker sich dank eines Kontinuitätsbruchs mit Recht als Pionier, aber Opfer eines solchen Bruchs ist auch er geworden: Die Generation nach seinem Tod hinterließ so gut wie keine Spuren literarischer Produktion in ihren Volkssprachen, so daß man sich vor optischen Täuschungen hüten muß. Autochthone literarische Traditionen haben sich nicht ausgebildet und zu dem, was vorhanden war, hatten die ottonischen Herrscher wenig Zugang, denn sie sprachen nicht *theodisce*, sondern sächsisch.

Als Zentrum der volkssprachigen Literatur im ostfränkischen Reich gilt das Kloster Fulda. Dort vermutlich ist um 830 die Über- Volkssprachige setzung der Evangelienharmonie des Syrers Tatian nach einer latei- Literatur in Fulda nischen Vorlage entstanden, bald darauf, wahrscheinlich im Auftrag Ludwigs II., der sog. HELIAND [22]. Diese sächsische Stabreimdichtung über das Leben Jesu ist aus der vom ostfränkischen Königtum geförderten Intention entstanden, die christliche Botschaft auch breiten Kreisen des sächsischen Adels zugänglich zu machen. Ludwigs II. Verdienste um die Integration seines Reiches werden auch auf diesem Felde deutlich, wobei aber zu betonen ist, daß Sprache und Literatur die politischen Motive begleitet und ergänzt,

Ludwig II. und die volkssprachige Literatur

nicht etwa hervorgerufen haben. Wohl im Jahre 844 hat Ludwig II. den als Abt von Fulda zurückgetretenen Hrabanus Maurus besucht und mit ihm auch über die Heilige Schrift gesprochen [23: HRABAN, Epp., Nr. 35]; daß dieses Thema den König nicht nur aus Gründen persönlicher Frömmigkeit, sondern vor allem als wichtiger Bestandteil seines politischen Programms beschäftigte, zeigt die im Blick auf ihn entstandene Bibeldichtung. Dazu gehört eine in Fulda angefertigte altsächsische GENESIS-Übersetzung [22], die möglicherweise auf Ludwigs Wunsch entstanden ist; auch das von seinem ersten Herausgeber 1830 „MUSPILLI" [34] genannte Stabreimgedicht über das Schicksal der Seele nach dem Tod, den Kampf des Propheten Elias mit dem Teufel, über Weltende und -gericht wird mit dem König in Verbindung gebracht; es ist fragmentarisch und nur in einer einzigen, Ludwig II. gewidmeten lateinischen Handschrift aus Regensburg überliefert, in die es freilich als späterer Zusatz eingetragen wurde.

Otfrid von Weißenburg

Sicher dagegen ist, daß Otfrid von Weißenburg zwischen 863 und 871 seinen *Liber Evangeliorum* Ludwig II. zur Kenntnis bringen wollte. Auch Otfrid gehört seiner geistigen Bildung nach zu Fulda, denn dort war er Schüler Hrabans gewesen. Er schrieb in rheinfränkischer Sprache, um möglichst viele Menschen mit der Botschaft des Evangeliums vertraut zu machen, dachte aber ebenso intensiv an die Konsolidierung fränkischen Selbstverständnisses, indem er den christlich bestimmten Prozeß der Zivilisation so fördern wollte, wie das zur Zeit Karls des Großen begonnen worden war. Die höfische Ansicht dieses Prozesses zeigt das für eine zweisprachige ost- und westfränkische Gesellschaft verfaßte, ebenfalls rheinfränkische LUDWIGSLIED [31] über den Normannensieg des Westfrankenkönigs Ludwig III. bei Saucourt-en-Vimeu im August 881. Es kann keine Rede davon sein, daß es sich bei dieser Literatur um bloße Nachklänge der Zeit Karls des Großen und seiner angeblichen „Bemühungen um die Erhebung des Deutschen zur christlichen Kultursprache" [369: EGGERS, Sprachgesch. I, 174] gehandelt hat: In diesen Texten spricht sich bei allem Kontinuitätsstreben ein ostfränkisch-karolingisches Selbstbewußtsein aus.

Unter den sächsischen Herrschern hat es solche Bemühungen um die Volkssprache und ihre literarischen Möglichkeiten nicht mehr gegeben, obwohl mit dem Heliand und der Genesis doch sächsische Texte vorlagen, die vermutlich nicht einmal die einzigen ihrer

Art waren. Die ottonisch-frühsalische Periode war ihrer Literatur und Bildung nach eine lateinische Zeit, eine „Zwischenzeit" [368: BRUNHÖLZL] allerdings, mit karolingischer Kontinuität, aber ohne eigenen Höhepunkt. Man muß sich klarmachen, daß die Zerstörung der bayerischen und alemannischen Klöster durch die Ungarn seit 907 im Süden, mit Ausnahme des Bodenseeraums, jede literarische Tätigkeit unterbrochen hat, um zu erkennen, daß die Lechfeldschlacht auch hinsichtlich der Literatur und Bildung ein Wendepunkt gewesen ist.

Lateinische Literatur der ottonischen Zeit

Zeugnisse dieser lateinischen Literatur setzen nicht im Süden ein, sind aber zunächst auch Resultate der für alles geistige Leben nach wie vor unentbehrlichen Klosterkultur. Gandersheim, das älteste und mit Beistand Ludwigs II. gegründete Familienstift der Liudolfinger, war Ausbildungsort und Wirkungsstätte Hrotsviths, der außer Hagiographischem und den erstaunlichen Dramen zur Verdrängung des Terenz zwei historische Epen verdankt werden. Die Gesta Ottonis stellen sofort den imperialen Bezug zum *Romanum regnum* her [24: HROTSVITH, Gesta, v.35] und erinnern daran, daß auf Gottes Befehl das Frankenreich dem berühmten Volk der Sachsen übertragen worden sei [vv.76f.]: Die beiden Hauptmotive der künftig herrschenden Reichstradition sind angeschlagen. Daß in Sachsen selbst darüber zunächst keineswegs Einigkeit herrschte, zeigt Widukind von Corvey, der zwar das ausgeprägt sächsisch-gentile Bewußtsein und den Willen zur Übernahme fränkischer Tradition mit Hrotsvith teilte, dem römischen Kaisergedanken aber so ablehnend gegenüberstand, daß er ihn mit Stillschweigen überging und den imperialen Rang Ottos des Großen an den Ungarnsieg band [46: WIDUKIND III.49], wie er es schon vorher für Heinrich I. getan hatte [I.39]. Ebenso wie bei Hrotsvith war die historische Perspektive Widukinds weniger vom Reich als von den sächsischen Königen bestimmt; seine an Sallust geschulte Sprache bezeugt einen Bildungsstand, der nur mit Hilfe einer gut ausgestatteten Bibliothek zu erreichen war, wie sie auch Gandersheim besaß.

Hrotsvith von Gandersheim

Widukind von Corvey

Lateinisch war auch die biographisch-hagiographische Literatur mit Ruotgers Vita Brunonis (967/68) [42], Gerhards Lebensbeschreibung Bischof Ulrichs von Augsburg [20] und der älteren Vita der Königin Mathilde [45], durch die um 975 eine besonders enge Verbindung zwischen einem Mitglied des Königshauses und dem Entstehungsort des Textes, dem Kloster Nordhausen, hergestellt worden ist. Thangmars († vor 1013) Vita Bischof Bernwards von Hildesheim [43] und die Passio S. Adalberti Bruns von Querfurt

Hagiographie und Biographie

(† 1009) [14] sind dagegen ohne den reichsgeschichtlichen Bezug nicht denkbar.

Die Verbindung von speziellem Gegenstand und Reichsgeschichte findet sich am deutlichsten ausgeprägt in der Chronik Thietmars von Merseburg († 1018) [44], der Bistumsgeschichte als Reichsgeschichte anhand der Könige von Heinrich I. bis in die Zeit Heinrichs II. schrieb und zugleich ein Memoirenwerk mit kulturgeschichtlicher Tiefenschärfe entstehen ließ. Thietmars Chronik ist für die Frage nach der Entstehung des deutschen Reiches von großer Bedeutung, weil sie an der Slawengrenze geschrieben wurde, an einem Schauplatz, auf dem sich durch die Mission der Elbslawen und das (vermutlich seit 965/66) christliche Polen die seit der Karolingerzeit feststehende Ostgrenze der lateinischen Welt zunächst auflöste und dann verschob. Die bis heute unsere Geschichte bestimmende Mittellage Deutschlands ist damals entstanden, von den sächsischen Königen und dem sächsischen Adel teils im Zusammenwirken mit dem Papsttum, teils gegen dessen Absichten hervorgebracht. Der Wechsel von der Eroberungs- und Integrationspolitik Ottos des Großen zum imperialen Konzept Ottos III. mit seiner Vorstellung von der Gemeinschaft christlicher Könige unter dem gemeinsamen Dach des Kaisertums und Heinrichs II. schroffe Abkehr davon sind dramatische Wendepunkte in dem schwierigen Prozeß praktischer und theoretischer Neuorientierung angesichts dieser Lage. Thietmar ist der bisher unter solchem Aspekt noch nie systematisch befragte Zeuge eines der entscheidendsten Vorgänge deutscher Geschichte.

Rückblickend bleibt festzustellen, daß gerade die Zeit, in der nach verbreiteter Ansicht das deutsche Reich entstanden sein soll, durch den vollständigen Zusammenbruch einer hochstehenden, vom Königtum geförderten und vielfach auf den König hin formulierten volkssprachigen Literatur gekennzeichnet ist. Das hängt sicherlich damit zusammen, daß die Könige und ein großer Teil ihrer Umgebung außerhalb der weit entwickelten fränkischen Sprachtradition standen. Liudprand von Cremona bezeugt Ottos des Großen *loquelam propriam Saxonicam* [29: LIUDPRAND, Liber, c. 11], eine Sprache, die supragentil keine Chance hatte. Der Hof richtete sich politisch auf die fränkische Tradition aus, konnte aber den sprachlichen Bezug zum Vorbild nicht herstellen. Weil die Förderung sächsischer Sprache und Literatur unter dem Gesichtspunkt der Reichsintegration sinnlos war, blieb im Unterschied zur Epoche Ludwigs II. nur die lateinisch-römische Komponente. Deshalb domi-

(marginal notes)
Thietmar von Merseburg

Ende der fränkischen Literatur

nierte ein römisch bestimmtes politisches Reichsbewußtsein, das kein übergeordnetes Bedürfnis weckte, in Corvey oder Gandersheim *saxonice* zu schreiben.

Ausschlaggebend für die Reichsbildung waren demnach funktionale Elemente, in erster Linie die im Zusammenschluß der ostfränkischen Aristokratie unter einheitlichem Königtum rasch erlangte europäische Großmachtstellung, deren wichtigste legitimatorische Stütze alsbald im Kaisertum gefunden wurde. Legitimität und Herrschaftsverständnis drückten sich römisch-christlich-lateinisch aus, erkannten sich in den Worten der Liturgie, den biblischen Erzählungen und in der überlieferten Terminologie von Historie, Recht und Verwaltung. Volkssprache und volkssprachige Literatur mögen im nationalen Wertesystem neuzeitlicher Betrachter höchstes Ansehen genießen: Die mittelalterliche Nation bedurfte ihrer offenkundig nicht.

Dominanz funktionaler Elemente

9. Das Reich in Europa

Die Entstehung des deutschen Reiches ist Teil eines fundamentalen Wandlungsprozesses, der seit dem 10. Jahrhundert die europäischen Nationen hervorbrachte und dabei von auffälligen Ungleichzeitigkeiten geprägt war. Während das ostfränkische Reich in die imperiale Stellung des Karlsreiches einrückte, sie modifizierte und weiterentwickelte, um erst gegen Ende des 11. Jahrhunderts – schon damals im europäischen Rahmen verspätet – ein aus römischer Grundlage verengt konzipiertes Regnum Teutonicum denkbar werden zu lassen, ergaben sich in seinem Umfeld Formationen, die aus neuzeitlich-nationaler Perspektive progressiv erscheinen müssen. Diese Umordnung geschah teils auf dem Boden des ehemaligen karolingischen Großreiches, teils an seiner Peripherie. Für die Staaten- und Nationengeschichte Europas ist das 10. Jahrhundert deshalb eine Schlüsselzeit, in der das römische Reich universal-retardierend gewirkt hat.

Imperiales Erbe

Eine solche noch über das Spätmittelalter hinaus vitale Beharrungstendenz mußte erhebliche Folgen für die deutsche und europäische Geschichte haben, die vom gegenseitigen Verhältnis der nachkarolingischen Monarchien und ihrer Nachfolgestaaten bestimmt worden ist. Der übermäßig gestreckte und nicht zum Abschluß gekommene Prozeß einer deutschen Reichsbildung verhinderte ja nicht nur das Entstehen der deutschen Nation, sondern

Überdehnter Prozeß deutscher Reichsbildung

auch die Nationalisierung der lateinischen Kirche; er hielt die mit staatlicher Sonderung verbundene kriegerische Dynamik bis in das Zeitalter der Konfessionalisierung auf und wirkte selbst dann noch befriedend, als die Territorien sich zu absolutistisch begründeter Eigenstaatlichkeit erhoben. Es ist deshalb nicht sinnvoll, den Blick monographisch zu verengen: Nationale Geschichte ist von jeher durch internationale Beziehungen mitbestimmt worden und infolgedessen nur aus diesem größeren Zusammenhang verständlich. Die Frage ist, seit wann wir von internationalen Beziehungen sprechen dürfen.

Besonders im Hinblick auf die nachkarolingische Geschichte der *regna Francorum* Frankreich und Deutschland wird dieses Problem kontrovers diskutiert, wobei das unterscheidende Merkmal des imperialen Ranges nicht immer hinreichend beachtet wird. Gab es in Ost- und Westfranken im 10. Jahrhundert oder gar darüber hinaus noch ein gesamtfränkisches Bewußtsein? Handelte es sich bei den Kontakten zwischen den Reichen, die als adlige Personenverbände mit je eigener monarchischer Spitze zu verstehen sind, um internationale Beziehungen, um überregionale Verbindungen des fränkischen Adels oder um Familienpolitik der Königshäuser? Der letztgenannte Aspekt weist über den Rahmen des Frankenreiches hinaus, denn für das sächsische Königtum hat die Unterstützung durch die Angelsachsen große, wahrscheinlich entscheidende Bedeutung gehabt.

Durch König Eduard den Älteren von Wessex, der seine Tochter Edgith dem späteren König Otto I. zur Frau gab, sind die Liudolfinger cognatisch in die Nähe der Karolinger und in die großfränkische Hochadelsgesellschaft ihrer Zeit geführt worden, weil Edgiths Schwestern und Halbschwestern mit Karl III. von Westfranken-Frankreich, mit dem Robertiner Hugo Magnus und einem Mitglied des rudolfingischen Königshauses in Burgund verbunden waren. Das angelsächsische Königtum stand an Alter dem fränkischen nicht nach; allein diese Tatsache wird für Heinrich I. ein hinreichender Grund gewesen sein, dem karolingischen Heiratsbrauch nicht zu folgen, wonach die Könige ihre Frauen aus Hochadelsfamilien des eigenen Reiches nahmen. Das hohe Ansehen Edgiths als Nachfahrin des Hl. Oswald dürfte Ottos Nachfolge im Königtum begünstigt haben; die Verwandtschaft mit den Angelsachsen hat auch die Beziehungen der sächsischen Könige zum westfränkischen Reich tief berührt. Ludwig IV. war mit seiner Mutter Eadgifu im englischen Exil gewesen, bevor ihn sein Onkel Hugo Magnus im

Gesamtfränkisches Bewußtsein

Verbindung mit Angelsachsen

Jahre 936 zum Nachfolger König Rudolfs machte; im gleichen Jahr
wurde Eadgifus Schwager Otto König des ostfränkischen Reiches.
Durch Edgiths frühen Tod und die Ermordung König Edmunds
von Wessex im gleichen Jahr (946) wurden die Beziehungen aber
schon bald lockerer. Die Invasionen der Dänen haben den Abstand
vergrößert, doch die Gemeinsamkeit der insularen mit den
kontinentalen Sachsen ist lange bewußt geblieben. Wenn Heinrich IV. für den Kampf mit seinen sächsischen Gegnern die Hilfe
Wilhelms des Eroberers suchte, mag diese Konstellation mitgespielt
haben.

Grundmotiv der Beziehungen des ostfränkischen Reiches zu
Westfranken-Frankreich war aber der Konflikt um Lothringen. Konfliktherd
Diese Frage schied zugleich die westfränkischen Karolinger von ih- Lothringen
ren robertinischen Konkurrenten: Während die Wiedergewinnung
Lothringens, mit dem Karl III. das spezifische Verständnis seines
Königtums verbunden hatte, seit 925 politische Maxime der
Karolinger geblieben ist, haben die Robertiner dieses Ziel ihrem eigenen Aufstieg so deutlich nachgeordnet, daß sie den ostfränkischen Königen ein willkommenes Mittel für jene Gleichgewichtspolitik sein konnten, die den Westen für mehr als zwei Generationen
lähmte.

Weil Otto der Große sowohl mit den Karolingern als auch mit
den Robertinern verschwägert war, konnte keine wichtige Entscheidung über westfränkische Belange ohne seine Beteiligung oder ohne
sein Wissen fallen; alle Feldzüge, alle Bündnisabsprachen mit westfränkischen Großen dienten der Politik des Gleichgewichts. Es gibt
keine Spur einer Eroberungsabsicht, nicht einmal nach 962, als die Westpolitik
Kaiserwürde zur Begründung für eine Restitution des Karlsreiches
hätte genutzt werden können. Die Synode von Ingelheim, auf der
im Jahre 948 nahezu der gesamte ostfränkische Episkopat sowie
Erzbischof Artold von Reims mit zweien seiner Suffragane unter
dem Vorsitz eines päpstlichen Legaten und in Gegenwart Ludwigs IV. und Ottos I. den Reimser Bistumsstreit entschieden, zeigt
die Grundstruktur des Verhältnisses zwischen beiden Reichen:
Deutlich voneinander unterschieden, wurden sie von formal rang-
gleichen Königen repräsentiert, deren cognatische Verbundenheit
auf der Basis gemeinsamer fränkischer Tradition dazu führen
konnte, daß der Mächtigere von beiden mit seinen Bischöfen eine
Entscheidung über den wichtigsten Metropoliten des anderen herbeiführte. Die Versammlung tagte als Generalsynode: „für die
Reichweite ihrer Beschlüsse waren politische Grenzen ohne Bedeu-

tung" [200: BEUMANN, Ottonen, 66], aber die im Sinne Ludwigs IV.
gefällte Entscheidung konnte nur mit Hilfe Ottos des Großen durchgesetzt werden.

Als Hugo Magnus im Jahre 956 starb und einen achtzehnjähri-
gen Sohn hinterließ, dem der fünfzehnjährige karolingische König
Lothar gegenüberstand, regierten beider Mütter, Ottos des Großen
Schwestern, das Westreich, beraten von ihrem Bruder Brun, der seit
953 Erzbischof von Köln und mit der Verwaltung Lothringens be-
traut war. Seinen sichtbarsten Ausdruck als bestimmende Kraft der
Ost/West-Beziehungen erhielt der ottonische Familienverband
durch den Kölner Hoftag von 965, auf dem sich die königliche Familie einschließlich König Lothars und seines Bruders Karl traf.

Cognatische Ost-/   Der cognatische Verbandscharakter prägte die Formen der Bezie-
West-Beziehung   hungen zwischen den beiden Reichen und verbietet strikt systematische Interpretation, doch ist ganz offensichtlich, daß fränkische Gemeinsamkeit nur noch als Funktion der ottonischen Lothringenpoli-
tik praktische Bedeutung hatte. Im sächsischen Königshaus wird
man karolingische Namen vergeblich suchen, wohl aber nannte
Hugo Magnus einen seiner Söhne Otto; Ludwig IV. hatte einen
Sohn Heinrich und eine Tochter Mathilde; Karl von Niederlothringen einen Sohn Otto und zwei Töchter namens Gerberga und Adel-
heid: Die Gewichte verlagerten sich auch hinsichtlich der Tradition.
Langfristig bedingte die Übernahme des Kaisertums durch Otto den
Großen für die westliche Monarchie den Zwang, für sich selbst eine
Legitimitätstheorie auszuarbeiten, die dem römischen Kaisergedanken halbwegs standhalten konnte. Die theoretischen Möglichkeiten
zur Entwicklung von Staatsvorstellungen waren begrenzt und vom
antiken römischen Reich einerseits, von der christlichen Monarchie
Karls des Großen andererseits vorgegeben. Weil die erstrangige imperiale Legitimität seit 962 im Besitz der ottonischen Könige und ihrer Nachfolger war, mußte um die karolingische umso entschiede-
ner gerungen werden.

Die machtpolitische Bedeutung einer solchen karolingischen
Transalpine   Nachfolge läßt sich an den transalpinen Beziehungen des ottoni-
Kontakte   schen Reiches ablesen. Seit dem späten 9. Jahrhundert waren Bayern und Alemannen mehr und mehr zu Trägern der seit Karl dem
Großen bestehenden fränkischen Herrschaft über das *regnum Italiae* geworden. Sie konnten damit an ihre sehr viel ältere Siedlungs-
geschichte anknüpfen und Grundlagen für eigene, alpenübergreifende Reichsbildungen schaffen. Deshalb hat das sächsische Königtum in den letzten Jahren Heinrichs I., von der Burgundpolitik aus-

gehend, diese italienischen Beziehungen zu seiner eigenen Sache gemacht und damit im Sinne der Reichsintegration gewirkt. Das bedingte Vorherrschaft in einem Raum, den die Kontinuität der römischen Alpenprovinzen bis in spätkarolingische Zeit geprägt hatte. Schon hieraus ergaben sich Ansatzpunkte, ein seit dem Verfall der karolingischen Herrschaft entstandenes Machtvakuum auf der Ebene des Königtums wieder auszufüllen.

Italien-, Rom- und Kaiserpolitik stabilisierten das Reich, indem sie ihm langfristig eine politisch-traditionale Identität vermittelten, ohne die es schwerlich hätte existieren können. Anders als den kleindeutschen Kritikern war dieser Zusammenhang den Zeitgenossen durchaus bewußt, denn sie haben alle daraus folgenden Belastungen bis ins späte Mittelalter bereitwillig auf sich genommen. Diese karolingisch vorgeprägte imperiale Grundkonzeption setzte den Papst als Coronator des Kaisers voraus und bestätigte dem Bischof von Rom seine schon von König Pippin anerkannte Würde als Haupt der Christenheit. Jurisdiktionelle Oberhoheit der Päpste ist erst durch Teilhabe an den großen Entscheidungen ottonisch-salischer Kirchenpolitik ausgebaut, gestärkt und zu universaler Bedeutung gebracht worden. *Integration durch Italienpolitik*

Als Protektor Roms und der Päpste übernahm Otto der Große auch die seit den frühen Karolingern schwierigen Beziehungen zu Byzanz. Sie haben durch ihr bloßes Vorhandensein das Reichsbewußtsein provokativ gestärkt, besonders seit der Ehe Ottos II. mit der byzantinischen Prinzessin Theophanu. Selbst der Kaiser- und Reichstitel ist ein Reflex der Auseinandersetzung mit Ostrom, denn im 982 eroberten byzantinischen Tarent führte Otto II. erstmals den Titel *Romanorum imperator augustus* [DOII 273], der bisher allein dem Basileus zugekommen war, während man sich im Westen mit der unspezifischen Form *imperator augustus* begnügt hatte, um offenen Dissens wegen des Rombezugs zu vermeiden. Otto III., der in Rom residieren und die Römer wirklich zum Reichsvolk machen wollte, hat die Intitulatio seines Vaters aufgenommen und ab 996 zum Normtitel werden lassen; dieser wirkte schließlich auf den Königstitel, der seit Heinrich V. *Romanorum rex* lautete. Der sichtbar auch das Königtum erfassende Rombezug ist nicht zuletzt durch Rivalität mit Byzanz wachgehalten worden. *Byzanz*

Eng mit Rom, dem Papsttum und Byzanz verknüpft hat der kaiserliche Missionsauftrag das Reich und sein Selbstverständnis berührt. Seit der zweiten Hälfte des 10. Jahrhunderts verlieh das christliche polnische Fürstentum der Missions- und Kirchenpolitik *Kaiserlicher Missionsauftrag* östlich von Elbe und Saale einen neuen Akzent. Es war jetzt noch weniger eindeutig als früher, wie weit die Magdeburger Kirchenprovinz nach Osten reichen sollte; fraglich erschien auch, ob gemeinsame polnisch/ottonische Mission mit der Eingliederung der Elbslawen ins Reich vereinbar sein konnte. Die Lage am Ostrand der lateinischen Christenheit begann sich nachhaltig zu wandeln.

Böhmen und Polen Das galt nicht minder für Böhmen, wo das Erzbistum Mainz durch sein 976 eingerichtetes Suffraganbistum Prag allerdings institutionell sicherer verankert war als Magdeburg in Polen. Die kirchlich und politisch engere Beziehung Böhmens zum Reich hat angesichts polnisch-böhmischer Konflikte vielleicht bei der Entscheidung Mieszkos I. eine Rolle gespielt, Polen 991 unter päpstlichen Schutz zu stellen. Den damit bekundeten Drang zur Selbständigkeit suchte Otto III. durch Gründung einer eigenen polnischen Metropole in Gnesen aufzufangen: Mit Billigung des Papstes – der 999 erhobene Gerbert von Reims hatte den Amtsnamen Silvester II. gewählt und seinen kaiserlichen Freund damit als neuen Constantin offenbart – handelte Otto III. dabei als *servus Iesu Christi* [erstmals DOIII 344] kraft imperialen Apostolats. Er stattete Bolesław Chrobry mit der Kirchenhoheit aus, krönte ihn und überreichte eine Nachbildung der Heiligen Lanze: Sichtbar auf den Weg zum Königtum gebracht, sollte Bolesław sein Reich als Glied des Imperiums begreifen.

Das ist ebensowenig Realität geworden wie im Falle Ungarns, dessen König Stephan im Jahre 1001 eine Königskrone erhielt, nachdem für sein Reich die Metropole Gran eingerichtet worden war. Polen und Ungarn wurden selbständige Reiche außerhalb des Imperiums. Daran hat auch Heinrich II. nichts mehr ändern kön-**Tendenz des** nen. Andererseits stärkte die gregorianische Reform mit ihrer Beto-**Papstes zur Natio-** nung des kirchen- und völkerrechtlichen Ranges von Nation, Land **nalisierung** und Landeskirche die autonomen Reiche. Die Rückwirkung dieser Nationalisierungstendenz auf das Reich betraf nicht dessen Selbstverständnis, wohl aber die Kirchenorganisation: Magdeburg hatte gegenüber Polen, Salzburg mit Passau gegenüber Ungarn das östliche Missionsfeld verloren. Beide Erzbistümer waren damit zu Binnenprovinzen der lateinischen Christenheit geworden; die Reichskirche hatte die Grenzen ihrer räumlichen Expansion erreicht.

Böhmen Die kirchliche Bindung Böhmens an Mainz dagegen ist bis ins 14. Jahrhundert bestehen geblieben, aber bei der Besetzung des Bistums Prag griff der König ebensowenig ein wie er in Böhmen Reichsgut besaß. Das Lehnsverhältnis machte Böhmen auch in sali-

scher Zeit nicht zum Glied des *Regnum Teutonicum*, Böhmen blieb
vielmehr eine „genuin slawische Staatsschöpfung innerhalb des dif-
ferenzierten Machtgefüges einer auf das mitteleuropäische Königtum und abendländische Kaisertum zentrierten Welt" [423: PRINZ,
Grenzen, 169].

Diese hinfort charakteristische Mittellage des Reiches hatte
sich um die Jahrtausendwende gut erkennbar ausgebildet. Das gilt
selbst für die im Vergleich mit Polen, Böhmen und Ungarn wesentlich offenere Situation im Norden. Schon vor dem Kampf Heinrichs IV. mit den Sachsen haben die Könige das Land nördlich des
Harzes gemieden; zu den Dänen hielten sie vorsichtige Distanz, was
angesichts allgemeiner Normannenfurcht und der Eroberung Eng-
lands 1066 verständlich wird. Die Ehe Heinrichs III. mit der dänischen Königstochter Gunhild diente eher dieser friedesuchenden
Distanz als einem aktiven Bündnis. Anders als in Polen und Ungarn
ist es freilich erst 1103 zur Errichtung der von Hamburg-Bremen un-
abhängigen Kirchenprovinz für die skandinavischen Königreiche in
Lund gekommen, weil die im wesentlichen anerkannte, seit karolingischer Zeit umfassend bestehende nordische Legation des Erzbischofs von Hamburg-Bremen als Mittlerinstanz zwischen dem ottonisch-salischen und dem dänischen Königtum für beide Seiten Vor-
teile bot.

Weder die Außenbeziehungen noch die mit der gregorianischen Reform verbundenen Nationalisierungstendenzen haben wesentliche Folgen für die Ausformung eines deutschen Reiches gehabt, nicht einmal die gegen Ende der Ottonenzeit entstandene Bin-
nensituation. Das ostfränkisch-sächsische Reich hat sich frühzeitig
aus den gesamtfränkischen Bindungen gelöst, indem es imperiale
Großmacht wurde. Diese Transformation in die römische Bestimmung vollzog sich zu schnell, als daß ethnische Fundierung möglich
gewesen wäre: Der supragentile Charakter des Reiches war vorüber-
gehend fränkisch, auf lange Zeit römisch, keineswegs aber deutsch.
Seine Machtbasis bildete das *Regnum Teutonicum*, dessen König als
römischer Kaiser auch die *regna* Burgund und Italien regierte. Das
Reich durfte sich deshalb ethnisch nicht beim Wort nehmen lassen,
denn die Träger der fränkischen Tradition waren seit Heinrich I.
keine Franken mehr, die Träger der römischen niemals Römer gewesen. Unterhalb der politischen Ebene fanden sich seit dem 12.
Jahrhundert Ansätze für eine deutsche Ethnogenese, aber sie wirkten weder auf den Traditionskern noch auf die politische Theorie.
Erst der Zusatz „deutsche Nation", der seit 1409 gelegentlich und

Mittellage des
Reiches

Defränkisierung

am Ende des Jahrhunderts verbreitet beim römischen Reichstitel auftrat, war Ausdruck einer gewandelten politischen Anschauung, die das *imperium* vom *regnum* im deutschen Begriff „Reich" nicht mehr unterschied.

II. Grundprobleme und Tendenzen der Forschung

1. Historisches Bewußtsein und historische Realität

Eine Geschichte der Meinungen über die Entstehung des deutschen Reiches wäre nicht nur ein Stück Wissenschaftshistorie, sondern vor allem aufschlußreich für die Wechselwirkung zwischen äußeren Bedingungen, historischem Urteil und intellektuellem Milieu. Eine solche Geschichte liegt bisher nur fragmentarisch vor. Überblicke zum Gang der Forschung [74: BÖCKENFÖRDE, Forschung; 83: FAULEN-BACH, Ideologie; 128: WERNER, NS-Geschichtsbild; 80: EHLERS, Dt. Nation] erweisen das bei diesem Gegenstand nicht überraschende Maß nationaler Zielvorstellungen, die seine Behandlung jeweils bestimmt haben: Die politische Agitation Heinrich von Sybels, der sich alsbald in die bekannte Kontroverse mit Julius Ficker um den Sinn der mittelalterlichen Kaiserpolitik verwickelt sah [118: SCHNEIDER, Universalstaat], ist symptomatisch für ein protestantisch-kleindeutsches Verständnis nationaler Geschichte, dem jeder Sinn für die spirituelle Grundstruktur frühmittelalterlicher Denk- und Verhaltensweisen fehlte. Das war keineswegs nur Ignoranz, sondern in der zweiten Hälfte des 19. Jahrhunderts auch Ausdruck staatserhaltender Gesinnung einer liberal-antikatholischen Mehrheit, die sich im Bewußtsein der Erfolge von 1866 und 1870/71 ihr neues unitarisches Geschichtsbild schaffen wollte. Die Wechselwirkungen von Nationalismus und Nationalstaat im Kaiserreich hat Thomas Nipperdey auf Gesellschafts- und Bildungsgeschichte bezogen eindringlich dargestellt [112: NIPPERDEY, Geschichte, 250–266].

Teilweise grobschlächtige Mittelalter-Adaptationen des 19. und frühen 20. Jahrhunderts hatten ihre Vorläufer in der Zeit der Reformation [119: SCHREINER, Friedrich, 533 f.]; sie benutzten einen vulgarisierten Reichsbegriff, der aus seinen historischen Bezügen weitgehend gelöst war [120: SCHREINER, Führertum, 190–218] und deshalb für beliebige Zwecksetzungen auch in bildender Kunst und Architektur [69: ARNDT, Kaiserpfalz; 106: MAI/PAUL/WAETZOLD, Rathaus; 75: BORST, Reden, 91 ff.; 101: JOHANEK, Stadt] zur Verfü-

Traditionskritik

Aneignung des Mittelalters

gung stand. Dies war zwar ein internationales Phänomen [82: ELZE/ PIERANGELO, Medioevo], traf aber in Deutschland auf die kompensationsbedürftige Dynamik eines neuen Nationalstaats, der sich im Kreis der älteren europäischen Nationen mit traditioneller Würde präsentieren wollte.

Theorie des „deutschen Volkes"

Deshalb wurde die Entstehung des deutschen Reiches möglichst früh angesetzt und mit dem völkischen Gedanken kombiniert, um der schwach ausgebildeten Staatlichkeit der „deutschen" Monarchie im Mittelalter ein ausgleichendes Gegengewicht zu verschaffen. Dieses Schema findet sich noch in dem 1923 erschienenen, lange populären Buch von Johannes Haller über die „Epochen der deutschen Geschichte" [91: HALLER, Epochen] das die 911 vollzogene Wendung der „deutschen Stämme" zu Konrad I. (also nicht zum „westfränkischen – wir würden sagen: französischen Karolinger" [S. 19]) als entscheidende Caesur wertet: „Deutschland war ein Reich für sich geworden" [ebd.]. Auch bei Haller findet sich die sachlich abwegige Vorstellung von ethnischer Homogenität der Deutschen als Germanen [S. 17], deren fatale Konsequenzen [121: VON SEE, Das „Nordische"] umso bedauerlicher sind, als von einer germanischen Spezifik bis heute nur sehr wenig bekannt ist [125: WENSKUS, Probleme; 126: WENSKUS, Möglichkeit; 72: BERNHARD/ KANDLER-PALSSON, Ethnogenese, 254].

Germanenideologie

Diese „Germanenideologie" [122: VON SEE] konnte auf eine lange Tradition zurückblicken, denn der Weg zum germanischen Altertum war durch die Auseinandersetzung der deutschen Humanisten mit Enea Silvio Piccolomini geöffnet worden und hatte zu einer Anschauung vom deutschen Mittelalter geführt, die seit der Reformation konfessionalisiert und schließlich zwischen Aufklärungshistoriographie und Territorialstaat in Teilbereiche aufgelöst worden war [115: RIDÉ, L'image; 108: MERTENS, Mittelalterbilder]. Zwar waren schon die Humanisten von der Erkenntnis beunruhigt, „mit den Stärken einer ruhmreichen Vergangenheit auch deren Defekte geerbt zu haben" [104: KRAPF, Germanenmythos, 110], aber in Philologie, Literatur und Politik, Rechts- und Geschichtswissenschaft konservativ-liberaler Ausrichtung wirkte ein „Germanismus" [88: GOLLWITZER] weiter, der das Verständnis von Sprache, Volk und Kulturnation tief berührt hat [90: GRAUS, Verfassungsgeschichte],

Patriotismus des 18. Jahrhunderts

weil er sich schon in der Mitte des 18. Jahrhunderts mit einem bürgerlichen Patriotismus verbunden hatte, der als geistige Opposition gegen den aristokratischen Staat und die ihn tragende Gesellschaft eigene Leitbilder suchte [113: PRIGNITZ, Vaterlandsliebe]. Dieser Patriotismus ist gescheitert, denn bemühte Vergleiche Friedrichs des Großen mit Heinrich dem Löwen können nicht darüber hinwegtäuschen, daß gerade dieser König als nationale Integrationsfigur im 18. Jahrhundert kaum in Frage kam. Negativ wirkte sich vor allem Friedrichs radikale Ablehnung der deutschen Literatur aus, denn damit verhinderte er eine Verbindung bürgerlicher Bildung mit dem preußischen Staat. Klopstock widmete denn auch ein ursprünglich an Friedrich gerichtetes Kriegslied enttäuscht auf „Heinrich den Vogler" um [116: SCHIEDER, Friedrich, 125].

Solche Rückwendung ins frühe Mittelalter mochte bis weit ins 19. Jahrhundert durch die Fortwirkung universalistischer, auf dem Translationsgedanken ruhender Staatsvorstellungen im politischen Denken der Zeit [92: HAMMERSTEIN, Imperium] erleichtert werden. Aus der Sicht des modernen deutschen Nationalstaats mit seinen Gefährdungen, Katastrophen und inneren Unzulänglichkeiten aber ergab sich immer wieder die Verurteilung imperialer mittelalterlicher Reichsgeschichte, der die Schuld am Scheitern in der Gegenwart zugewiesen wurde [71: VON BELOW, Kaiserpolitik]. Noch ein Historiker wie Martin Lintzel nahm, explizit vom Standpunkt des „deutschen Staates" aus wertend, die Kritik auf [105: LINTZEL, Kaiserpolitik], und das Mißlingen eines Versuchs zur „objektiven" Auflösung der Kontroverse [123: SMIDT, Königtum] zeigt, daß sie sich aus Urteilen ergab statt aus Befunden.

Moderne Kritik am Imperium

Diese Perspektiven haben bis in die jüngste Vergangenheit nachgewirkt, wobei das dem Frühmittelalter angesonnene „gefühlsbetonte Bewußtsein völkischer Eigenart" [99: HUGELMANN, Nation, 14; vgl. 100: HUGELMANN, Stämme, 377 ff.] ebenso zur Abwegigkeit gesteigert worden ist wie die Frühdatierung: „Das deutsche Volk erhielt seinen eigenen Staat im neunten Jahrhundert durch die Teilung des Reiches Karls des Großen" [95: HEIMPEL, Mittelalter, 12]. Gelegentliche xenophobische Ausfälle mittelalterlicher Autoren wurden als Belege für Volksbewußtsein genommen und dabei „fränkisch" nicht von „deutsch" unterschieden [130: ZATSCHEK, Volksbewußtsein]; im Jahr 1943 konnte einerseits das Fehlen „deutschen Nationalgefühls" in den Quellen des 9. Jahrhunderts richtig konstatiert [96: HESSLER, Anfänge], andererseits behauptet werden, daß der „Staat die politische Organisation des Volkes" sei, das im ostfränkischen Reich „eine starke geschlossene germanische Weltanschauung" besessen habe, die zur Auflehnung „gegen die Romanisierung" durch die Kirchenreform geführt habe [107: MAYER, Vertrag, 16 und 25 f.]. Auseinandersetzungen mit dem Zeitgeist waren

Völkische Ideologie

gefährlich, wurden aber gleichwohl vor allem um die Beurteilung Heinrichs I. geführt [94: HEIMPEL, Bemerkungen]. Ein 1950 vorgetragener traditionskritischer Ansatz [110: MOHR, König] blieb vor allem deswegen folgenlos, weil er keine aus den Quellen erarbeitete Alternative bot.

Nachdem H. KÄMPF einige wichtige Etappen der Forschung seit 1928 dokumentiert hatte [102: Entstehung], versprach J. BARTMUSS im Untertitel seiner bei L. Stern geschriebenen Dissertation einen „Beitrag zur deutschen Geschichtswissenschaft um den Übergang vom ostfränkischen zum mittelalterlichen deutschen Reich" [70: Geburt], bot aber nicht mehr als eine doktrinär-parteiliche Anwendung des Klassenkampfschemas auf die seinerzeit vorliegenden Ergebnisse der „bürgerlichen" Forschung zum 10. Jahrhundert. „Widersprüche in der Feudalherrenklasse" [S. 158–178] hätten zur „Krise des ostfränkischen Staates" [S. 178–187] geführt; die „Geburt des ersten deutschen Staates" wird exakt auf das Jahr 919 datiert [S. 188]. Terminologisch und in der Gedankenführung dem 19. Jahrhundert verhaftet, enthält das Buch keinen quellenbezogenen Neuansatz und hat deshalb in der wissenschaftlichen Debatte um seinen Gegenstand nie Bedeutung erlangt. Kritik war auch hier nicht ungefährlich, wurde aber schon bald und fundiert gewagt [78: EGGERT, 919].

Klassenkampfschema

Eine im historischen Bewußtsein der breiten Öffentlichkeit seit dem 19. Jahrhundert tief verankerte Neigung, modern-nationalstaatliche Kategorien auf die Geschichte des Mittelalters anzuwenden, ist nach dem Zweiten Weltkrieg zunehmend angefochten [124: SPROEMBERG, Anfänge] und durch konsequente Erhellung ihrer historischen Bedingtheit [89: GOLLWITZER, Auffassung] allmählich aufgelöst worden. Neue wissenschaftliche Ansätze zielten nicht mehr auf genaue Periodenbildung durch Bestimmung entscheidender Wendepunkte (Konrad I., Heinrich I., Kaiserkrönung Ottos d. Gr.), sondern sahen das deutsche Reich in einem komplexen, langgestreckten Prozeß entstanden, dessen karolingische Grundlagen in Recht, politischer, gesellschaftlicher und kultureller Verfassung der deutschen Geschichte von vornherein ihren europäischen Zusammenhang sicherten [84: FLECKENSTEIN, Grundlagen].

Neuere Ansätze

Ausdrücklich vom „Prinzip der Volksgeschichte" ausgehend, unterschied W. SCHLESINGER zwischen dem „Beginn des deutschen Staates (Reiches)" und dem „Beginn der deutschen Geschichte" [117: Königserhebung, 533]. Obwohl die Existenz eines deutschen Volkes hier noch immer viel zu früh, schon für das 9. Jahrhundert,

„Volksgeschichte"

vorausgesetzt wurde, ist doch der Hinweis wichtig, daß „Anfänge der deutschen Geschichte" durchaus etwas anderes bedeuten als „Anfänge des deutschen Reiches": In Verbindung mit dem volksgeschichtlichen Ausgangspunkt führt diese Unterscheidung nämlich zur Frage nach der Priorität von ethnischer oder politischer Formation, die alsbald so beantwortet wurde, „daß bei der Bildung von Volk und Reich der Deutschen eindeutig das Reich der Wegbereiter und Motor ihrer Entstehung war" [85: FLECKENSTEIN, Anfänge, 159]. Dennoch hat das wichtigste Element des älteren Geschichtsbildes, die Lehre vom deutschen Volk als Bildner eines deutschen mittelalterlichen Staates, das Werk eines so bedeutenden Gelehrten wie W. Schlesinger bis zuletzt explizit bestimmen können [81: EHLERS, Rezension; 97: HLAWITSCHKA, Frankenreich, 195–201].

Obwohl J. FRIED 1979 die wichtigsten Aspekte des Themas vom Standpunkt der neueren Forschung prägnant hervorgehoben hatte [87: Geschichte], gingen jüngste Gesamtdarstellungen deutscher mittelalterlicher Geschichte [93: HAVERKAMP, Aufbruch; 114: PRINZ, Grundlagen] auf die Frage der Entstehung des deutschen Reiches nicht näher ein, ungeachtet der Tatsache, daß sie die nach BRÜHL [77: Anfänge] und MÜLLER-MERTENS [348: Regnum] entscheidende Zeit behandelten. Erhebliche Konsequenzen für die Beurteilung auch früherer Jahrhunderte hatte dagegen die aspektreiche, quellennahe Beschreibung von Idee und Wirklichkeit des Reiches im Spätmittelalter, seiner Lebensfähigkeit aus Tradition, der Stärke römisch-christlicher Kontinuität im Selbstverständnis der Monarchie und der auf sie ausgerichteten Institutionen durch P. MORAW [111: Verfassung], denn hier wurden wesentliche, von Anfang an wirksame Elemente der Integration nachgewiesen.   *Reichsgeschichte*

Hinsichtlich der Auflösung des karolingischen Großreiches als Voraussetzung der Entstehung eines deutschen Reiches unterschied E. HLAWITSCHKA zwischen ethnischen Sonderungsvorgängen einerseits, politisch-dynastischen Antriebskräften andererseits und lieferte zugleich einen wertvollen Bericht über die Wege der Forschung seit Georg Waitz [97: Frankenreich; 98: DERS., Geschichte]. Wirkungen „nationaler oder pränationaler Regungen" konnte er für die Zeit um 887 noch nicht beobachten [97: Frankenreich, 179], legte aber großen Wert auf ein 929/36 erstmals durchgesetztes Prinzip der Unteilbarkeit des Reiches und beschrieb die beiden ersten Jahrzehnte des 10. Jahrhunderts als „Kulmination der wichtigsten Entwicklungslinien vom fränkischen zum deutschen Reich" [97: Frankenreich, 198]. Offen blieb, ob es Heinrich I. jenseits der Prinzi-   *„Prinzip der Unteilbarkeit"* pienfrage überhaupt möglich gewesen wäre, das Reich unter Angehörige seiner Familie aufzuteilen; undefiniert sind nach wie vor die spezifisch „deutschen" Merkmale nachkarolingischer Geschichte. J. FRIED kritisierte mit Recht die unreflektierte Verwendung des Begriffs „deutsch" in neueren Gesamtdarstellungen und mahnte eine (bis jetzt noch ausstehende) Klärung der Besonderheiten an, die von den allgemeinen Merkmalen der westeuropäischen Christenheit abgesetzt werden können [86: FRIED, Geschichte].

Daß einer der möglichen Definitionsansätze politik- und verfassungsgeschichtlich sein muß, versteht sich von selbst, denn „deutsche" Geschichte ist in erster Linie „Reichsgeschichte", die Ausdehnung der Königsherrschaft ihr Hauptkriterium. Sie kann so verstanden werden, weil zunächst die politisch-institutionellen Voraussetzungen für den ethnogenetischen Prozeß geschaffen werden mußten. H. KELLER hat darauf aufmerksam gemacht, daß durch die gegenwärtig vorherrschende Betonung des gemeineuropäischen Charakters der mittelalterlichen Geschichte ein notwendiger Sinn für je eigenstaatliche Kontinuität und Diskontinuität verlorenzuge-

Staatsperspektive hen droht [103: Begrenzung, 15–18]. Diese Staatsperspektive ist aber für das Verständnis der neueren Geschichte unerläßlich und muß mindestens bis ins 12. Jahrhundert zurückverfolgt werden.

Den bisher umfangreichsten Beitrag mit vollständiger Erfassung der Quellen und der einschlägigen Literatur lieferte jüngst C. BRÜHL [76: Deutschland], dessen Grundthese seit 1972 [77: BRÜHL, Anfänge] unverändert besagt, daß vor der Zeit Heinrichs II. auf keinen Fall, danach bis zum Ende des 11. Jahrhunderts nur mit erheblichen Einschränkungen von einem deutschen Reich gesprochen werden kann. Die ottonische Monarchie habe als Fortsetzung

Deutsch-französi- der fränkischen auf der gleichen historischen Stufe gestanden wie
sche Gemeinsam- die westfränkisch-französische, mit der sie auch weiterhin gleichsam
keit notwendig verbunden geblieben wäre: Deutschland und Frankreich mußten als Nachfolgestaaten des karolingischen Großreiches synchron den bis in einzelne Etappen gleichen Weg zur nationalen Besonderheit gehen. So stark die Argumente für den Beginn eines „deutschen" Sonderungsprozesses in der Zeit um 1000 sind, so wenig überzeugt das Postulat einer Gleichläufigkeit deutsch-französischer Geschichte, weil (abgesehen von grundsätzlichen Bedenken gegen die Annahme historischer Systemzwänge) der Westen nationale Spezifik im Umgang mit der karolingischen Tradition schon seit dem ausgehenden 9. Jahrhundert erkennen läßt [79: EHLERS, Anfänge]. Brühl würde das nicht gelten lassen, weil er jede Form von

„Geistesgeschichte" ausdrücklich abwertend [76: BRÜHL, Deutschland, 290] umgeht und sich ausschließlich an die Tatsachen der politischen und der Verfassungsgeschichte halten will. Damit aber fällt die ideengeschichtliche Perspektive vollständig aus und mit ihr die Analyse eben jener Elemente, die den Entstehungsprozeß ethnisch unterlegter politischer Einheiten bestimmt haben.

2. Reich und Nation

Ein solcher Prozeß von Nationalisierungen in Europa hat seine ersten Anstöße deutlich sichtbar in der Karolingerzeit bekommen, und auf Vorstufen ist nicht erst in der modernen Forschung geachtet worden. Vom Studium gentiler Verbände und ihrer auffallenden Kohärenz seit dem 5. Jahrhundert ausgehend, beschrieb A. DOVE die kräftige Wirkung, die „das nationale Prinzip der Politik mit voller geschichtlicher Energie" [137: Wiedereintritt, 13] seither entfaltet habe. Bereits 1891 hatte auch K. LAMPRECHT seiner Deutschen Geschichte Überlegungen zur „Geschichte des deutschen Nationalbewußtseins" vorangestellt und die zu seiner Zeit herrschende Forderung nach „Übereinstimmung aller Volksgenossen in den wesentlichen Fragen des eigenen wie des Gesamtdaseins" als „geschichtlich entwickelte Überzeugung" charakterisiert [148: Geschichte, 3], deren Genese er von den gentilen Ursprungssagen mit ihrem fiktionalen Charakter bis in die Neuzeit verfolgte, so daß sich der bewußtseinsgeschichtliche Ansatz moderner Forschungen bei Lamprecht in den Grundzügen schon vorgebildet findet.

    Als schwierig erwies sich freilich immer wieder der Nachweis ethnischen Selbstverständnisses bei den jeweils untersuchten politischen Verbänden. Schon die Austauschbarkeit der Völkernamen in der Überlieferung meist mündlich verbreiteter kollektiver Stereotypen [157: WALTHER, Scherz] zeigt eine nur schwach ausgebildete Spezifik xenophobischer Äußerungen, die sich auf der Ebene diffuser Gruppenvorurteile bewegen und über den inneren Zusammenhalt des eigenen Verbandes nichts aussagen. Jeder Versuch zur näheren Bestimmung ethnischen Bewußtseins im Mittelalter muß zunächst seine eigene Terminologie klären und auf die ständischrechtliche Schichtung der älteren Gesellschaften achten, denen der moderne Volksbegriff schon deshalb nicht gerecht werden kann, weil er eine „vom absolutistischen Staat angebahnte demotische

Frühstufen von Nationalbewußtsein

Ethnisches Selbstverständnis

Einschmelzung und Nivellierung seiner Bevölkerung" voraussetzt [142: FRANCIS, Ethnos, 104].

Während R. BUCHNER in seiner Studie zum Kohärenzproblem das Verhältnis von „Volksbewußtsein" und „Staatsbewußtsein" als Aufgabe künftiger Forschung umriß [136: Zusammengehörigkeits- gefühle] entschied sich E. MÜLLER-MERTENS auf der Basis seiner Vorarbeiten für das 1970 vorgelegte Buch zum deutschen Reichsbe- griff [348: Regnum] deutlich zugunsten einer Priorität des Politi- schen bei der Ethnogenese [152: MÜLLER-MERTENS, Deutsche].

Volksbegriff   Wortgeschichtliche Untersuchungen zum Volksbegriff ergaben ein deutliches Überwiegen der Kollektive zur Bezeichnung von Menschenmengen oder -gruppen, die meist kleiner waren als ein „Volk" des modernen Sprachgebrauchs. Von historisch wirksamem „Volksbewußtsein" kann demnach nicht mehr die Rede sein: „Man sah die kleinere Einheit, die Menschenmenge, und es fehlten offen- bar Bestrebungen, einen Volksbegriff herauszuarbeiten; ein Wort zu schaffen, das ein rein politischer Begriff war und die Einheit des Volkes betonte" [140: EHRISMANN, Volk, 164]. Kritische Überprü- fung scheinbar leicht verständlicher Begriffe ergab auch für das La- teinische [146: KAHL, Beobachtungen] und das Französische [151: MÜLLER, Geschichte], daß unvermitteltes Übernehmen von Wörtern aus der Quellensprache angesichts teilweise erheblicher Sinnverän- derungen in die Irre führen muß.

Nationenforschung   Eine grundlegende Zusammenfassung mediaevistischer Bemü- hungen um Ethnos und Nation begann 1975 mit der Förderung des interdisziplinären Schwerpunktprogramms „Die Entstehung der europäischen Nationen im Mittelalter" durch die Deutsche For- schungsgemeinschaft. Erste methodische Überlegungen [154: SCHLE- SINGER, Entstehung] und Versuche zur Sache konnten 1978 in einem Sammelband [134: BEUMANN/SCHRÖDER, Aspekte] publiziert wer- den. Es ging dabei um die konsequente Historisierung des von au- ßerwissenschaftlichen Motiven stets mehr oder weniger stark be- rührten Themas und seinen Bezug auf das Problem der Ethnoge- nese. Deshalb lag es nahe, die von R. WENSKUS [158: Stammesbil- dung] angewandten, aus ethnosoziologischen Modellen für die Ge- schichtswissenschaft nutzbar gemachten Methoden auch für die nachkarolingische Zeit zu erproben. Das mußte umso leichter fal- len, als H. WOLFRAM die Ergebnisse seiner Studien zur Ethnogenese der Goten vorlegte [159: Geschichte] und sich bald darauf dem Al- penraum, insbesondere dem schwierigen Problem der Bildung eines bayerischen Ethnos zuwandte [161: WOLFRAM/SCHWARCZ, Bayern;

160: WOLFRAM/POHL, Typen]. Hier gab es Berührungspunkte mit den Arbeiten des NATIONES-Programms [135: BEUMANN/SCHRÖDER, Ethnogenese], so daß aus gegenseitiger Kontrolle jeweils fachbezogener Ergebnisse ein erhebliches Maß an methodischer Präzisierung und vor allem an Sicherheit in den empirisch nun besser überprüfbaren Sachaussagen gewonnen wurde. Der europäische Vergleich [132: BEUMANN, Beiträge] hat sich dabei als wichtige Voraussetzung für die Beurteilung der deutschen Reichs- und Nationsbildung erwiesen.

Auch eine fundierte Kritik der Terminologie moderner Ge- _Terminologie_ schichtswissenschaft („Nation", „Nationalbewußtsein", „Volk" u.ä.) in ihrem Verhältnis zur Sprache der Quellen ging aus dem NATIONES-Projekt hervor [145: GRAUS, Nationenbildung, 11–16]. Graus distanzierte sich entschieden von einem biologistischen Volksverständnis, das „die" Slawen als ursprüngliche, erst nachträglich aufgespaltene Einheit sah und verwies auf vielfältige Integrationsvorgänge, die verhältnismäßig spät zu größeren politischen Verbänden geführt haben. Deren innerer Zusammenhalt ist wichtiger als Bestrebungen zur Abgrenzung gegenüber anderen oder gar die Xenophobie, die P. KIRN noch für einen konstitutiven Faktor bei Entstehung und Stabilisierung des „Nationalgefühls" gehalten hatte [147: Frühzeit]. GRAUS kam nach Untersuchung der Verhältnisse bei Böhmen, Mährern, Polen und Elbslawen zu Ergebnissen [145: Nationenbildung, 138–147], wie sie ähnlich bei Wenskus und in der seitherigen Nationenforschung immer wieder erzielt worden sind: Das gentildynastische Bewußtsein einer herrschaftsnahen aristokratisch-geistlichen Trägergruppe wird auf das Siedlungsgebiet („Land") übertragen; die Gruppe versteht sich selbst als historisch legitimierte Gemeinschaft, die einen bestimmten „Landespatriotismus" entwickeln und ausdrücken kann. Auch für die Slawen war das 10. Jahrhundert „Schlüsselzeit" der Nationalisierung.

Das solche Prozesse vorantreibende Nationsbewußtsein erweist _Elemente des_ sich als wenig systematisch; zu seinen Elementen gehörten ein Be- _Nationsbewußt-_ wußtsein gemeinsamer Geschichte, im Laufe der Zeit wandlungs- _seins_ und anpassungsfähige Traditionen, ein Königtum als Traditionsträger und politischer Kern, ein Fundus gemeinsamer Rechtsvorstellungen, identitätsstiftende Reichs-, Landes- und Volksbezeichnungen, Zentren kollektiver Erinnerung. Diese Elemente wirkten mit wechselnder Intensität aufeinander und auf ihre Träger ein [138: EHLERS, Elemente], und dabei kam der Historiographie als Faktor der Synthese große Bedeutung zu [156: TEILLET, Goths]. In metho-

disch und gedanklich tiefdringender Analyse sowohl des historischen Phänomens „Nation" als auch der im Laufe der Zeit stark di-
vergierenden Auffassungen dessen, was zu seiner Entstehung und
Dauerhaftigkeit geführt hat, unterschied B. ZIENTARA die „politische
Nation" von der „Gesamtheit der ihr untergeordneten Bevölkerung" [162: Strukturen]. Das sollte sich als ebenso schlüssig erweisen wie die Beobachtungen von Wenskus zum Wirken des Traditionskerns für das gentile Bewußtsein der wanderzeitlichen und
frühmittelalterlichen Verbände.

Kulturvergleich
Der Schritt zur universalhistorischen Verallgemeinerung bietet
sich an, muß allerdings weites, empirisch unerforschtes Gebiet übergreifen und wird legitimerweise nur als großräumiger Kulturvergleich mit allen damit verbundenen wissenschaftlichen Risiken un-
ternommen. Immerhin sind dabei vorausgesetzte Triebkräfte des
Nationalen wie „Symbol, Myth and Communication", „Mythomo-
teur", „Civic Identity and Urban Civilization", „Myth of Empire"
[131: ARMSTRONG, Nations] bessere heuristische Prinzipien als die
von aller Geschichte unberührt axiomatisch vorausgesetzte dauerhafte Identität eines Volkes mit sich selbst. Nachteil zeitlich und
räumlich übergreifender Darstellungen bleibt ihr notwendig hohes
Abstraktionsniveau [144: GELLNER, Nations].

Nationalismus-
forschung
Eine methodische Differenz besteht auch zwischen neuhistori-
scher Nationalismusforschung und der Frage nach Grundstrukturen
des Prozesses der Nationsbildung, wie sie im Zentrum der mediaevi-
stischen Untersuchungen steht [133: BEUMANN, Nationenbildung].
Hier werden mittelfristig zunächst die erfolgversprechendsten The-
men monographisch verfolgt, z. B. die Bedeutung der politisch-geographischen Terminologie für Integration und Selbstverständnis
[155: SCHNEIDMÜLLER, Nomen; 141: EICHENBERGER, Patria]. Interdis-
ziplinarität empfiehlt sich schon wegen der philologischen Problematik und literarischen Eigenart großer Teile des in Frage kommen-
den Quellenfonds, darüber hinaus sollte der in vieler Hinsicht schon
gebahnte Weg zu ähnlichen und methodisch fortgeschrittenen Pro-
jekten der Frühneuzeithistorie beschritten werden [139: EHLERS,
Voraussetzungen].

Lösung vom völki-
schen Denken
Die negativen Folgen eines mittlerweile als historisch falsch er-
wiesenen Glaubens an die Priorität des Ethnos vor dem Staat, an
die reichsbildende Kraft des Volkes, für das deutsche Geschichtsbewußtsein und damit für die deutsche Geschichte der neuesten Zeit
sind offensichtlich und wirken weiter. Eine Lösung vom völkischen
Prinzip der Abstammung zugunsten historisch-politischer Realität

sollte leicht fallen, nachdem auch in der Ethnologie Revisionen vor-
genommen wurden, die in dem Vorschlag gipfelten, auf den wissenschaftlichen Gebrauch des Volksbegriffs überhaupt zu verzichten
[149: MÜHLMANN, Ethnologie, 16]. Jede Beschäftigung mit dem Gegenstand muß jetzt von der umfassenden Darstellung heute erreichter Positionen ausgehen, die K. F. WERNER mit einer kritischen
Nachzeichnung der Lehren, Theorien und Forschungswege verbunden hat [127: Art.].

3. Die Auflösung der karolingischen Ordnung Europas

3.1 Monarchie und Königswahl

Wichtige Positionen der Forschung bis in die Mitte der 60er Jahre
finden sich quellennah kommentiert in einem magistralen Überblick von W. SCHLESINGER [181: Auflösung], dessen eigene Grundthese von der seit dem Ende des 9. Jahrhunderts wirkenden Dynamik eines frühen deutschen Volkstums inzwischen freilich überholt
ist. An dieser Stelle kann nicht über die jüngere verfassungsgeschichtliche Forschung im ganzen berichtet [dazu 97: HLAWITSCHKA,
Frankenreich, 185–215; 407: FRIED, Formierung, 154–172], sondern
nur auf einige für das Thema bedeutende Aspekte hingewiesen werden.

Für die Auflösung des karolingischen Großreiches werden verschiedene Gründe genannt: Ausdehnung; zivilisatorische und ethnische Vielfalt; Uneinheitlichkeit des Rechtes; in der Hand des Adels
allodialisierte Verwaltungskompetenzen; Angriffe der Sarazenen,
Normannen und Ungarn; Prinzip der Reichsteilung. Nicht alle haben gleiches Gewicht. Auf den ersten Blick ist überhaupt nur das
Argument der Reichsteilung einigermaßen überzeugend, denn alle
anderen der genannten Mängel kennzeichnen auch die sich gleichwohl allmählich festigenden Nachfolgestaaten. Neben den dynastischen Entscheidungen im karolingischen Haus ist aber der nach
Karls Tod allmählich zerbrechende Grundkonsens der fränkischen
Führungsschicht zu beachten, ihre „Unfähigkeit ..., in den Dimen-
sionen des Karlsreiches zu denken" [179: SCHIEFFER, Karolinger,
138] und die eigene Herrschaft als Bestandteil der Reichsordnung
zu begreifen. H.-W. GOETZ wollte bei aller Anerkennung personaler
Herrschaftspraxis den institutionellen Charakter des karolingischen

Gründe für die
Erosion des Fran-
kenreiches

Reiches stärker berücksichtigt wissen, mußte aber schließlich offen lassen, „inwieweit das Volk, zumindest die Großen, in der Vorstellung der Zeitgenossen schon in dieses *regnum* ... integriert" waren **Neues Verhältnis** [169: Regnum, 182]. Das neue Verhältnis zwischen Königtum und **von König und** Adel ist an markanten Wendepunkten besonders klar zu erkennen, **Adel** die infolgedessen immer wieder neu untersucht worden sind. Ein solcher Wendepunkt ist die Verlassung Kaiser Karls III. und die Erhebung Arnulfs zum König im ostfränkischen Reich 887, und hier ist auch die Frage nach dem Entstehen des deutschen Reiches und der dabei bestimmenden Kräfte intensiv und teilweise höchst kontrovers behandelt worden [182: SCHLESINGER, Arnulf; 173: KELLER, Sturz; 170: HLAWITSCHKA, Lotharingien, 26–64]. Dabei kam es gleichsam nebenher zu einer präzisen Rekonstruktion der Ereignisgeschichte. Festzuhalten bleibt, daß Arnulf sich von vornherein auf das ostfränkische Teilreich Ludwigs II. beschränkt hat, diese Haltung auch deutlich erkennen ließ und damit das Ende des Gesamtreiches faktisch herbeigeführt hat. Wesentlichen Anteil an dieser Entwicklung hatten Arnulfs Wähler, deren Motive freilich politischer, nicht ethnischer Natur waren [76: BRÜHL, Deutschland, 373–379], so daß der fränkische Charakter des Vorgangs eindeutig ist. Überlegungen zum negativen Aspekt der Königswahl, also zu Recht, Legitimität und geistiger Begründung von Herrscherverlassung und Neuwahl, die K. BUND anhand der Quellen zum Sturz Karls III. und der Erhebung Arnulfs anstellte [165: BUND, Thronsturz, 478–489], verdienen weiterhin Beachtung, weil sie in ein breites Vergleichsmaterial eingelagert sind, das von den Cheruskern über die kleineren Germanenreiche des Frühmittelalters zu Westgoten, Franken und Angelsachsen reicht.

3.2 Monarchie und Adelsherrschaft

Adelsgesellschaft Struktur und Selbstverständnis der frühmittelalterlichen Adelsgesellschaft sind grundlegende verfassungsgeschichtliche Tatsachen, die auch für das Problem der historischen Einheit Europas von Belang sind [189: WERNER, Adelsfamilien]. Das Verhältnis von Königtum und Adel, die latente, häufig offen ausbrechende Rivalität zwischen dem regierenden Haus und nichtköniglicher Hocharistokratie, hat sich in der Grundstruktur über Jahrhunderte nicht verändert. Im ostfränkischen Reich Ludwigs II. sind die Beziehungen zwischen Adel und Königtum noch einmal an die älteren Zustände herangeführt worden. Die Stellung der *duces* als Heerführer oder

auf andere Weise königlich Beauftragte, vor allem aber die den
Adel integrierende Wirkung des Königs [185: TELLENBACH, Grund-
lagen, 279–285], war freilich mittelfristig nicht aufrecht zu erhalten,
so daß Heinrich I. seinen königlichen Herrschaftsanspruch um des
Ausgleichs mit der hohen Aristokratie willen reduzieren mußte [172:
KARPF, Königserhebung].

Für das westfränkische Reich erhellte P. CLASSEN die verfassungsgeschichtliche Situation durch Analyse der Verträge von Ver- **Vertragsmonarchie**
dun und von Coulaines (843), mit denen Karl der Kahle sich an **Karls des Kahlen**
seine *fideles* gebunden hatte. Dieser genossenschaftliche Zusammenschluß von König und Adel war Grundlage für den Bestand des
Reiches und schuf „eine neue und eigenartige Rechtstradition, ...
die das Westfrankenreich von den anderen Teilreichen abhob"
[166: CLASSEN, Verträge, 276].

Solche Arrangements konnten die Legitimationskrise, in die
das Königtum durch wachsende Ansprüche des Adels geraten
mußte, zwar mildern, aber nicht beseitigen. Schon deshalb ist die
Tradition des karolingischen Kaisertums nicht erloschen, denn die
imperiale Würde versprach dem König erhöhtes Ansehen auch gegenüber seinen Großen. An Lothringen haftete diese Kaisertradi- **Lothringen**
tion in besonderer Weise, so daß der Besitz jener Landschaft noch
unter ganz anderen als territorial- und machtstaatlichen Gesichtspunkten erstrebenswert war: Karl III. modifizierte nach dem Er-
werb Lothringens im Jahre 911 seinen Königstitel so, wie er hinfort
von den französischen Königen geführt wurde [79: EHLERS, Anfänge, 25–32], und für die sächsischen Herrscher ergab sich seit 925
der gleiche Legitimationsvorteil. Die entschieden stärkere Wirkung
solcher dynastisch-politischen Motive gebenüber sprachlich-ethni-
schen bei der Auseinandersetzung um Lothringen ist seit langem bekannt [176: MOHR, Rolle], und von politischen Kräften ist die Eigenständigkeit des einheimischen Adels zerrieben worden. Eine umfassende Darstellung der politischen Stellung Lothringens im Spiegel der Kanzlei unter Zwentibold, Ludwig dem Kind und Karl III.
von Westfranken zeigte die Verfestigung der Teilreiche seit 887/88,
und unter ihnen „konnte sich Lothringen nicht als eigene Größe be-
haupten, ja der Wille dazu hatte im Grunde gefehlt, wie die Haltung
der einheimischen Magnaten 894, 900, 911 und ... 923/25 immer
wieder zeigte" [180: SCHIEFFER, Kanzlei, 148]. Im Westen ist die karolingische Tradition bis ins Spätmittelalter und darüber hinaus bis
in die frühe Neuzeit eines der wirksamsten Elemente nationaler Integration geblieben [167: EHLERS, Tradition].

3.3 Regionalisierung

Lothringen bildete auch eine wichtige Zwischenstufe auf dem Weg vom fränkischen Großreich zu seinen Nachfolgestaaten. Vom lothringischen Adel ausgehend fragte E. HLAWITSCHKA nach der Rolle dieses *regnum* für die Entstehung des deutschen Reiches und betonte dabei die Priorität staatlich-politischer Kräfte [170: Lotharingien]. Der Erkenntnisfortschritt liegt aber vor allem in der Beobachtung zeitlich versetzter ost- und westfränkischer Regionalisierungsprozesse aus lothringischer Perspektive. Hinsichtlich der absoluten Datierungen ihrer Anfänge wird man andere Ansichten ebenso vertreten können wie zur hohen Bewertung des Unteilbarkeitsgedankens als Periodisierungskriterium (was seinerzeit schon den Protest W. Schlesingers auslöste [HZ 208, 1969, 380]). Zu dieser Frage dürfte jetzt abschließend die Feststellung gelten: ,,Reichsteilungen ... erweisen sich ... als eine auf die karolingische Dynastie beschränkte Institution" [76: BRÜHL, Deutschland, 338], so daß sich alle Überlegungen zur ursächlichen Verbindung von ,,Entstehung des deutschen Reiches" und ,,Unteilbarkeitsprinzip" [186: TELLENBACH, Unteilbarkeit] erledigt haben dürften. Eine Zusammenfassung der bisherigen Forschung unter dem Gesichtspunkt der Regionalisierung des Großreiches begriff Lothringen ,,als verbindende politische Einheit zwischen Deutschland und Frankreich ..., die ... für die wechselseitige Geschichte sowohl integrative wie unterscheidende Funktionen besaß" [184: SCHNEIDMÜLLER, Regnum, 84]. Dabei hat die Reichseinheitsidee im Westen länger überdauert als im Osten [177: PENNDORF, Problem]; das mag mit ostfränkischer Abwehrhaltung gegen westliche Ansprüche zusammenhängen. Wie stark dieses Motiv der Abwehr konkurrierender Ansprüche das Verhalten der Teilherrscher prägte, wissen wir jedenfalls aus eingehenden Untersuchungen ihrer Verträge und Abkommen [183: SCHNEIDER, Brüdergemeine].

Wichtiges Indiz für Zusammenhalt oder Sonderung der Teilreiche können häufige oder im Laufe der Zeit seltener werdende Treffen ihrer Könige sein, nachdem eine zuverlässige Übersicht und verfassungsgeschichtliche Einordnung dieser Begegnungen vorliegt [187: VOSS, Herrschertreffen]. Gab es zwischen 840 und 899 mehr als 80 Zusammenkünfte, so sind es im 10. Jahrhundert nur mehr 14, davon 9 allein in der Regierungszeit Ottos d. Gr. Wie weit dagegen die ethnische Fundierung der karolingischen *regna* seit der Merowingerzeit wirklich ging und in welchem Maße sie in der Auflösungs-

Priorität politischer Kräfte

Königstreffen

phase des Großreiches politisch wirkte, müßte auf der Grundlage des immer noch unentbehrlichen Buches von E. ZÖLLNER [190: Stellung] und anhand der durch R. Wenskus und H. Wolfram gesetzten methodischen Maßstäbe gänzlich neu untersucht werden. Die frühe ethnische Struktur der ostrheinischen Gebiete ist im Überblick beschrieben [188: WENSKUS, Stämme].

Westfränkische Quellen des 10. Jahrhunderts lassen den Rhein immer deutlicher als Scheidelinie zwischen West und Ost hervortreten [175: MOHR, Absonderung], aber neben der klar empfundenen Trennung gab es die strukturelle Gemeinsamkeit herrschaftlicher Regionalisierung in der westlichen wie in der östlichen *Francia*. Diese Sonderung der *regna* läßt sich für Bayern sehr gut an den umfassend gesammelten und kommentierten Quellen zur Geschichte der Luitpoldinger verfolgen [178: REINDEL, Luitpoldinger], für Sachsen exemplarisch an der Verbindung ursprünglich regional gedachter Landesverteidigung mit neuen königlichen Schutzaufgaben seit Heinrich I. [171: JÄSCHKE, Burgenbau], der dabei weitgehend von karolingischer Rechtsauffassung über das Befestigungsregal ausging [164: BÜTTNER, Burgenbauordnung]. Alemannische Adlige mittlerer und niederer Ordnung waren in der Umgebung Karls III. stark vertreten [163: BORGOLTE, Karl III.], und dieser Zug zur Regionalisierung des königlichen Beraterkreises setzte sich unter Konrad I. fort, der sich vorwiegend auf fränkische Bischöfe und Grafen stützte [168: GOETZ, „Karolinger"]. In Franken hat Konrad am häufigsten geurkundet, wobei es sich freilich um einen durch die Zeitlage erzwungenen Reduktionsprozeß ursprünglich weiter reichender Pläne gehandelt hat.

Sonderung der regna

4. Die Integration des Reiches

4.1 Ostfränkische Reichseinheit

Für den Zusammenhalt des ostfränkischen Reiches nach dem Vertrag von Verdun war die lange und erfolgreiche Regierung Ludwigs II. entscheidend. Ob sie endogene Antriebskräfte zur Integration auf ethnischer Basis nutzen konnte, ist nicht sicher; auf keinen Fall läßt sich als Grund für die Absonderung vom karolingischen Gesamtreich „die werdende Einheit des deutschen Volkes" [242: SCHLESINGER, Grundlegung, 284] anführen, weil neuere Forschungen den Prozeß der ostfränkischen Reichsbildung und -integration als sehr viel differenzierter zu sehen gelehrt haben.

Ludwig II.

Einen grundlegenden Beitrag verdanken wir in dieser Hinsicht W. EGGERT, der die Quellen (vor allem die Ostfränkischen Reichsannalen mit ihrer bayerischen Fortsetzung, die sog. Xantener Annalen, Regino von Prüm und die Diplome) eindringlich befragte und

Integration des Ostfränkischen Reiches die Bedeutung Ludwigs II. für die Integration des *regnum orientalis Franciae* herausarbeitete [210: EGGERT, Reich]. Ludwig hat nicht nur die politische Durchsetzungskraft besessen, die zur Herstellung des Adelskonsenses notwendig war, er hat auch die ideelle Begründung dieses Reiches wesentlich gefördert. Das „Spaltungsattribut" [210: 342] *orientalis* betonte die Eigenständigkeit, ließ aber keinen Zweifel daran, daß es sich um eine *Francia*, um ein fränkisches Reich handelte.

Heinrich I. Diesen Charakter behielt das Reich auch nach der Erhebung Heinrichs I. zum König, deren Umstände W. SCHLESINGER endgültig geklärt hat, soweit die schlechte Quellenlage das überhaupt zuläßt [243: Königserhebung]. Zur viel diskutierten Ablehnung des Salbungsangebotes Erzbischof Herigers von Mainz hat H. FUHRMANN angemerkt, daß hier womöglich Vorsorge gegen päpstliche Mitwirkungsansprüche getroffen werden sollte, wie sie wenige Jahre zuvor auf der Synode von Hohenaltheim (916) erhoben worden waren. Dort hatte sich gezeigt, daß „auch in führenden Kreisen der deutschen Kirche die Auffassung bestand, der Papst habe konstitutiven Anteil am deutschen Königtum" [216: Synode, 464] in dem Sinne, daß er den Kandidaten prüfen dürfe [vgl. 199: BEUMANN, Einheit].

Ungarn und Slawen Die integrierende Wirkung des Königtums zeigte sich in der Abwehr der Ungarn [233: LINTZEL, Schlacht; 202: BEUMANN, Laurentius] und im Verhalten gegenüber den Elbslawen. Die gesamte „Ostpolitik" Heinrichs I. kann mit der „Entstehung des deutschen Reiches" insofern zusammen gesehen werden, als der König nicht nur auf die Ungarneinfälle reagierte, sondern auch auf Veränderungen im politischen und ethnischen Gefüge der Westslawen [209: DRALLE, Vorgeschichte]. Bei den Beziehungen zum westfränkischen Reich lassen die mit dem Bonner Vertrag (921) verbundenen Personen und Personengruppen sowohl den Charakter des ostfränkischen Reichsverbandes exemplarisch erkennen als auch die Methode seiner Stabilisierung durch *pacta* und *amicitiae* [245: SCHMID, Quellen].

Amicitia-Politik Heinrichs I. Dieses Gebiet der inneren Bündnispolitik Heinrichs I. ist durch K. Schmid entdeckt und durch G. ALTHOFF intensiv bearbeitet worden. In eher systematischen Darlegungen, die auch als Einführung in den gesamten Problemkreis gelesen werden können [193: Verwandte], beschrieb er die dem Frühmittelalter eigentümliche Gruppenbindung als Voraussetzung dessen, was die ältere Forschung „Personenverbandsstaat" nannte. Aus genauer Beobachtung der Verhaltensnormen, die über Beratung zur politischen Willensbildung führten, resultierte die verfassungsgeschichtlich folgenreiche Einsicht, daß die Verwandtengruppen mit ihrem Anhang nach überlieferten Pflichtencodices handelten: Genese und Ablauf sog. „Aufstände", die durch „Verschwörungen" (*coniurationes*) eingeleitet wurden, beruhten auf *amicitiae*, die das Handeln einflußreicher Personen in der Gruppenbindung erkennen lassen [191: ALTHOFF, Amicitiae]. Wesentliches Ferment solcher Einungen war das liturgische Gebetsgedenken, dessen schriftlicher Niederschlag in den Gedenkbucheinträgen eine neu erschlossene Quellensorte darstellt. Wir wissen jetzt recht genau, in welchen Formen Heinrich I. seine Politik der Reichsintegration auf solche *pacta* stützte; im Kern bestand das Reich geradezu aus den *amicitiae* des Königs mit geistlichen oder weltlichen Personen und Personengruppen.

In dieser Hochadelswelt hat das liudolfingische Haus [219: GLOCKER, Verwandte] seinen Rang auch über heiligmäßige Angehörige (Königin Mathilde, Hathumod, Oda, Brun) steigern wollen, wobei karolingische Konzeption der Vereinbarkeit von herrschaftlicher Stellung in der Welt und persönlicher Heiligkeit weiter gewirkt haben [207: CORBET, Saints]. Ottos (I.) Heirat mit der angelsächsischen Königstochter Edgith muß aus ähnlichen Absichten begriffen werden, weil diese Verbindung den Konsens der Großen bei der Thronfolgeordnung Heinrichs I. erleichtert haben dürfte. Diese Sukzession ist sehr wahrscheinlich durch Ottos Krönung zum Mitkönig im Jahre 930 gesichert worden [221: HLAWITSCHKA, Ottonen-Einträge]. Für die Beurteilung der Erzählung WIDUKINDS VON CORVEY über die Aachener Krönung 936 [46: II.1 f.] hat dieser Sachverhalt erhebliche Konsequenzen [76: BRÜHL, Deutschland, 464–470].

Heiligkeit und Herrschaft

Königswahlen wirkten integrierend [235: MITTEIS, Krise], weil sie die Zustimmung der Großen zum Fortbestand des Reiches ausdrückten, das durch die jeweils vorausgehenden Beratungen immer wieder ins Bewußtsein treten mußte [247: SCHNEIDER, Königtum]. Die Möglichkeiten der ersten Ottonen zur Festigung ihres Königtums und der damit untrennbar verbundenen Aufgabe, die Reichseinheit zu sichern, sind jetzt in einer Darstellung zusammengefaßt, die zentrale Problemfelder (Heinrich I. als ungesalbter König, König und Herzöge, dynastischer Neubeginn, Kontinuität oder Diskontinuität beim Übergang von Heinrich I. auf Otto d. Gr.) nicht

Integration durch Königswahl

nur beschreibt, sondern in ihrer Bedeutung abwägt [194: ALTHOFF/
KELLER, Heinrich I.].

Sonderstellung Sachsens   Mit dem Königtum der Ottonen ergab sich eine Sonderstellung
Sachsens im Reich, die lange weiterbestand und von K. LEYSER als
Ursache des Konflikts der Sachsen mit Heinrich IV. und Heinrich V., der folgenreichsten Krise des mittelalterlichen Reichs
schlechthin, beschrieben worden ist [231: Crisis]. Zurückhaltend
gegenüber der Reformkontroverse (die ganz Europa betraf), sah er
die Spezifik eines ottonischen Erbes im Selbstbewußtsein des sächsischen Adels; Sachsen konnte zum überregionalen Zentrum werden,
Zuflucht und Stütze aller Gegner des salischen Königtums. Der Gegensatz war überdynastisch, hatte schon zur Zeit Konrads I. begonnen und wirkte über die Stauferzeit hinaus ins Spätmittelalter. „The
Ottonian ideas of Kingship were negated by the Reformed Papacy,
its practice was destroyed by the East Saxon nobles' rebellion. That
is the meaning of the secular crisis of the later eleventh and early
twelfth centuries which historians ignore at their peril" [231: 442 f.].

Diese Herrschaftspraxis der Ottonen war durch Otto d. Gr. in
den Bahnen karolingischer Tradition begründet worden. Das
Missionspolitik der Ottonen   drückte sich auch in der Missionspolitik mit ihren Bistumsgründun-
gen aus (Otto d. Gr. errichtete zehn Bistümer und ein Erzbistum!)
und in der (freilich nur gelegentlich angewandten) „Patronatstaufe"
[195: ANGENENDT, Kaiserherrschaft, 279]; beides waren Integrationsfaktoren, andererseits Ursachen für Konflikte mit den Päpsten,
die in der Mission eine genuine Angelegenheit der römischen Kirche sahen und nicht bereit waren, entsprechende Rechte aufzugeben
oder auch nur widerstandslos schmälern zu lassen.

4.2 Rom und das Kaisertum

Die Beziehungen der sächsischen Könige zu den Päpsten mußten
„Romfreies" Kaisertum   endgültig seit 962 intensiver werden. Die kritische Haltung Widukinds von Corvey zum Kaisertum Ottos d. Gr. [249: STENGEL, Heer-
kaiser, 56–91; 215: ERDMANN, Kaiseridee; 214: DERS., Reich; 201:
BEUMANN, Imperator] teilte Brun von Querfurt, der das Reich nicht
römisch verstanden wissen wollte [257: WENSKUS, Studien], doch
scheiterte jede „romfreie Kaiseridee" an der mächtigen, bereits zeit-
gemäß selektierten karolingischen Tradition, derzufolge die päpstliche Krönung des Jahres 800 im Vergleich zu anderen Lösungen
(Kaiserkrönung Ludwigs d. Fr. 813) autoritatives Ansehen gewonnen hatte [232: LINTZEL, Kaisertum; 258: WERNER, Empire]. Dar-

über hinaus legte die zu erwartende Auseinandersetzung mit Byzanz
Legitimation durch den Papst nahe [213: EPPERLEIN, Kaisertum].

Auf diese Weise wuchsen dem ostfränkischen Königtum eine
Fülle herrschaftlicher Aufgaben jenseits der Alpen zu [253: UHLIRZ,
Kirchenpolitik], so daß mancher Italienzug sich zur „italienischen
Regierungsperiode" erweiterte [252: TELLENBACH, Kaiser]. Dabei
wirkten die durch Ansiedlung und Herrschaftsbildung nordalpiner   Kontinuität der
Zuwanderer engen Verbindungen des Frankenreiches mit Italien   Fränkischen Sied-
zwar fort, dürfen aber in ihrer Bedeutung nicht überschätzt werden, lung in Italien
weil gerade die „altfränkischen und nun schon italienisierten Ge-
schlechter, die sich an eine allzugroße Selbständigkeit gewöhnt hatten und deshalb ... die ersten oppositionellen Regungen gegen seine
Herrschaft unterstützten" [222: HLAWITSCHKA, Franken, 94f.], Otto
d. Gr. veranlaßt haben, sich mit dem Episkopat zu verbünden, ohne
freilich die Reichskirchenverfassung sogleich auf Italien zu übertragen [239: PAULER, Regnum].

Hegemonialer Anspruch [250: STENGEL, Kaisertitel] und eine
seit der Karolingerzeit übliche Regelung kaiserlich-päpstlicher Beziehungen durch Verträge [208: DRABEK, Verträge] schlossen sich
keineswegs aus; nicht befriedigend geklärt ist allerdings das Auslaufen des Vertragswesens in der Salierzeit. Es wäre im Rahmen einer
neuen Gesamtdarstellung des früh- und hochmittelalterlichen Kaisertums zu untersuchen, die umso notwendiger ist, als die seinerzeit
bahnbrechende Arbeit von P. E. SCHRAMM [248: Kaiser] nicht uner-
hebliche Korrekturen erfahren hat [204: BLOCH, Autor] und das
Standardwerk zur Kaiserkrönung [211: EICHMANN, Kaiserkrönung]
in wichtigen Teilen (Ordines, Insignien) revisionsbedürftig ist.

Während die politische Führung der Bundesrepublik das Jahr
1962 ignorant und ignorierend hingehen ließ, legte H. BEUMANN einen umfassenden, aspektreichen Beitrag zur historischen Bedeutung
der Kaiserwürde Ottos d. Gr. vor [197: Kaisertum]; H. ZIMMERMANN
beschrieb die Nachwirkung des Kaisertums bis in die Moderne am   Nachwirkung des
Beispiel der wissenschaftlichen Auseinandersetzung um Echtheit   Kaisertums
und Bedeutung des *Privilegium Ottonianum* [261: Studien, 26–69].
Eine Gesamtcharakteristik lieferte auch H. KELLER [224: Kaiser-
tum], während H. BEUMANN die Rolle des Kaisertums bei der Überwindung des gentilen Selbstverständnisses der Führungsschicht des
Reiches anhand der Herrscherbezeichnungen aufwies; der absolute,
nicht ethnisch-gentil eingeschränkte Königstitel ist letztlich imperialer Provenienz gewesen. Insgesamt wirkten der Kaisergedanke und
die auf ihn bezogenen politischen Verhaltensweisen integrierend

[203: BEUMANN, Unitas]; zu welcher Steigerung von Anspruch und Legitimation er führen konnte, zeigt eindringlich das Aachener Evangeliar mit seiner Darstellung des Kaisers in der Mandorla, umgeben von Evangelistensymbolen: Das „Äußerste an Christusähnlichkeit …, was dem Mittelalter gerade noch erlaubt erschienen sein mag" [223: HOFFMANN, Buchkunst 1, 21], unüberbietbar und niemals wiederholt.

4.3 Die Struktur des Reiches

Wie konnte sich das Reich auf rein personaler Grundlage als politische Einheit konsolidieren [227: KELLER, Charakter]? Eine Antwort auf die Frage nach dem Verhältnis des Adels zum Königtum beim Prozeß der Reichsbildung hängt wesentlich von einer genauen Bestimmung der institutionellen Formen ab, in denen die Adelsherrschaft am Reich teilhaben konnte. Wir berühren damit das Problem des sog. „jüngeren Stammesherzogtums" [die ältere Lehre bei 251: STINGL, Entstehung] und damit zum wiederholten Mal auch das Problem der ethnischen Formation („Stamm") in ihrem Verhältnis zu Staat und Politik. Die Annahme, daß für den Westen „Stämme als Träger des Reiches" vorausgesetzt werden dürfen, ist sogleich mit guten Gründen abgelehnt worden [217: GANSHOF, Stämme]. Für das ostfränkische Reich ist sie fragwürdig geworden, seitdem die karolingische *regna*-Struktur immer deutlicher herausgearbeitet und damit das territorial-administrative Element als dem ethnischen deutlich vorausgehend erkannt wurde [259: WERNER, Genèse; 220: GOETZ, „Dux"; 260: WERNER, Duchés.]. Mit dem verfassungsgeschichtlichen Modell „jüngeres Stammesherzogtum" kann schon wegen seiner heuristischen Schwächen nicht mehr gearbeitet werden: Statt vom „Stamm der Sachsen" [218: GIESE, Stamm] muß vom sächsischen Adel gesprochen werden, um der Realität des 10. und 11. Jahrhunderts nahezukommen.

Es scheint sich so zu verhalten, daß schon die Merowinger vorgefundene Herrschafts- und Siedlungsräume als Dukate bzw. *regna* organisiert haben, die als Bestandteile der fränkischen Reichsteile und Teilreiche weiter existierten und mit ihren *duces* oder *principes* der Königsherrschaft unterworfen waren, wobei die Titulatur nicht konsequent gehandhabt wurde und zwischen *dux, comes, marchio* oder *princeps* schwanken konnte [228: KIENAST, Herzogstitel]. Wenn Heinrich I. im Jahre 925 seine Absicht bekundet, *deo donante omnium aecclesiarum iura infra regna nostra firmiter stabilire* [DHI 9],

Reich und Adelsherrschaft

Regna-Struktur

so bringt er genau diese Reichsstruktur zum Ausdruck und zeigt das
Verständnis einer Monarchie, die „imperial" über mehrere *regna*
gebietet [196: BEUMANN, Wipo]. Nicht „Stämme" sondern *regna*
nennt LAMPERT VON HERSFELD zu 1075 [28: 220].

Das sog. „Stammesherzogtum" kann demnach als Resultat
eines politischen Ausgleichsprozesses zwischen adliger Ambition
nach Vorherrschaft im *regnum* und, im Erfolgsfall, deren Anerkennung durch den König beschrieben werden. Ethnogenetische Folgen ergaben sich aus Dauerhaftigkeit der politischen Formation, so
daß der Schritt vom gentilen Bewußtsein in den *regna* zum supragentilen Bewußtsein eines deutschen Volkes denkbar weit sein
mußte.

Mit systematisch angelegten Untersuchungen der Diplome und
des Itinerars hat sich E. MÜLLER-MERTENS dem Thema genähert   Königsaufenthalte
[236: Reichsstruktur; 238: DERS./HUSCHNER, Reichsintegration]
und die Königsaufenthalte nach Dauer und zeitlicher Reihenfolge
im Wechsel zwischen den Regionen des Reiches gewichtet, wobei
sich im wesentlichen die bekannten Schwerpunkte (Ostsachsen, ge-
folgt von Rheinfranken und Niederlothringen, danach Bayern und
Alemannien) ergaben. Das Neue liegt in der Beschreibung einer offenbar regen Kommunikation zwischen dem Hof und den Petenten
bzw. Intervenienten, während der Verzicht auf gleichrangige Berücksichtigung der erzählenden Quellen zu einem Schematismus geführt hat, der (etwa im Falle Kölns) regelrechte Fehleinschätzungen
mit sich brachte, weil der Rang eines Ortes sich nicht von selbst aus
quantifizierend angelegten Materialsammlungen ergibt. Weitere Arbeiten dieser Art sind in Vorbereitung [237: MÜLLER-MERTENS,
Reich, 142].

Unentbehrliche Grundlagen zum Verständnis der ottonisch-sa-
lischen Zeit bieten mehrere größere Darstellungen [200: BEUMANN,
Ottonen; 205: BOSHOF, Salier; 256: WEINFURTER, Herrschaft] und
Überblicke [212: ENGELS, Reich; 225: KELLER, Reichsorganisation;
226: DERS., Reichsstruktur] sowie ein Sammelwerk [254: WEINFUR-
TER, Salier].

4.4 Herrschaftsformen

Eng mit dem Problem der Reichsstruktur verbunden ist die Frage
nach den Möglichkeiten und Grenzen königlicher Herrschaft im
Verband der einzelnen *regna*. Die in vieler Hinsicht bahnbrechende   Itinerarforschung
Studie von H. J. RIECKENBERG [241: Königsstraße] machte den Wir-

kungsbereich der Könige anschaulich, C. BRÜHL [206: Fodrum] beschrieb die materiellen Grundlagen. Für Sicherung und Ausübung der Regierung hatte der Königsumritt große Bedeutung, den wir für Heinrich II., Konrad II. und Heinrich III. im einzelnen kennen [246: SCHMIDT, Königsumritt].

Fallstudien Monographische Untersuchungen zu einzelnen *regna* unter dem Aspekt der Reichsentstehung, der Einwirkungsmöglichkeiten des Königs und der mit ihnen einhergehenden Reichsintegration müßten auf der Grundlage der inzwischen erreichten neuen Einsichten begonnen werden. Noch immer lesenswert und nicht ersetzt ist die Studie von K. REINDEL zum frühen bayerischen *regnum* [240: Herzog]; Grundlagen der Herrschaft des „Herzogs von Schwaben" im 10.–13. Jahrhundert behandelte H. MAURER [234: Herzog], ohne freilich dem Verhältnis zwischen *regnum* und alemannischer Ethnogenese nachzugehen.

Konsens und Kommunikation In seinem großen Überblick über die Herrschaftsformen der Ottonen betonte K. LEYSER die Bedeutung der Kommunikationsmittel und -möglichkeiten, der *nuntii* und *familiares*, Versammlungen und Beratungen [230: Government]. Diese Kommunikation erwuchs aus dem Zwang zum Konsens, den der König (vor allem der Nicht-Karolinger) mit den Großen finden mußte, um regieren zu können. Für die Reichsintegration war diese Grundbedingung schon deshalb günstig, weil sie Reichsteilungen ausschloß, denn einem solchen Schritt der Königsfamilie hätte der Adel nicht zugestimmt [244: SCHMID, Problem]. Kommunikation erzeugte Konflikte, legte sie aber auch bei: Ausgehend von der Untersuchung gut dokumentierter Streitfälle zeigte G. ALTHOFF [192: Königsherrschaft] die im Vergleich zur vorausgegangenen karolingischen und zur folgenden salisch-staufischen Zeit durch *clementia* und *misericordia* geprägte Herrschaftsform der ottonischen Könige als Ausdruck des auf Konsens gegründeten Regierens.

5. Die Träger des Reiches

5.1 Adel und König

Ende der Partikularismus-These Mit der Revision älterer Geschichtsbilder nach dem Zweiten Weltkrieg verschwand die Partikularismusthese endgültig aus der wissenschaftlichen Diskussion. Das seit langem kritisierte Modell einer von den Fürsten retardierten und letztlich verhinderten staatlichen

Zentralgewalt hatte sich als untauglich erwiesen; es blieb aber die
Aufgabe, den funktionalen Zusammenhang von Monarchie und
Adelsgesellschaft unter neuen Voraussetzungen anders und treffen-
der zu beschreiben. Als wichtigstes Untersuchungsfeld ergab sich
die Königswahl, weil hier die Mitwirkung der Großen am stets er-
neuerten Prozeß der Reichsbildung besonders klar hervortrat.

F. RÖRIG [286: Geblütsrecht] und W. SCHLESINGER [291: An- Königswahl
fänge] haben gleichzeitig auf die so entstandene Problematik hingewiesen; SCHLESINGER arbeitete den damals gegebenen Ansatz in den
folgenden Jahrzehnten durch minutiöse Rekonstruktion der Kö-
nigserhebungen Heinrichs I. [117: Königserhebung; 243: Königser-
hebung], Heinrichs II. [294: Erbfolge; 292: Nachwahl] und Rudolfs
von Rheinfelden [293: Wahl] so weit aus, daß er die Rolle des Adels
für die Integration des Reiches und das im Wahlakt zum Ausdruck
kommende Selbstverständnis der Träger des Reiches zeigen konnte.
Die seit der Wende zum zweiten Jahrtausend bewußt werdende dia-
lektische Spannung von personalem und institutionalem Denken
beschrieb H. BEUMANN [265: Entwicklung] und steckte damit einen
ideengeschichtlichen Rahmen ab, in dem Einzelfälle sinnvoll aufeinander bezogen werden konnten. Seit der Entscheidung Heinrichs I. für die Individualsukzession durch die sog. „Hausordnung"
von 929 sahen sich die Großen des Reiches einer neuen Lage gegenüber [295: SCHMID, Thronfolge, 476–490], mit der sie sich zustim-
mend abgefunden haben.

Das Verdienst Heinrichs I., diese Zustimmung erreicht zu haben, wird umso höher zu bewerten sein, als jeder König beim Aus-
schöpfen der materiellen Ressourcen seines Reiches besonderen Be- Gastungsbrauch
dingungen Rechnung tragen mußte, die ihn von geistlichen und
weltlichen Großen abhängig machten. Der Wirkungsbereich des
Königtums ergab sich wesentlich aus den Möglichkeiten physischer
Präsenz, so daß die Organisation der Hofhaltung mit ihren Ämtern
und Funktionen auch als Antwort auf die damit verbundenen Herausforderungen verstanden werden muß. Während die frühen Ottonen fast ausschließlich auf den Pfalzen ihres Königsgutes gasteten,
bahnte sich mit Heinrich II. jener Wechsel an, der den Bischöfen
größere Lasten zumutete [206: BRÜHL, Fodrum, 116–130]. In einer
leider ohne Belege veröffentlichten (und in dieser Form 1979 nach-
gedruckten) Studie zur Heeresverfassung der ottonisch-frühsalischen Zeit hat K. F. WERNER wahrscheinlich gemacht [307: Heeres-
organisation], daß lehnrechtliche Bindungen der weltlichen und
geistlichen Großen schon vor dem 12. Jahrhundert in weit stärkerem

Maße Grundlage für Leistungsanforderungen gewesen sind als allgemein angenommen wird.

Hier könnte, wenn die These der Nachprüfung standhält, weitgehende Übereinstimmung mit westeuropäischen Verhältnissen beobachtet werden, während auf anderen Gebieten die Unterschiede **Verhältnis zum** offensichtlich sind. Ein Vergleich päpstlicher Einwirkungsversuche **Papsttum** auf den Adel der fränkischen Nachfolgereiche ergab „wachsende Animosität zwischen Papsttum und ostfränkischem Reich" [274: FRIED, Laienadel, 380], der eine deutliche Offenheit des Westens gegenüberstand, so daß es scheint, „als wäre auch das Verhältnis der beiden langsam entstehenden Völker, der Franzosen und der Deutschen, zum Heiligen Petrus und dem Papste ein sie konstituierender Faktor" [Ebd., 383 f.]. Für die zweite Hälfte des 11. Jahrhunderts ist dies in der Tat offensichtlich, so daß es lohnend erscheint, die Vorgeschichte einer bisher stets mit der Kirchenreform erklärten Nationalisierung von Reich und Reichsbegriff zu klären.

Sächsische Adels- Die nahezu permanenten Schwierigkeiten Ottos d. Gr. mit säch-**opposition** sischen Adelsgruppen führte K. LEYSER auf adelstypische Dauerspannungen innerhalb der Familien und zwischen ihnen zurück, auf Konflikte, die sich am Kampf um Teilhabe an Besitz und Herrschaft immer wieder neu entzündeten [280: Herrschaft]. Jede Ausstattung, jeder Entzug eines Amtes durch den König löste Bewegungen im Stammland der sächsischen Herrscher aus; vor dem Hintergrund solcher Konflikte erscheint die intergrierende, das Reich zusammenhaltende Leistung der Ottonen umso größer. Gruppen- und Fraktionsbildungen des Adels sind zwar schon ein Kennzeichen der späten Karolingerzeit, aber im 10. Jahrhundert beherrschten sie die politische und gesellschaftliche Lage so vollkommen, daß ihre Erforschung mittlerweile eines der Hauptthemen der Verfassungs- und Sozialgeschichte jener Zeit geworden ist. Durch das gemeinsame Totengedenken fest verbunden, erlangten die Familien- und Freundesverbände ihre mächtige Wirksamkeit [262: ALTHOFF, Adelsfamilien].

Regionaler Konflikt konnte zu grundsätzlicher Adelsopposition eskalieren [269: ERKENS, Opposition], sich unter dem Einfluß transpersonaler Staatsvorstellungen und der gregorianischen Reform [281: MILLOTAT, Staatsvorstellungen] zu dem Gedanken stei-**Adel als Repräsen-** gern, daß die hohe Aristokratie das Reich auch gegen den König **tant des Reiches** vertreten dürfe. Grundsätzlich war jeder Wahlakt mit den ihm vorausgehenden Beratungen eine Vertretung des Reiches durch seine Großen bei vakantem Thron [247: SCHNEIDER, Königtum]; eine umsichtige Darstellung der Vorgänge bei der Wahl Konrads II. mit Würdigung dabei vertretener Rechtsstandpunkte [284: REULING, Kur, 14–35] zeigt das besonders im Vergleich mit den sich alsbald gänzlich anders gestaltenden Verhältnissen in Frankreich. „Königswahl" als Votum der jeweils Beteiligten für das Reich hat sich als langfristig stabilisierender Faktor erwiesen: „Wer das Verhalten der Reichsfürsten bei den Königswahlen von 1002 bis 1152 vergleicht, der kann ... in der Entwicklung zum ‚Wahlreich' nicht etwas sehen, was schon vom Prinzip her den Keim für eine Schwächung des Königtums in sich trug" [278: KELLER, Herzöge, 161]. Ein objektivierter Dualismus von König und Reich ergab sich erst am Ende des Mittelalters, als „seit der Zeit Maximilians unter Reich die Gesamtheit der Reichsstände verstanden wurde" [300: SCHUBERT, Reich, 275].

5.2 König und Klerus

Schon in liturgischen Quellen der frühen Karolingerzeit ist das fränkische Reich auf das römische bezogen worden [304: TELLENBACH, Reichsgedanke, 21]; jede Vorstellung von „Reichskirche" [279: KÖHLER, Reichskirche; 303: TELLENBACH, Kirche, 52–60] war seither mit dem Gedanken außerordentlicher Legitimität verbunden. An diese Tatsache erinnerte C. ERDMANN gegen das seinerzeit herrschende Bild vom selbstbewußt-ungesalbten „deutschen König" und fragte mit Hinweis auf WIDUKINDs Bericht vom geplanten Romzug [46: I.40], ob Heinrich I. nicht von Anfang an statt der Salbung durch den Erzbischof von Mainz eine Weihe durch den Papst erstrebt habe [268: ERDMANN, König]. Einblick in die gesamte Diskussion um Weihe, Geblüts- oder Erbrecht, heidnische und christliche Elemente bei der geistlichen Legitimierung ottonischer Könige gewährt der Nachtrag von 1970 zu einem 1948 erstmals erschienenen Aufsatz von H. BEUMANN [264: Legitimierung], und neuerdings hat K. LEYSER [280: Herrschaft, 124–135] die karolingische Erbschaft im Ostfranken des 10. Jahrhunderts sorgfältig herausgearbeitet, das ottonische Sakralkönigtum in seinen Beziehungen zum hohen Klerus beschrieben [280: 135–173] und weitgehend aus diesen Beziehungen erklärt. Kleriker wie Widukind von Corvey, Thietmar von Merseburg, Adalbold von Utrecht oder Wipo haben durch ihre Argumentation im Medium der Historiographie die Ausdrucksmöglichkeiten für Herrscherlegitimation bis in Nuancen verfeinert [266: BORNSCHEUER, Miseriae].

Geistliche
Legitimation

Herrschaftszeichen   Zusätzlich zur theoretischen Sakralisierung des Königtums hatte auch seine Ausstattung mit Insignien der Herrschaft [297: SCHRAMM, Herrschaftszeichen; 299: SCHRAMM-MÜTHERICH, Denkmale] die Funktion einer Abgrenzung des Monarchen vom Hochadel, dem er selbst von Haus aus angehörte. Die sog. „Reichskrone" ist mehrfach Gegenstand subtiler Untersuchungen gewesen [267: DECKER-HAUFF, „Reichskrone"; 302: STAATS, Theologie], wobei der jüngste Versuch einer Spätdatierung auf Grund der Zierformen [301: SCHULZE-DÖRLAMM, Kaiserkrone] nicht überzeugt. An solchen Kleinodien läßt sich die *imitatio sacerdotii* der Ottonen ablesen; ihre Ambitionen und Verpflichtungen übertrafen in dieser Hinsicht alles, was „je ein König von Frankreich oder England beanspruchte" [298: SCHRAMM, Kaiser, 180]. H. KELLER hat darauf hingewiesen „daß die erhaltenen Herrscherdarstellungen des 9.–11. Jahrhunderts – sieht man von den Siegel- und Münzbildern ab – fast alle dem liturgischen Bereich zuzuordnen sind" [277: KELLER, Herrscherbild, 290], und dieser Befund kann auch funktional verstanden werden: „Das Bild in den liturgischen Büchern machte den Herrscher in den Reichskirchen gegenwärtig und trug dazu bei, das Vertrauensverhältnis zwischen ihm und den führenden Schichten des Klerus herzustellen" [223: HOFFMANN, Buchkunst 1, 22].

Mitwirkung des   Auf dieses Vertrauensverhältnis kam es in der Tat entscheidend
Episkopats   an, weil der Episkopat bei den Krönungen mitwirkte [296: SCHRAMM, Königskrönungen], administrativ und wirtschaftspolitisch unentbehrlich war [276: KAISER, Münzprivilegien]. In der ersten Hälfte des 11. Jahrhunderts liegt der Höhepunkt einer bewußten Durchdringung von weltlicher und geistlicher Herrschaft. Bischöfe konnten freilich nicht gegen den Laienadel eingesetzt werden, weil das hohe geistliche Amt von seinen Inhabern und deren Familien als Teil des adligen Anspruchs auf Mitwirkung am Reich betrachtet wurde [288: SCHIEFFER, Reichsepiskopat; 270: FINCKENSTEIN, Bischof]. Allein die bedeutenden Leistungen der Reichskirche für das militärische Aufgebot [283: PRINZ, Klerus; 263: AUER, Kriegsdienst] sollte vor der Gegenüberstellung „Adel" und „Klerus" warnen.

Hofkapelle   Das wichtigste Verbindungsglied zwischen König und Klerus, die Hofkapelle, hat J. FLECKENSTEIN für die Zeit von den Karolingern bis zu Heinrich III. untersucht und genaue Einblicke in die Personengeschichte dieser Beziehung vermittelt [271: Hofkapelle]. Das allmähliche Eintreten des Episkopats in den Reichsverband, die eigentümliche Gestalt eines *corpus ecclesiasticum*, das arg ver-

kürzt und sektoral als „Reichskirchensystem" verstanden wurde
[287: SANTIFALLER, Geschichte], ist seither mehrfach im Überblick
[273: FLECKENSTEIN, Problematik; 285: REUTER, System] oder am
exemplarischen Fall [282: MÜLLER, Heribert] dargestellt worden.
Bischofskarrieren über Domschule, Domkapitel und Hofkapelle zeigen immer wieder die Bedeutung eines königsnahen Klerus,
dessen Prosopographie für gut zwei Jahrzehnte ausgearbeitet vor- Prosopographie
liegt [308: ZIELINSKI, Reichsepiskopat] und fortgesetzt werden
müßte. Ist die Rolle des Klerus für Reichsintegration, praktische
und theoretische Herrschaftsbegründung des ottonisch-salischen
Königtums hinreichend deutlich, so liegt die Bedeutung der Hof-
kultur und des Bildungswesens [272: FLECKENSTEIN, Königshof] für
die Kohärenz des Reiches noch ganz am Rand des Blickfeldes der
deutschen Forschung. Das ist bedauerlich, entstand hier doch bereits in der frühen Ottonenzeit ein Programm „to create an institu-
tional basis for the widespread teaching of an ideal of court man-
ners based on a Roman model" [275: JAEGER, Origins], also zur
Formung des „Traditionskerns" in einem Sinne, wie er nur auf der
Ebene des Reiches möglich war.

Für die Beziehungen der weltlichen und geistlichen Aristokratie zum König konnten die Veränderungen in der Einstellung des
Reformpapsttums, besonders Gregors VII., gegenüber dem Königs- Papst und
amt nicht ohne Folgen bleiben. Weil nach Ansicht dieses Papstes Königsamt
Könige wegen ihrer Verantwortung für viele Menschen einem stren-
geren Gericht unterworfen waren [290: SCHIEFFER, Gregor VII.],
konnte Sorge um das eigene Seelenheil zum politischen Motiv adliger Opposition werden [305: WEINFURTER, Reformidee], aber der
entscheidende Einspruch Gregors VII. gegen die herkömmliche
Einsetzung der Bischöfe durch den König war nicht die Konsequenz eines seit langem verfolgten Reformprogramms, sondern aktuelle Reaktion auf die Kampfansage Heinrichs IV. 1076 in Worms
[289: SCHIEFFER, Entstehung]. Dennoch zielte die propagandistische
Nationalisierung des Königtums durch Gregor VII. auf den Kern
eines römischen Reichsgedankens, der die geistliche und weltliche
Führungsschicht des Reiches verband. Der Angriff blieb ohne tief-
greifende Folgen, und in der staufischen Restauration sollte das *imperium Romanum* einen neuen Höhepunkt erleben.

6. Geschichte und Tradition

Die dauerhafte und gegen Kritik bemerkenswert resistente Bezugnahme auf Rom verweist auf Wurzeln in einer spirituell-politischen Tiefenschicht; über Generationen ist sie immer wieder dem Bewußtsein der Lebenden anverwandelt und als je eigene Tradition späteren Zeiten vermittelt worden. Wichtigstes Instrument dieser Vermittlung war die Historiographie, neben der wir allerdings einen breiten Strom mündlicher Überlieferung annehmen müssen. Diese orale Tradition ist verloren und nur noch spurenweise aus den Erzählungen der Geschichtsschreiber rekonstruierbar, so daß wir unsere Vorstellung vom politisch-historischen Bewußtsein selbst der Führungsschicht aus einem sehr verengten Blickfeld entwickeln müssen.

Geschichtsbewußtsein Geschichtsbewußtsein geht über gelehrt-antiquarisches Wissen von der Vergangenheit weit hinaus: Es liefert „Leitfiguren des Verhaltens" [321: GRAUS, Vergangenheit, 29], die bei der Untersuchung großer nationaler Mythen, heiliger Repräsentanten, zentraler Motive historischer Überlieferung aus den Quellen ermittelt und beschrieben werden müssen. Für die Frage nach der Entstehung des deutschen Reiches ist die von F. GRAUS entwickelte Methode der Traditionskritik unentbehrlich, weil Deutung der Vergangenheit die jweilige Gegenwart bewältigen und erklären soll. So haben Teile des sächsischen Adels ihre durch fränkische Eroberung und Christianisierung entstandene Identitätskrise mit dem Nachweis früher Offenheit der Vorfahren für die christliche Botschaft kompensiert; diesen Nachweis hatte die Hagiographie zu erbringen, der damit wichtige Grundlagen für „die volle Rezeption der karolingischen Reichskultur durch die Sachsen selbst, ihre Identifikation mit dem politischen und kulturellen System des Frankenreichs in seiner karolingischen Ausprägung" [310: BEUMANN, Hagiographie, 291] verdankt werden.

Karolingische Tradition Die Bedeutung der karolingischen Tradition für die Geschichte des ostfränkisch-deutschen Reiches und seiner geistigen Grundlagen ist seit langem unstrittig, mußte gleichwohl unter politischem Druck in heute noch lesenswerter apologetischer Brillanz noch einmal ausdrücklich betont werden [331: TELLENBACH, Tradition]. Das Streben nach Begründung und Sicherung der Herrschaft durch Tradition ist eine gemeineuropäische Erscheinung; sie konnte sich formal sehr differenziert in der Namengebung, im Kanzleibrauch, in den Herrschaftszeichen, im Recht, in der Kontinuität zentraler Orte äußern [329: SCHNEIDMÜLLER, Tradition], und sie knüpfte in den

Nachfolgestaaten der Karolinger, besonders im westfränkischen Reich, selbstverständlich an das Vorbild Karls des Großen und der Institutionen seines Reiches an. Dabei gelang im Westen schon früh die aus Alleinvertretungsansprüchen folgende Nationalisierung des karolingischen Erbes [318: EHLERS, Kontinuität], während im ostfränkisch-deutschen Reich eine Pluralität der Leitbilder bestand: neben dem Karlsreich der imperiale Rombezug, eine zwischen Fränkischem und Sächsischem nicht entschiedene Bestimmung des Reiches, Ansätze zu einer neuen supragentilen *regnum Teutonicum*-Theorie – und diese Pluralität ließ keine vergleichbare Kohärenz zu.

Ausgangspunkt für jede Beschäftigung mit dem Fortleben karolingischer Überlieferung in Deutschland bis in den Anfang des 16. Jahrhunderts ist nach wie vor das Buch von R. FOLZ [319: Souvenir], der neben einer dominierenden geistlichen Überlieferung Reste volkstümlicher Erinnerung bei Liudprand von Cremona, Thietmar von Merseburg, in der Vita Mahthildis oder in der Kaiserchronik aufspürte und die lokale Tradition besonders in Aachen verfolgte. Über die Heiligsprechung Karls des Großen im Jahre 1165 durch Friedrich I. blieb diese Erinnerung lebendig, sie entwickelte sich allerdings im Gegensatz zum Westen nicht weiter und überlebte schließlich nur mehr als Objekt gelehrten Interesses [315: BORST, Karlsbild].

Die frühe Verbindung mehrerer traditionaler Leitbilder steht am Anfang der Bildung des ostfränkisch-deutschen Reiches. In der gleichmäßigen Analyse urkundlicher und historiographischer Zeugnisse liegt die Bedeutung einer Untersuchung, in der B. PÄTZOLD die Geschichte der *Francia et Saxonia*-Kombination seit der Zeit Ludwigs II. verfolgte [326: Francia]. Mit dieser Formel, deren mehrfaches Auftreten in der zeitgenössischen Historiographie als Indiz für ihre Verbreitung zu werten ist, sollte das gesamte ostfränkische Königreich umschrieben werden. Geläufig muß demzufolge auch die Auffassung gewesen sein, daß die „Idee des *regnum Francorum ...* von den sächsischen Herrschern als politisches Leitbild übernommen worden" [326: 47] war, andererseits aber „tritt uns in der Wendung auch ein starkes sächsisches Bewußtsein entgegen" [326: 49].

Die Konzeption fränkisch-sächsischer Geschichte als Einheit und politisch traditionale Verpflichtung ist sowohl im Grundsätzlichen [313: BEUMANN, Sachsen] als auch am Beispiel einzelner Historiographen gut erforscht. Nach wie vor wichtige Überlegungen zur historiographischen Perspektive Liudprands von Cremona und seiner individuellen Bestimmung durch die oberitalienische Herkunft

Franken und Sachsen

Historiographie

verdanken wir M. LINTZEL [324: Studien], der außerdem mit einer Studie über Erzbischof Adalbert von Magdeburg deutliche Grenzen historiographischer Ausdrucksmöglichkeiten bei einer führenden Gestalt im Reich Ottos d. Gr. zeigte [323: LINTZEL, Erzbischof]. Die maßgebliche Darstellung der literarischen Leistung Widukinds von Corvey gab H. BEUMANN, indem er besonders die politisch-historische Absicht des Geschichtsschreibers untersuchte [314: Widukind]. Literarische Tradition, Topik, stilistische Eigenart und Struktur des Werkes sind als Voraussetzungen für die Interpretation ernst genommen, so daß der enge Bezug von Widukinds Methode der Persönlichkeitsschilderung auf seine politischen Überzeugungen und Intentionen hervortritt.

Widukind von Corvey
Widukind sah das Reich unter der Herrschaft sächsischer Könige mit imperialem Anspruch, betrachtete die Glaubensgemeinschaft als Grundlage der politischen Einheit und der ethnischen Integration in der Nachfolge der Franken, die den Sachsen als Trägern des Königtums in erster Linie zukam [311: BEUMANN, Konzeption]. Dieser politiktheoretische Kern einer historiographisch erfaßten Lage im Übergang von der endgültigen Auflösung des fränkischen Großreichs zu ethnisch-dynastischer Erosion fränkischer Institutionen im östlichen Teilreich und von dort zu einer noch nicht definierbaren Neubildung darf als authentischer Beitrag des Corveyer Benediktiners zur ottonischen Reichstradition gewertet werden. Er war nicht Sprachrohr am Hof ohnehin herrschender Ansichten, sondern formulierte auf das für ihn durch die junge Äbtissin Mathilde von Quedlinburg repräsentierte Königshaus hin, indem er wichtige Elemente des zeitgenössischen Selbstverständnisses zur programmatischen Synthese brachte.

Thietmar von Merseburg
Über Thietmar von Merseburg liegt eine Arbeit vor, die das Werk des Bischofs in seinen Entstehungsbedingungen verankert sieht und den Familienbezug, die Amtsführung, die besondere Auffassung vom Königtum schildert [325: LIPPELT, Thietmar]. Weiterführend ist die Entdeckung des Memorialaspekts, den Thietmar in seiner Chronik keineswegs nur als formales Prinzip zur Geltung gebracht hat. Die Kritik an einzelnen Herrschern (besonders an Otto II. und Otto III.) gewährt Einblick in die öffentliche Meinung der Zeit, mindestens aber in das politische Denken eines großen Teils der sächsischen Adelsgesellschaft. Thietmar ist wichtigster Zeuge eines fortlebenden starken gentilen Bewußtseins, das sich mit dem Reich nur solange vorbehaltlos identifizieren wollte, als das sächsische Volk den König stellte. Während er schrieb, konnte das Ende

des liudolfingischen Hauses als königliche Dynastie abgesehen werden, so daß ein Zug von nostalgischem Krisenbewußtsein durch ein Werk geht, das zu den wichtigsten Quellen der retardierten Entwicklungsgeschichte eines supragentilen Bewußtseins auf dem Boden des ostfränkischen Reiches gehört.

Angesichts der großen Bedeutung des Anlasses zur Geschichtsschreibung für die Interpretation der Texte [309: ALTHOFF, Causa] ist auch auf Spuren geachtet worden, die von der Kirchenreform in der Historiographie hinterlassen wurden. Solche Wirkungen gab es nicht nur auf Reichsverständnis und Reichsbezeichnung, sondern auch bei retrospektiver Bewertung von Königen [327: SCHIEFFER, Heinrich II.]. Sie haben das Geschichtsverständnis langfristig geprägt und sind Zeugnisse für das Entstehen historischer Urteile; auch in der Wandlung des *gloriosus dux* Arnulf von Bayern zum Friedensstörer in der ottonischen und zum Kirchenräuber in der salischen Historiographie [328: SCHMID, Bild] zeigen sich Durchsetzungskraft und Schwäche bestimmter Überlieferungstendenzen.

Dennoch kommt in der zeitgenössischen Geschichtsschreibung überwiegend die Gewißheit einer Kontinuität zwischen Ottonen und Saliern zum Ausdruck. Zahlreiche Belege für ein Gemeinschaftsbewußtsein der Reichsbewohner, das in der zweiten Hälfte des 11. Jahrhunderts aus dieser Kontinuität erwachsen ist, hat R. BUCHNER gesammelt, wobei ihm freilich der gelegentlich in seinen Quellen auftauchende *rex Romanorum* „ziemlich rätselhaft" [316: Geschichtsschreibung, 902] geblieben ist. Diese römische Komponente des Reichsverständnisses ist mittlerweile auch in ihrer staatsrechtlichen Genese gut bekannt; auf ihre um 1080/85 im Annolied dokumentierte Form hat H. THOMAS jüngst noch einmal hingewiesen und gezeigt, daß der Bezug auf Rom in diesem Text eng an die Gestalt Caesars geknüpft ist, der die vier Völker der Schwaben, Bayern, Sachsen und Franken zunächst unterworfen und dann als Bundesgenossen angenommen habe [332: Caesar]. THOMAS möchte das als „Origo gentis Teutonicorum" bezeichnen [332: 253], die das Reich als ein römisches verstand, konstituiert aus vier *gentes*, deren Einheit unter römischer Führung zustandegekommen sei. In der Tat ist Caesar mehrfach als Städtegründer in Anspruch genommen [46: WIDUKIND II.1 für Jülich, 44: THIETMAR I.2 für Merseburg] und auch als Stifter der Reichsministerialität geschildert worden [17: CHRONICON EBERSHEIMENSE, 433]. Über die tatsächliche Breitenwirkung dieses literarischen Motivs wissen wir nichts, auffällig ist immerhin die Konzentration des Rombezugs auf das *regnum Teutonicum*.

Kontinuitätsbewußtsein

Translatio imperii   Das Motiv der *Translatio imperii* hat in der ottonisch-frühsalischen Zeit geringe Bedeutung; dies dürfte weniger mit einer damals
kaum ausgeprägten universalhistorischen Perspektive [320: GOEZ,
Translatio] zusammenhängen als mit der ungebrochenen Karls-
Nachfolge, die ihrerseits keiner Translation bedurfte. Erst Otto von
Freising brauchte die Translationslehre für seinen Beweisgang, der
als Antwort auf die päpstliche *regnum Teutonicum*-Theorie konzi-
piert war. Mit der seit Enea Silvio Piccolomini dichten spätmittelalterlichen Verwendung der Chronik Ottos wurde auch sein Räsonne-
ment über die Translatio des Imperiums auf die Deutschen überliefert [330: SCHÜRMANN, Rezeption].

Den wichtigsten Beitrag zu unserem Thema brachte eine Ge-
meinschaftsarbeit von W. EGGERT und B. PÄTZOLD, in der historio-
Ostfränkisch- graphische Indizien für ostfränkisch-deutsches Sonderbewußtsein
„deutsches" zwischen dem 9. und dem 11. Jahrhundert gesammelt und bewertet
Sonderbewußtsein werden, ausgehend von den Äußerungen eines vielfältig gestalteten
Gruppenbewußtseins [317: EGGERT/PÄTZOLD, Wir-Gefühl]. Identifikation über die gesellschaftlich und spirituell erfahrene Glaubensgemeinschaft, durch gentiles Gruppenbewußtsein, anhand lokaler
Zentren wie Klostergemeinschaften oder Stiftskirchen, aber auch
mit Blick auf den König und den ostfränkischen Reichsverband im
ganzen gehören zu einer Typologie, die EGGERT auf der Basis umfangreicher Quellensammlung scharfsinnig herausgearbeitet hat.
Zweifel bleiben hinsichtlich der These, daß man „hinter dem
Sprachbewußtsein das Volksbewußtsein erkennen könne" [317: 167]
und vor allem bei der Annahme, die *nostri*-Terminologie ottonischer Historiographen bezöge sich auf „die Deutschen" [317: 174]:
Die Autoren meinen zwar ihren zeitgenössischen politischen Groß-
verband, dessen ethnische Definition ist aber Zutat des modernen
Historikers. Die Schwelle zum deutschen Reich wird auch im 11.
Jahrhundert noch lange nicht überschritten.

7. Terminologie

7.1 Der Volksname

Belegstellen- Die erste und noch immer grundlegende Materialsammlung zum
sammlung deutschen Volks- und Landesnamen hat F. VIGENER im Jahre 1901
vorgelegt [359: Bezeichnung]. Seither ist die Zahl der Belege nicht
mehr entscheidend vermehrt worden, denn die 1921 entdeckten sog.

ANNALES IUVAVENSES MAXIMI [7] mit ihrer bald darauf als sensationell empfundenen Nennung eines *regnum Teutonicorum* zum Jahr 919/20 sind nur in einer Handschrift des 12. Jahrhunderts überliefert und mit gewichtigen Gründen aus der Diskussion ausgeschieden worden (vgl. unten 7.2, S. 98 f.). VIGENER ordnete die ethnischen Bezeichnungen *(Germani, Franci, Saxones, Franci et Saxones, Teutonici, Alamanni, Suevi)* in zwei großen Gruppen chronologisch mit der Mitte des 11. Jahrhunderts als Periodengrenze, innerhalb der Gruppen aber regional (Deutschland, Italien, Frankreich und England, Norden und Osten) und kam zu dem Ergebnis, daß „Teutonici als Name für die Gesamtheit des deutschen Volkes ... zuerst in Italien" nachweisbar ist [359: 251]. Dies hatte, freilich auf schmaler Quellengrundlage, schon zehn Jahre zuvor K. LAMPRECHT festgestellt und angemerkt, daß selbst in den 80er Jahren des 11. Jahrhunderts mit diesem Namen „der Gedanke eines politischen Nationalbewußtseins nicht gegeben" war [148: Geschichte, 13]. VIGENER dagegen verknüpfte auf der Suche nach einem möglichst frühen Nachweis für deutsches Nationalbewußtsein den Volksnamen mit der sehr viel älteren Sprachbezeichnung *theodiscus* und ging von einer Vereinigung beider Termini im 10. Jahrhundert aus: „Dass der Volksname erst dann hervortreten konnte, als der Begriff eines deutschen Volkes erstand, als die deutsche Nation, unter dem ottonischen Königtum zu politischer Einheit zusammengeschlossen, sich ihrer selbst bewusst wurde, ist ja natürlich" [359: 252].

Bei dieser nicht näher begründeten Auffassung ist es bis vor kurzem geblieben, obwohl historiographische Belege schon 1920 gezeigt hatten, daß ein volksgeschichtlicher Ausgangspunkt für die Reichsgeschichte des Früh- und Hochmittelalters kaum tragfähig sein kann [340: HEISSENBÜTTEL, Bedeutung]. Der Zeitgeist war solchen Einsichten wenig günstig; dennoch benannte C. ERDMANN 1935 an exponierter Stelle im wesentlichen heute noch gültige Befunde [337: Name, 94 f.], die er aus einer Skizze der Geschichte des deutschen Volksnamens ableitete: Im Reich lebten Völker (nicht: „deutsche Stämme"); die Bildung eines deutschen Volkes ist historische Neuformation (nicht: „Rückkehr zu den Verhältnissen der germanischen Zeit"); „vor der landläufigen Verwechslung der Begriffe Germanisch und Deutsch" ist zu warnen; charakteristisch ist das „Fehlen eines gesamtdeutschen Volksbewußtseins zu Beginn des Mittelalters".

Nur ein Jahr später legte W. KROGMANN eine umfassende Studie zur Geschichte des Wortes „deutsch" vor, in der er (nach eige-

Kein ethnischer Ausgangspunkt der Reichsgeschichte

Wortgeschichte

nem Bekunden vergeblich) zu klären suchte, „wie denn nun das in sprachlichem Sinne gebrauchte Adjektivum zum Namen einer besonderen Sprache werden konnte" [344: KROGMANN, Deutsch, 97]. Er vermutete das in der Sache selbst begründete, die Forschung verwirrende Mißverständnis eines nicht Germanisch sprechenden Autors (eines Römers oder eines Iren) aus der Umgebung Karls d. Gr., der den ursprünglich nicht als Sprachbezeichnung gebrauchten Namen vor 786 zu einer solchen gemacht habe [344: 103 f.]. Da *theodiscus* 786 eindeutig das Angelsächsische umfaßte, 788 das Fränkische, Bayerische, Langobardische, Sächsische und 801 das Fränkische, Langobardische, Alemannische, Gotische, müsse sich aus diesem Sprachnamen „eigentlich von selbst der Volksname ergeben" haben [344: 106].

Fehlinterpretationen Diese wenig überzeugende Konstruktion war methodisch immerhin redlicher als weltanschaulich überfrachtete Deutungsversuche der folgenden Jahre. T. FRINGS behauptete, *theodiscus* sei zur Zeit Karls d. Gr. „Volks- und Landesname geworden für die geschlossene fränkische und festlandsgermanische Siedlung. Aus Grenzkampf und Grenzerbewußtsein ist es hinaufgestiegen in das Bewußtsein von einer übergeordneten deutschen Einheit der deutschen Stämme in einem deutschen Volke" [339: Wort, 231]. Für F. STEINBACH zeigte der angeblich früh faßbare deutsche Volksname, „daß diese Volkwerdung mit der gemeinsamen Auflehnung der germanischen Stämme des Frankenreiches gegen den romanischen Westen begonnen hat, daß die deutsche Führung damals in den Maas- und Mosellanden stand" [355: Austrien, 177]. Unverkennbar ist die Nähe zur Grundthese L. WEISGERBERs, der seine weit über das Philologisch-Sprachgeschichtliche hinausweisenden, den elementaren Kampf zwischen romanischer und germanisch-fränkischer Kultur als Wirkursache deutscher Ethnogenese postulierenden Forschungen 1949 noch einmal zusammenfaßte [360: Sinn].

Politisch-geographische Terminologie Erst die kritische Bestimmung der Aussagekraft von Volks- und Reichsbezeichnungen für die politische Geschichte und das Selbstverständnis der betreffenden Ethnien [338: EWIG, Beobachtungen] hat die Forschung aus einer Sackgasse befreit, in die sie über mittlerweile gut übersehbare Stadien [334: EGGERS, Volksname] geraten war. Die Warnung, niemals „aus der Zusammenfassung von Gruppen durch Fremde auf ein Bewußtsein innerhalb der Gruppen selbst zu schließen" [145: GRAUS, Nationenbildung, 28], wird im allgemeinen beachtet; aus der Erforschung eines deutschen ethnogenetischen Prozesses haben sich die Germanisten weitgehend zurückge-

zogen und konzentrieren sich wieder auf die sprach- und literaturge-
schichtliche Entwicklung. Die beste forschungs- und problemge-
schichtliche Darstellung der „linguistischen Komponente" deutscher Reichsbildung aus historischer Sicht findet sich derzeit bei C.
BRÜHL [76: DEUTSCHLAND, 181–242].

7.2 Die Reichsbezeichnung

Auch für die Geschichte der Reichsbezeichnung kann von der Be-
legsammlung VIGENERS [359: Bezeichnungen] ausgegangen werden,
wenngleich auf diesem Gebiet neuere Forschungen zu weit besseren
(und wohl abschließenden) Ergebnissen gekommen sind als in bezug auf den Volksnamen. In seiner konzisen Abhandlung aus dem
Jahre 1910 hatte K. ZEUMER manches wichtige Ergebnis der späteren Forschung zumindest in den Grundzügen vorweggenommen, indem er nachwies, daß der Zusatz „deutsche Nation" zum römischen
Reichstitel zuerst 1474 und dann gehäuft auftrat [363: Reich]. Erstmals für 1486 beobachtete er die Genitivverbindung „Römisches   „Römisches Reich
Reich Teutscher Nation" [363: 18], für 1512 zuerst „Heiliges Römi-   Deutscher Nation"
sches Reich Teutscher Nation"[363: 19]; das sei nicht als „Herrschaft der deutschen Nation über das Römische Reich" zu verstehen, sondern meine das römische Reich, „soweit und insofern es
deutscher Nation, d. h. deutscher Nationalität ist" [363: 20]. Ein solcher Begriff setzt die Nationalisierung des Reiches im politischen
Bewußtsein breiter Schichten [341: ISENMANN, Kaiser, 155–162]
ebenso voraus wie die Unterscheidung kaiserlicher Prärogativen
von tatsächlichen Herrschaftsrechten, die „Entkoppelung von universalen Weltkaiservorstellungen und dem Kaiserrecht im deutsch-
italienisch-burgundischen *regnum*" [347: MIETHKE, Denken, 141]
durch Lupold von Bebenburg. Dieser Begriff hat Vorstufen [349:
NONN, Reich], die den Antagonismus römisch-imperialer und eth-
nisch-nationaler Elemente im Selbstverständnis der Reichsbewohner dokumentieren und zugleich erklären.
    Auch hier lassen sich die Anfänge nur schwer fassen. In der
Quellengrundlage nicht vollständig und durch neuere Arbeiten
[352: SCHNEIDMÜLLER, Sonderbewußtsein; 353: DERS., Nomen] teilweise überholt, enthält eine Untersuchung von M. LUGGE [345: Gallia, 108–160] nach wie vor nützliche Übersichten zur frühen Abson-
derungsterminologie (*Francia orientalis/occidentalis, Francia media,
Francia Teutonica* u. ä.) und über das Zurücktreten des *Francia*-
Namens im ottonisch-salischen Reich [345: 108–120].

Die Ergebnisse des entscheidenden Werkes zur Frage der Reichsbezeichnung wurden in den Grundzügen schon referiert [oben I 7.2, S. 46–48]. E. MÜLLER-MERTENS [348: Regnum] gab zugleich eine der gewichtigsten Antworten auf die Frage nach der Entstehung des deutschen Reichsbewußtseins, weil der Ertrag des Buches nicht nur in Sichtung, Kritik und Bereitstellung der Quellen liegt, sondern vor allem im minutiösen Nachweis des Zusammen-

Die Bezeichnung des Reiches als „deutsch" und die päpstliche Kanzlei

hangs von der Bezeichnung des Reiches als „deutsch" mit der päpstlichen Kanzlei. Weil deren Terminologie allmählich rezipiert wurde, entsprach sie offensichtlich vorhandenen nationalen Regungen, die eine supragentile Ausdrucksform suchten; jenseits propagandistisch-polemischer Zwecke zeigt der Erfolg des *teutonicus*-Komplexes seit dem letzten Viertel des 11. Jahrhunderts den fortgeschrittenen Stand deutscher Ethnogenese. Wie stark sie dem politischen Reichsverständnis zuwiderlief, ergab eine Untersuchung der Entstehungsbedingungen staufischer *sacrum imperium*-Terminologie [343: KOCH, Weg, 149–177].

Legitimations-terminologien

Zu diesem ersten Kulminationspunkt einer sich künftig immer klarer abzeichnenden Dualität des Nationalen und des Römisch-Imperialen hatte ein langer Weg geführt, der anhand königlicher und kaiserlicher Legitimationsterminologien verfolgt worden ist. In seiner Untersuchung der Königstitel bis zu Otto III. stellte H. WOLFRAM fest, daß „die erdrückende Mehrheit der ... Könige ... die Intitulatio *Name – Legitimationsformel - rex*" gebraucht hat [362: Herrschertitel, 104], offenbar deshalb, weil es auch im 10. Jahrhundert unmöglich war, „auf dem Boden des Karolingerreichs ein anderes ethnisches Vollkönigtum als das der Franken zu errichten" [362: 135]. Dieser Sachverhalt dürfte die eigenständige Entwicklung eines supragentil–deutschen Königstitels verhindert haben, so daß er in dem Augenblick von außen an das Reich herangetragen werden konnte, als dessen Führungsschichten zumindest inTeilen dafür aufnahmefähig geworden waren.

Die Intitulatio-Forschung ist methodisch so weit entwickelt [361: WOLFRAM, Intitulatio I, 21–31], daß ihre Ergebnisse auch auf andere Fragestellungen ausstrahlen. So ist die Einschätzung der *regnum Teutonicum*-Notiz in den sog. *Annales Iuvavenses maximi* als Frühbeleg für deutsches Reichsbewußtsein auch dadurch diskreditiert worden, daß umfassende Analyse des Kanzleibrauchs eine solche Wendung für das 10. Jahrhundert als geradezu unerwünscht ausschließt. Darüber hinaus machte H. THOMAS wahrscheinlich, daß die lateinische Wendung *regnum Teutonicorum* in der Volkssprache des frühen 10. Jahrhunderts gar nicht wiedergegeben, mithin auch nicht gedacht werden konnte [358: THOMAS, Regnum].

Die Erweiterung des absoluten Königstitels fand bezeichnenderweise in eine ganz andere Richtung statt. Seit der Zeit Heinrichs II. wird gelegentlich die Intitulatio *Romanorum rex* verwendet [DHII 170, DKII 53, DHIII 31], was H. BEUMANN damit erklärte, „daß es sich beim Römernamen des Königs um eine unmittelbare Folge des unter Otto III. endgültig etablierten Kaisertitels handelt" [333: König, 75]. Der römische Charakter des Reiches als Imperium begann also auf die Auffassung vom Königtum zurückzuwirken, und zwar nicht nur am Hof, wie aus Empfängerausfertigungen mit der Titelerweiterung *Romanorum rex* hervorgeht; Empfängerausfertigungen sind in ihrer spezifischen Qualität als Zeugnisse für die Intitulatio-Forschung mittlerweile erkannt [351: SCHNEIDER, Heinrich II.; 346: MERTA, Titel]. Die Gefahr zeitgenössischer Mißverständnisse in dem Sinne, daß „Rom"nicht das antike und heilsgeschichtlich definierte Weltreich, sondern die aktuelle Stadt sei, deren Bewohner mithin das Reichsvolk, retardierte die Rezeption des römischen Königstitels solange, bis die *Teutonicus*-Terminologie Gregors VII. sie als Reaktion empfahl.

Wir dürfen beim gegenwärtigen Forschungsstand davon ausgehen, daß es zu einer supragentilen, historisch fundierten und politisch legitimierten Bezeichnung des Reiches als „deutsch" deshalb nicht gekommen ist, weil das Selbstverständnis der Völker in diesem Reich die Namengebung nach der seit 919 führenden *gens* nicht erlaubte und ein supragentiles Bewußtsein noch in weiter Ferne lag [354: SEMMLER, Francia]. Die Legitimationsterminologie der Diplome mit ihrer bewußten Umgehung ethnischer Bezüge zeigt eine Haltung der den „Traditionskern" bildenden Führungsschicht des Reiches, die einer Neuformulierung als „deutsch" nicht günstig sein konnte. Die ottonische Monarchie war infolgedessen ethnogenetisch unproduktiv und mußte es bleiben, weil karolingische Tradition und Rombezug als politische Integrationsfaktoren nahezu absolut im Vordergrund standen. „Karolingische Tradition" hieß freilich nicht „Großreichstradition", sondern „Anknüpfung an die *Francia orientalis"*Ludwigs II. [336: EHLERS, Schriftkultur].

Die jüngste Zusammenfassung unseres Wissens über die Geschichte der Reichsbezeichnung stammt von W. EGGERT, der selbst führend an der Erforschung des Gegenstandes beteiligt ist [335: Ostfränkisch]. Er konstatiert Lücken für die Zeit vor Gregor VII. und fordert sorgfältigere Kritik und Gewichtung der Belegstellen im

Romanorum rex

Kein supragentiles Bewußtsein

Hinblick auf Quellensorte (Urkunden, Historiographie, Literatur, Rechtstexte), Stellung im Text und Häufigkeit der Verwendung spezifischer Begriffe. Bereits die *orientalis Francia* Ludwigs II. war ein gesondertes Reich, das „zwar, wie das Substantiv zeigt, die fränkische Tradition in sich schloß, aber sie doch auf eine sehr eigene Weise in Anspruch nahm" [335: 246]. Daß die politisch-geographische Charakterisierung des Reiches auch später schwierig blieb, führt Eggert mit Recht auf das im Vergleich zum gentilen Denken der prinzipiell gleichrangigen Völker im Reichsverband nur schwach ausgebildete supragentile Einheitsbewußtsein zurück.

8. Sprache und Literatur

Mittelalterliche
Sprachtheorie

So disparat wie die Auffassungen der neuzeitlichen Wissenschaft waren schon die mittelalterlichen Theorien über den Zusammenhang von Sprachen und Völkern. Systematische Untersuchung der Quellen durch A. BORST ergab einen sehr lockeren Bezug, und es ist besonders auffällig, daß gerade im 10. und 11. Jahrhundert, als sich die europäischen Nationen und Völker in der Nachfolge des karolingischen Reiches und an seiner Peripherie bis heute dauerhaft konstituierten, Probleme der Sprache „nicht theologisiert und selten zur Stützung des jeweiligen Selbstbewußtseins verwendet" [367: Turmbau II.1, 542] wurden. Das entspricht den Beobachtungen über die geringe Wirkung der Sprache bei Ethnogenese [158: WENSKUS, Stammesbildung, 87–107] und Nationsbildung [145: GRAUS, Nationenbildung, 25–33, 139 f.]. Wer Sprachzeugnisse als Belege für ethnische Zustände verwenden will [384: REXROTH, Volkssprache], gerät deshalb schnell auf Abwege, weil er gegen die Eigenart seiner Quellen argumentiert.

Wesentliche Veränderungen des Bewußtseins haben sich im früheren Mittelalter unterhalb der Ebene schriftlicher Dokumentation abgespielt [380: KELLER, Entwicklung]. Es wäre deshalb falsch, die schriftliche Hinterlassenschaft des 9.–12. Jahrhunderts als umfassenden Spiegel historischer Realität anzusehen und eine Gedächtniskultur [378: HOFMANN, Bibelepik, 458–466] an den Resten gerade jener Überlieferung zu messen, die ihren Kommunikationsformen am wenigsten entsprach. Hieraus ergibt sich die begrenzte Aussagefähigkeit literarischer Denkmäler, deren Qualität und Eigengesetzlichkeit als Kunstwerke quellenkritisch zu respektieren sind [374: GRAUS, Littérature].

Über die sprachlichen Grundlagen deutscher Ethnogenese ist *Sprachgeschicht-*
in letzter Zeit größere Klarheit erzielt worden. Zwar geht noch die *liche Befunde*
jüngste Auflage des ursprünglich 1949 erschienenen ersten Bandes
einer bekannten Literaturgeschichte von der Existenz einer „deutschen" Sprache und Literatur seit der Mitte des 8. Jahrhunderts aus
[366: DE BOOR, Literatur, 1–39], aber in neueren Darstellungen wird
dieses klassische Axiom angefochten und wenigstens der Zustand
sprachlicher Vielfalt im ostfränkischen Reich beschrieben [379:
KARTSCHOKE, Geschichte, 29–32]. Schwierigkeiten bereitet dabei
nach wie vor die Geschichte der Bezeichnung der Sprache im Hinblick auf ihre politische Aussagekraft: Das in der zweiten Hälfte des
9. Jahrhunderts in Salzburg belegte *diutisce* wollte I. REIFFENSTEIN in
einer Bedeutung verstehen, „die dem politischen Programm des
Ostfränkischen Reiches entsprach, die die sprachliche Einheit des
Reiches postulierte, ohne das Stammesbewußtsein der Sachsen, Bai-
ern und Alemannen durch das rücksichtslose, ‚imperiale' *francis-*
cus zu verletzen" [383: Diutisce, 253]. Ähnlich hatte schon H. EG-
GERS argumentiert, der die politische Bedeutung der Frankentermi- *Franken-*
nologie nicht erkannte und deshalb glaubte, Otfrid von Weißenburg *terminologie*
gegen den Vorwurf einer „partikularistisch-fränkischen" Haltung in
Schutz nehmen zu müssen: Als Schüler im „deutschgesinnten"
Fulda hätte er „den Begriff des Deutschtums, wie er sich in *theodis-*
cus ausprägt" [370: Nachlese, 385] gewiß erfaßt. Otfrid selbst litt unter solchen Bedenken offenbar nicht, und so hat H. THOMAS überzeugend nachweisen können, daß dem karolingisch-lateinischen
Sprachgebrauch *theodisca lingua* bei Otfrid *frenkisga zunga* entspricht, der Weg vom Appellativum („Volkssprache") zum Sprachnamen („Fränkisch") hier also deutlich sichtbar wird [390: Fren-
kisg]. Dieser fränkische Sprachname befand sich offenbar seinerseits in einem Prozeß transgentiler Bedeutungserweiterung, entsprechend der Reichsbezeichnung *regnum Francorum*, die sich von der
ethnisch korrekten Benennung des Reichsvolkes der Franken zu lö-
sen begann und als politisch-programmatischer Kontinuitätsbegriff
seit dem 10. Jahrhundert von den Sachsen übernommen werden
konnte.

In diesem schon transgentil verstandenen, aber noch „frän-
kisch" formulierten Sinn sollte die *lingua theodisca* alle Völker des *Lingua theodisca*
ostfränkischen Reiches an der fränkischen Reichskultur beteiligen,
doch die sich hier abzeichnende sprachlich-literarische Integration
scheiterte an den Sachsen und ihren Königen. Sie waren offenkundig nicht in der Lage, die fränkische Tradition als zivilisatorische

Einheit zu rezipieren, sondern eigneten sich nahezu ausschließlich deren politisch-legitimatorisches Element an, so daß nur ein Teil der Impulse Ludwigs II. und seiner Helfer im 10. Jahrhundert fortgeführt wurde.

Defrankisierung   Dieser Vorgang einer Defrankisierung des Reiches ist bisher überwiegend anhand von Sprachzeugnissen diskutiert worden, geht aber in seiner Bedeutung weit über die philologische Interpretation von Sprach-, Volks- und Reichsbezeichnung hinaus. Der supragentile Charakter einer neuen, unter Ludwig II. mächtig geförderten, spezifisch ostfränkischen Reichskultur wird immer deutlicher erkannt [377: HAUBRICHS, Notizen], strittig ist nur die Deutung der Befunde im Hinblick auf die Entstehung des deutschen Reiches und eine deutsche Ethnogenese.

Mit grundsätzlicher Kritik an der durch Gedanken des Volkstumskampfes geprägten Lehre von Weisgerber und Frings eröffnete I. STRASSER ihren an REIFFENSTEIN [383: Diutisce] anknüpfenden

Diutisk ein   Beitrag [388: STRASSER, Diutisk], verwies auf den südöstlich-bayeri-
„Ostwort"?   schen Raum des Reiches als „Häufungsgebiet früher *diutisk*-Belege" [388: 28], die aber noch lange unspezifisch geblieben seien. Frühestens bei NITHARD [35: III.5], in der HELIAND-*Praefatio* [22: lf.] und im sog. Koblenzer Abkommen von 860 [MGH Capit. 2, Nr. 242] „könnte *theu (eo)discus* als Beleg für die Sprache des Ostreiches verstanden werden" [388: 41]; erst die Festigung des Teilreichs Ludwigs II. habe die Grundlagen für einen solchen „Verselbständigungsprozeß" [388: 46] geboten. Daß Otfrid *diutisk* nicht verwendet, zeige nur die lange Dauer dieses Prozesses als Übergangsstadium, in dem Otfrid den „ostreichsfränkischen Standpunkt" [388: 49] repräsentiere. Dieser Standpunkt drücke sich auch in den Ostfränkischen Reichsannalen aus, während bei Notker Teutonicus eine weitere Stufe der Vereinheitlichung im Sinne SONDEREGGERS [387: Tendenzen] erreicht sei: *diutisk* wird *nomen proprium* im Sinne von „deutsch".

Gegen diese Vermutung einer eigenständig-östlichen, im bayerischen Raum lokalisierbaren Entwicklung hat H. THOMAS nachge-
diutisk =   wiesen, daß es zwischen *diutisk/diutiscus* und *theodiscus* keinen Be-
theodiscus   deutungsunterschied gibt und mit Recht betont, „daß die dem Wort *diutiscus* ... unterstellte Bedeutungstendenz ‚nicht-fränkisch' oder ‚nicht-mehr-ganz-fränkisch' in dieser Frühzeit ... nicht gegeben war" [391: THOMAS, Theodiscus, 301]. Wir werden demzufolge zwar von einer Verselbständigungstendenz im Reich Ludwigs II. ausgehen müssen, eine literarisch-kulturelle Defrankisierung aber erst für

die Zeit der sächsischen Könige feststellen dürfen. Diese Schwächung der fränkischen Überlieferung wurde nicht durch „deutsche"
oder „sächsische", sondern durch lateinische Elemente kompensiert. Der nun maßgebliche Überblick zur lateinischen Literatur
vom späten 9. bis zum 11. Jahrhundert zeigt überdies, daß es im Vergleich zur Karolingerzeit im Osten kaum literarische Zentren und
Autoren von Rang gab, um die sich Schulen bilden konnten [368:
BRUNHÖLZL, Geschichte]. Die Integrationskraft der Literatur blieb
deshalb gering; nur gelegentlich äußerte sich ein Bewußtsein der *de-
votio gentis* [46: WIDUKIND I.1] als Schreibanlaß.

Bis ins 16. Jahrhundert wird als *deutsch* „keine einheitliche
Sprachform bezeichnet, sondern eine Fülle landschaftlich verschiedener Sprachformen" [393: WIESINGER, Sprachausformung, 325],
mit Ausnahme der Abgrenzung nach außen. Die Gruppenspezifik
regional gegliederter Literatursprachen unterliegt erst seit Buch-
druck und Reformation einer kräftigen Ausgleichstendenz. Mit dem
Bedeutungsverlust der Hanse öffnete sich auch der niederdeutsche
Raum seit der zweiten Hälfte des 15. Jahrhunderts für die ostmittel-
deutsch-obersächsische Kanzleisprache. Seither gibt es einen Zusammenhang zwischen Nationsbewußtsein und Literatur als euro-
päisches Phänomen, dessen Bedeutung für die Frühe Neuzeit
aspektreich untersucht ist [372: GARBER, Nation].

Ausgleichstendenz seit dem 16. Jahrhundert

Angesichts so spät erreichter volkssprachiger Einheit erscheint
die Überinterpretation dürftiger Sprachzeugnisse als Nachweise für
ein im Frühmittelalter historisch wirksames, aus der Sprache ent-
wickeltes Volksbewußtsein umso grotesker, als die Leistung der
fränkischen Könige für Volkssprache und volkssprachige Literatur
[365: BETZ, Karl; 373: GEUENICH, Überlieferung] deutlicher hervortritt. Anhand der Untersuchung von Raum-, Personengruppen-, Be-
zirks- und Ortsnamen konnte die Frankisierung des ostrheinischen
Gebiets aufgezeigt werden, wobei (und das ist für unsere Frage entscheidend) „‚fränkisch' hier nicht so sehr eine ethnische oder
sprachliche Größe (meint), als eben die politische und kulturelle
Macht, die in Deutschland zugleich römisches Erbe, Staatsgewalt,
Oberschicht, Christentum und Latein vertrat und ausbreitete" [382:
VON POLENZ, Landschaftsnamen, 255]. Auch auf diesem Gebiet tritt
der transgentile Charakter des Fränkischen zutage, das im Begriff
war, die spezifische, ethnische Bestimmung abzulegen und zu einem
politisch-kulturellen Sammelbegriff zu werden. Die Unabhängigkeit
fränkischer Namen von fränkischer Siedlung [364: BACH, Frankoni-
sierung] bekräftigt diese Auffassung.

Volkssprache und fränkisches Königtum

Heliand Im einzelnen freilich besteht noch manche Ungewißheit. Ob ein Werk wie der Heliand als „Zeugnis der Religions- und Bildungspolitik Ludwigs des Deutschen" [376: HAUBRICHS, Praefatio (Untertitel)] in Anspruch genommen werden kann, hängt nicht zuletzt von Datierung, Lokalisierung und Klärung der Entstehungsgeschichte ab. Vielleicht ist Hrabanus Maurus der Anreger gewesen, sicher stammen Text und Vorreden aus einem von Fulda geprägten Otfrid von Weißenburg Umfeld [371: EICHHOFF/RAUCH, Heliand]. Otfrid dürfte den Heliand gekannt haben; die Überlieferung seines Evangelienbuchs ist für das 9. Jahrhundert von W. KLEIBER erschlossen worden, der auch Otfrids intensive, auf Bibel und Exegese konzentrierte Tätigkeit in Weißenburg beschrieben hat [381: Otfrid]. Mit seiner Absicht, das Evangelium in der *propria lingua (theodisce* bzw. *frenkisg)* zu dichten, damit die Franken endlich Gott in ihrer eigenen Sprache preisen könnten [375: GÜNTHER, Probleme], strebte er für das Reichsvolk Ludwigs II. gleichen Rang neben den großen alten Völkern an und letztlich Unmittelbarkeit zu Gott.

Otfrid konnte darauf rechnen, in Ludwig II. einen für solche Appelle aufnahmefähigen Adressaten zu haben. In den folgenden Generationen hat sich das grundlegend geändert, denn das Verhältnis des Königtums zu Literatur, Schrift- und Buchwesen überhaupt entschied sich daran, ob der einzelne Herrscher gebildet oder illitterat war. Für die ottonisch-frühsalische Zeit hat H. HOFFMANN [223: Buchkunst] das im einzelnen gezeigt und den Unterschied zwischen Heinrich I., Otto d. Gr. und Konrad II. einerseits, Otto II., Otto III., Heinrich III. andererseits deutlich gemacht.

Ende der fränkischen Reichskultur im Osten Die Folgen dieses seit Ende des 9. Jahrhunderts vorbereiteten, im 10. vertieften Kontinuitätsbruchs zur fränkischen Reichskultur sind spät gemildert, nie überwunden worden. Die Strophen 19–22 des 1080/85 entstandenen Annoliedes enthalten „den ersten und ... zugleich wohl auch einzigen mittelalterlichen Versuch einer Synthese der verschiedenen Stammes-Origines zu einer *origo gentis Teutonicorum*" [389: THOMAS, Bemerkungen, 385]; erst im Hochmittelalter tritt die Frage nach der Bedeutung des Reiches ins Blickfeld der volkssprachigen Literatur [386: SCHNELL, Reichsidee]; seit dem 13. Jahrhundert gibt es vereinzelt Zeugnisse für ein Traditions- oder Gruppenbewußtsein der Dichter, das nicht als deutsches Nationsbewußtsein mißverstanden werden darf: „... daß man durch deutschsprachige Literatur zum Ruhm des Vaterlandes beiträgt, wird erst zu einer Einsicht des 16. Jahrhunderts" [385: SCHNELL, Literatur, 313].

9. Das Reich in Europa

Die Monarchie der Ottonen ist schrittweise aus der fränkischen Reichskultur herausgetreten. Sie hielt programmatisch an der politischen Nachfolge der Karolinger fest, ohne das von den Vorgängern geschaffene zivilisatorische System als Ganzes rezipieren zu können. Dem Verlust an fränkischer Substanz stand kein „deutscher" Reformimpuls des Hofes gegenüber, sondern die mühsame Fortsetzung lateinischer Literaturtradition in Klöstern und Stiften, deren Gründung noch ins 9. Jahrhundert fiel. Die Karolingerzeit endet im übrigen nur für den auf Deutschland verengten Rückblick im Jahre 911; im Westen dauerte sie faktisch bis in die 80er Jahre des 10. Jahrhunderts und wirkte durch eine hochentwickelte, umfassende und kohärente Tradition noch lange weiter.

Sieht man das ostfränkische Reich der Ottonen unter dem Aspekt seines partiellen Ausscheidens aus der fränkischen Zivilisation, und verzichtet man darauf, diesen Vorgang gegen die Quellen als Durchbruch der „deutschen" Spezifik dieses Herrschaftsverbandes zu erklären, so stellt sich die Frage nach seiner Rolle in der karolingisch bestimmten westlichen Christenheit neu.

Unter dem übergeordneten Gesichtspunkt von Recht und Staatlichkeit ist bald nach dem Zweiten Weltkrieg eine europäische Neubestimmung versucht worden [427: TELLENBACH, Zusammenleben], die gegen ältere machtstaatliche Isolierung das Gemeinsame wieder in Erinnerung brachte. Bald wurde ein Mitteleuropa-Begriff diskutiert, der die „relative Einheit" eines Raumes postulierte, der abgesetzt von Byzanz, von Italien, den angelsächsischen Reichen und dem (nicht näher definierten) Westen sowie vom „urgermanischen Norden" als historische Formation gegeben sei [410: GRAUS, Entstehung, 6f.]. Römische Kontinuität habe dabei keine Bedeutung gehabt, entscheidend sei vielmehr das 10. Jahrhundert mit den Reichsbildungen in Böhmen, Polen, Ungarn und Deutschland. Spricht der langwierige Prozeß „deutscher" Reichsbildung gegen dieses Konzept (bzw. gegen die Zugehörigkeit des Reiches zu Mitteleuropa), so stieß Graus beim Vergleich der in seinem Sinne mitteleuropäischen Spezifika aus Verfassungs-, Rechts- und Sozialgeschichte auf so viele Abweichungen und Unterschiede (Hauptstadt, Verwaltungsgeschichte, Landespatrone), daß als gemeinsame Grundstruktur nur noch der Nationalisierungsvorgang blieb, der aber allgemeines Kennzeichen des 10. und 11. Jahrhunderts ist.

Neubestimmung der Stellung des Reiches in Europa

Kulturkontakte   Abgrenzungen sind selbst dann schwierig, wenn sie auf kleinere Regionen oder auf politische Einheiten zielen, weil „die Offenheit der Grenzräume, ihr oft fließender und daher schwer bestimm-
barer Charakter eine wesentliche Ursache für die rasche und frucht-
bare ‚Konvertierbarkeit' west- und südwesteuropäischer Kulturent-
wicklungen im Raum des werdenden deutschen Volkes war" [423:
PRINZ, Grenzen, 172]. J. FRIED hat den historischen Prozeß geschildert, in dessen Verlauf aus dem fränkischen Großreich hervorge-
gangene Monarchien die europäische Staatengemeinschaft bildeten
[407: FRIED, Formierung]; es handelt sich dabei nicht um eine konventionelle politisch-verfassungsgeschichtliche Darstellung, sondern um eine Einführung in das dichte Geflecht von Elementen, die
einander bedingen und die immer wieder zu neuen Konstellationen
führen – wie Gesellschaft, Bildung, Wirtschaft, Religion, Recht;
von ihnen hingen alles Handeln und jede zeitgenössische historiographische oder theoretisch-systematische Reflexion ab.

Den Beziehungen der Reiche untereinander nähert man sich
über die Analyse stereotyper Vorstellungen [406: FICHTENAU, Hori-
zont] oder historiographischer Zeugnisse mit grundsätzlich gemein-
ten Äußerungen [316: BUCHNER, Geschichtsschreibung] nur von
fern. K. LEYSER, für den „Medieval Germany and its Neighbours"
ein großes wissenschaftliches Thema gewesen ist, hat die Anfänge
der Herrschaft Heinrichs I. vor allem unter kriegsgeschichtlicher
Perspektive verfolgt [414: Germany, 11–42] und dabei überraschende Kontinuitätsnachweise erbracht: Durch sächsische Panzer-
reiter in spätkarolingischen Heeren dürften Adelsbeziehungen über
Teilreichsgrenzen hinweg geknüpft worden sein, und auch die Lechfeldschlacht mit ihrer gesamteuropäischen Wirkung ist wichtiger Bestandteil einer solchen Beziehungsgeschichte: „There may have
been little solidarity or sense of common interest amongst the feu-
dal-ridden aristocracies of late- and post-Carolingian Europe ...
But the battle at the Lech and its historiography helped to create
such sentiments" [414: 67].

Widukind von Corvey hat den Ungarnsieg Ottos d. Gr. nicht
Imperium und   zufällig mit dem Kaisertum verbunden; die neue imperiale *dignitas*
westliche   des sächsichen Königs hatte erhebliche Konsequenzen für die Stel-
Monarchien   lung seines Reiches in Europa: Fortan ergab sich die bis zum letzten
Viertel des 11. Jahrhunderts sicher behauptete Verbindung von he-
gemonialem Anspruch und führender Stellung des Kaisers in der
westlichen Kirche, ergaben sich aber auch schon bald Widerstände
gegen die Ottonen und Salier in Italien, Frankreich und England;

für die großen christlichen Reiche des Westens gilt, „daß sie nicht
nur der kaiserlichen Herrschaft nicht unterstanden, sondern auch
keinen Raum boten für die Erfüllung einer universal gefaßten kaiserlichen Schutzpflicht gegenüber der Kirche" [415: LÖWE, Kaisertum, 244]. Frankreich sah seine Könige als Nachfolger der Karolinger dem Kaiser ebenbürtig, während England gerade aus der Freiheit vom Frankenreich, aus seiner Existenz als *alter orbis*, die kaiser-
ferne Sonderstellung ableitete.

Diese eigene Position des Westens gegenüber dem Kaisertum
ist für die ottonische Zeit seit langem gut beschrieben [397: BEZ-
ZOLA, Kaisertum; 411: GRÜNEWALD, Kaisertum]. Mit dem Tod
Bruns von Köln im Jahre 965 verschlechterten sich die Beziehungen
zwischen Ost- und Westreich rasch; eine strikte Trennung von *regnum Francorum* (als Besitz des französischen Königs, der alle Vor-
rechte des fränkischen Großkönigs beanspruchte und nach dem imperialen Ausscheiden der Ottonen aus der Familie der fränkischen
Könige monopolisierte) und *Imperium Romanorum* bahnte sich an,
die Reaktion auf ein Kaisertum, „das, mit Ausnahme seines Ein-
flusses auf den Papst, dem fränkischen König keinerlei kaiserliche
Prärogative voraus hat" [429: WERNER, Imperium, 18]. Die westliche
Monarchie empfand sich auf Grund ihres fränkischen Charakters
dem 962 begründeten ottonischen Kaisertum gegenüber als die ältere Institution; der Bezug des Kaisers auf den Papst geriet zum Ur-
teilskriterium: „Das ...Kaisertum wurde ... im 10. und 11. Jahrhundert in Frankreich an seinen Leistungen für die Kirche gemessen,
im 12. wenigstens an seinem Wohlverhalten gegenüber der Kirche,
letztlich also ganz überwiegend mit ‚geistlichem‘ Maßstab" [429:
43], den die Kaiser selbst durch ihre Berufung auf universalen Kirchenschutz, Anspruch auf Kirchenhoheit und eschatologische
Würde des Amtes immer wieder bekräftigt haben. Gegenüber
Frankreich hatte sich im „Aufbrechen der grundsätzlichen Rang-
gleichheit der Könige durch die Kaiserkrönung Ottos I. ... eine
neue Beziehungsebene" [425: SCHNEIDMÜLLER, Familienpolitik, 359]
ergeben, auf der Konflikte eher möglich wurden und französisches
Eigenbewußtsein stärker ausformuliert werden konnte. Dieser Lage
wird retrospektive Dialektik nicht gerecht, die „Weltkaiser und Einzelkönige" [413. KIENAST, Deutschland (Untertitel)] einander gegen-
überstellt.

Dreh- und Angelpunkt für die Beziehungen beider Reiche war
lange Zeit Lothringen [400: BÜTTNER, Südwestpolitik; 401: EHLERS,
Carolingiens], dessen Kirche als „Instrument für die geistige Erobe-

Frankreich

Lothringen

rung des Landes für das Reich" [426: SPROEMBERG, Politik, 101] ebenso genutzt wurde wie die lothringische Reform den ostrheinischen Klerus westlichem Einfluß stärker öffnete. Lothringen war Ursache der lange verfolgten ottonischen Gleichgewichtspolitik gegenüber Frankreich [418: MOHR, Frage; 419: DERS., Geschichte.], mittelfristig Anlaß für deutlicher formulierte französische Gegenpositionen [403: EHLERS, Historia] und durch seine Nähe zum Westen Seismograph der von der Kirchenreform ausgehenden tiefgreifenden Umgestaltung Europas: Die jetzt gut erkennbare Wechselwirkung zwischen adligem lothringischem Selbstbewußtsein, Widerstand gegen den autokratischen Regierungsstil Heinrichs III., Kritik an der königlichen Kirchenhoheit aus der Debatte um das Verhältnis von *regnum* und *sacerdotium* zeigt das deutlich [399: BOSHOF, Lothringen]. Dynastische und personale Bindungen als Vorformen von Außenbeziehungen lassen sich am lothringischen Beispiel besonders klar herausarbeiten [398: BOSHOF, Lotharingien].

Bildungs-traditionen   Auch die karolingische Einheit von Schule, Bildung und Studium differenzierte sich stärker und wurde am Ende von neuen Formationen aufgehoben. Während Schule und Studium in Frankreich unter der Regionalisierung von Kirchenschutz und Herrschaft, im Raum nördlich der Seine vor allem unter dem Kampf zwischen Karolingern und Robertinern litten, sicherte das sächsische Königtum durch die Förderung der Domschulen zunächst ein dem Westen vergleichbares, ja diesen zeitweise übertreffendes Niveau [424: RICHÉ, Écoles]. Die Verwendung der Bischöfe und gut ausgebildeter Kleriker im Reichsdienst der Ottonen und Salier förderte aber den Typus des Administrators, der an wissenschaftlicher Innovation nur bedingt interessiert war. Vom 11. Jahrhundert an verschoben sich deshalb die Gewichte, im 12. war die Überlegenheit Frankreichs manifest [428: WEIMAR, Renaissance; 394: BENSON/CONSTABLE, Renaissance; 402: EHLERS, Scholaren] und blieb es fortan, so daß man sich endlich damit abfand: Die Weltordnung sah für die Franzosen das Studium vor und gab den Deutschen das Imperium [2: ALEXANDER VON ROES, Memoriale, c. 25].

England   Beziehungen zu England haben für die Anfänge der ottonischen Herrschaft und noch einmal in der Stauferzeit Bedeutung gehabt [395: BERG, England]; auf die Entstehung des deutschen Reiches wirkten sie indirekt im Sinne einer Stütze der frühen nichtfränkischen Monarchie der Liudolfinger. Ähnliches gilt für Italien, das Italien   kischen Monarchie der Liudolfinger. Ähnliches gilt für Italien, das als selbständiges *Regnum* nicht lange existiert hat, aber in den Anfängen des sächsischen Königtums ebenfalls eine wichtige Bezugsgröße war und ebenso wie Byzanz erstrangiger Faktor der Kaiserpolitik blieb. Mindestens in den Anfängen Heinrichs I. mußte die Gefahr transalpiner Reichsbildungen durch bayerische oder alemannische Große Einfluß auf das Handeln derer haben, die ein ostfränkisches Reich unter sächsischen Königen fortsetzen wollten. Seit der Merowingerzeit gebahnte Wege fränkischer Alpenpolitik, verbindende Funktion von Bischöfen (Säben/Brixen) und der alte Fernbesitz von Kirchen waren in ihrer reichspolitischen Bedeutung ambivalent, konnten integrierend oder absondernd wirken [396: BEUMANN/SCHRÖDER, Verbindungen]. Über Italien und das Papsttum ergab sich die Beziehung zu Byzanz nicht nur durch das theoretische Problem der Kaiserfrage [420: OHNSORGE, Zweikaiserproblem], sondern auch durch die Notwendigkeit, Herrschaftsräume gegeneinander abzugrenzen [412: HIESTAND, Byzanz; 405: VON FALKENHAUSEN, Untersuchungen, 47–52]. Mehrfach ist in diesem Zusammenhang die Eheverbindung mit Theophanu als einer der Höhepunkte ottonischer Byzanzpolitik untersucht worden [421: OHNSORGE, Heirat. 404: VON EUW/SCHREINER, Theophanu]. *Byzanz*

Politische Beziehungen des ottonisch-salischen Reiches zu den Westslawen wurden stets und neuerdings besonders intensiv im Zusammenhang mit der Entstehung dieses Reiches selbst gesehen. K. ZERNACK hat „die Anfänge der als ‚deutsch‘ zu verstehenden Geschichte aus dem ‚ostpolitischen‘ Aufgabenfeld" [431: ZERNACK, Ostgrenze, 138] abgeleitet, weil hier, an der östlichen Grenze des Frankenreichs, durch nationale Kirchenprovinzen und dynastischnationale Herrschaftsbildungen besonders der Polen die Ansätze politischer Nationalisierung erst eigentlich aufgekommen seien. Dieser Aspekt wird in Verbindung mit den Befunden aus der älteren fränkischen Geschichte und ihrer Fortentwicklung künftig stärker zu verfolgen sein. Das Feld dafür ist bereitet, seitdem wissenschaftsgeschichtlich fest etablierte Stereotypen erkannt sind [409: GRAUS, Verfassungsgeschichte], die sich in den Geschichtswissenschaften aller beteiligten Länder bis in die Gegenwart behauptet haben. Wichtige Grundlagen für eine in diesem Sinne objektivierte Beziehungsgeschichte und gleichzeitig Anstöße zu ihrer Reflexion gab H. LUDAT [417: Frühzeit], der auch Forschungen zur Adelsgeschichte (Hevellerdynastie, Piasten, Ekkehardiner) vorlegte, aus einem weitgefächerten landesgeschichtlichen Ansatz begründet [416: LUDAT, Elbe]. Ludat wies nach, „daß das politische Geschehen in den Landschaften zwischen Elbe und Oder in der Zeit zwischen Karls d. Gr. Einflußnahme und der Entstehung der askanischen Mark Brandenburg *Westslawen*

auf dem Boden des slavischen Hevellerfürstentums für die wechsel-
seitigen Beziehungen auch der angrenzenden Mächte von weitaus
größerer Bedeutung gewesen ist, als dies bisher angenommen
wurde" [416: VIII].

Osteuropa und der
Westen

In einem problemgeschichtlich angelegten Forschungsbericht
hat K. ZERNACK daran erinnert, daß seit den 20er Jahren unseres
Jahrhunderts „die Geschichte Osteuropas als Geschichte seiner kulturellen Europäisierung aufgefaßt (wurde), das heißt, die Anver-
wandlung der antiken Weltkultur in ihren christlichen Nachfolge-
kulturen und deren Ausbreitung über das geographische Europa
wurden als das Charakteristische in der Ausprägung des europäischen Geschichtsfeldes gedeutet" [430: ZERNACK, Jahrtausend, 6 f.].
Mit diesen im 9. und 10. Jahrhundert entstehenden europäischen
Nationen entstand auch die Mittellage des ottonischen Reiches und

Gemeinschaft der
christlichen Völker

damit Deutschlands auf dem Kontinent; die Antwort Ottos III. auf
jene neue Situation hat J. FRIED durch subtile Interpretation des
Aachener Liuthar-Evangeliars beschrieben und damit auch unsere
Sicht der Geschichte deutsch-polnischer Beziehungen präzisiert
[408: Otto III.]. Polen und Ungarn sollten unter Leitung des Kaisers
in die Gemeinschaft der christlichen Völker eingebunden werden;
Thietmars abfällige Wertung der Polen ist relativiert und zugleich
erklärt aus der gegenüber den Absichten Ottos III. revisionistischen
Polenpolitik Heinrichs II., der das extrem rombezogene Konzept
imperialer Politik zugleich mit der Vorstellung einer christlichen Familie der Könige aufgab.

Wie ein solches Konzept hätte aussehen können, zeigt das Verhältnis Böhmens zum Reich: Nicht durch Abhängigkeit bestimmt,
sondern dadurch, „daß sich die ... Herrscher wechselseitig stützten,
daß jeder dem anderen eine wertvolle Hilfe im Kampf gegen die inneren Feinde im eigenen Lande war und daß man daher aus dieser
gegenseitigen Rückendeckung großen Nutzen zog" [422: PRINZ,
Böhmen, 73].

In der politischen Gemeinschaft der europäischen Monarchien
haben Ottonen, Salier und Staufer als römische Könige und Kaiser
ein in diesem römischen Sinne supragentil fortentwickeltes Imperium beherrscht. Dessen Bestimmung als „deutsches Reich" ver-
kennt sowohl den besonderen politisch-traditionalen Charakter als
auch die zeitspezifischen Möglichkeiten zur Großreichsbildung: Ihr
primäres Kennzeichen ist nicht ethnische Konsistenz, sondern Integration breiter Führungsschichten durch legitime Herrschaft.

10. Reichsbildung, Ethnogenese, Nation.
Forschungsschwerpunkte 1995-2009
Nachtrag zur 3. Auflage

Seit dem Erscheinen der 2. Auflage dieses Bandes hat sich die Forschung von der monographischen Behandlung des Themas fort zur Untersuchung eines größeren Umfeldes verlagert, das mit den Stichworten „Reichsbildung", „Ethnogenese" und „Nationsbildung im Mittelalter" gekennzeichnet werden kann. Dennoch ist es nicht unwichtig, die Frage nach der Entstehung des deutschen Reiches als solche wissenschaftlich präsent zu halten, weil den Vertretern des traditionskritischen Ansatzes unlängst „Distanz gegenüber der eigenen Geschichte und insbesondere ihren Anfängen" sowie „Zurückhaltung gegenüber der eigenen Identität" unterstellt worden ist [492: SCHNEIDER, Anfänge, 1 f.]. Das ist schon deshalb abwegig, weil diese neuen Forschungen dazu beitragen, bei der historischen Definition der deutschen Identität Extreme zu vermeiden und einem „nationalen Nihilismus" ebenso zu entgehen wie „radikalem Nationalismus" [486: MÜLLER-MERTENS, Frage, 42]. In jedem Falle ist um der wissenschaftlichen Redlichkeit willen die deutsche Tradition so zu akzeptieren, wie sie nun einmal ist: Als intellektuell anspruchsvolles und komplexes, widersprüchliches und disharmonisches Erbe, das wir annehmen müssen und uns nicht mit alten Illusionen verklärend zurechtreden lassen sollten. „Nicht nur in der politischen Gegenwart, auch im Hinblick auf die Vergangenheit gibt es eine bequeme Unmündigkeit [485: MORAW, Zusammenhalt, 33].

Nach wie vor fällt es auch professionellen Historikern mitunter schwer, das mittelalterliche Reich anders als unter dem Gesichtspunkt der modernen Staatsnation zu beurteilen. Dieses Reich war jedoch - was in den letzten Jahren immer präziser erkannt worden ist - extrem andersartig, nach den Maßstäben der Zeit hochrangig legitimiert (römisch-antik, christlich, karolingisch) und brauchte infolgedessen kein ethnisches Fundament; die Genese der deutschen Nation samt ihrem mittelalterlichen Selbstverständnis war an diese politisch-traditionalen Werte gebunden und sollte nicht immer wieder anachronistisch von ihnen getrennt werden, umso mehr, weil „das deutsche Gemeinwesen als ein pointiert deutsches, das heißt als deutschsprachiges legitimiert, vermutlich nie ins Leben getreten wäre, jedenfalls nicht im Mittelalter. Denn dafür hätte es bis in das

Neue Schwerpunkte

Legitimität und Staatsnation

15. Jahrhundert hinein kein vernünftiges Motiv gegeben." [485: MORAW, Zusammenhalt, 36]. Aus dieser Diskrepanz zwischen höchster Legitimtät und staatlicher Schwäche der mittelalterlichen deutschen Monarchie wollten anglophone Historiker die nationalistischen Exzesse in Deutschland seit dem ausgehenden 19. Jahrhundert etwas kurzschlüssig erklären: Von der aus Sprache und Kultur konstruierten Ersatznation habe der Weg direkt zur vermeintlich blutsmäßig fundierten Volksgemeinschaft geführt [Belege für und Kritik an dieser Auffassung bei 468: SCALES, Monarchy und 467: SCALES, Germany].

10.1 Reichsbildung

Ostfränkische
Königsherrschaft

Am Anfang des Weges zum deutschen Reich steht die Bildung eines vom großfränkischen Reich unterschiedenen und unterscheidbaren politischen Verbandes, der große Teile des Gebietes der Bundesrepublik Deutschland umfasste und aus den karolingischen *regna* Sachsen, Franken, Alemannien und Bayern bestand. Zu den Voraussetzungen und zur Geschichte dieses als selbständige Einheit neuen Reiches liegen mehrere beachtenswerte Untersuchungen vor. Zunächst zeigte eine materialreiche und durch viele Nachweise belegte vergleichende Typologie der *regna* im West- und im Ostfränkischen Reich die Grundlagen für spätere Integration der dort lebenden *gentes* zu den neuen Großvölkern der Franzosen und der Deutschen [455: WERNER, Völker]. Für das Ostfränkische Reich [442: HARTMANN, Ludwig; 443: HARTMANN, Zeit] verfügen wir jetzt über eine gründliche Analyse der karolingisch-konradinischen Herrschaft zwischen 833 und 918 von R. DEUTINGER [435: Königsherrschaft]; sie überholt auch rezente Veröffentlichungen zu Teilaspekten und wird fortan den Ausgangspunkt jeder Beschäftigung mit den Problemen der frühen deutschen Geschichte und der Entstehung des deutschen Reiches bilden. Da dem Königtum generell die zentrale Rolle für die Reichs- und Nationenbildung, für Tradition und Ethnogenese zugeschrieben wird, ist es in der Tat eine Frage ersten Ranges, welche „grundsätzlichen Möglicheiten königlicher Herrschaft und der praktischen Ausnutzung dieser Möglichkeiten" [ebd., 12] es im Ostfränkischen Reich vor den Ottonen gegeben hat. Hier zeigen die zeitgenössischen Ansätze zur Bildung eines Begriffs vom Reich deutlich die Grenzen monarchischer Gewalt: Unter *regnum* wurde zumindest in der zweiten Hälfte des 9. Jahrhunderts die Organisation der politisch handlungsfähigen Teile (*populus*) der Gesamtbevölke-

rung (*ecclesia*) verstanden, nicht etwa ein Objekt königlicher Herrschaft. Dieser *populus* gab dem Reich seinen Namen (*Regnum
Francorum*), und deshalb war das Reich immer auf einen konkreten
Personenverband bezogen, dessen Name (*Franci*) im gesamten Un-
tersuchungszeitraum gleich blieb. Auch das politische Denken modifizierte seine hochkarolingisch/christlich-spätantike Struktur nicht
und entwickelte keine eigenen Formen. Faktisch aber beruhte die
Königsherrschaft mehr und mehr auf Konsens, der den Adel nicht
nur an der Reichskirche beteiligte [433: Bɪɢotт, Ludwig], sondern
auch an der Kontrolle der Grafengewalt [435: Deutinger, Königsherrschaft, 146ff.]. Auf diese Weise kann das Ostfränkische Reich als
polyzentrischer Herrschaftsverband beschrieben werden, in dem der
König mit Hilfe im Rat versammelter Großer Richtung und Inhalt
politischen Handelns entwickelte und Konsens über die Art der praktischen Umsetzung herbeiführte. Es ist deshalb fraglich, ob man an
der Art der Machtausübung „einen Bereich tiefgreifenden Wandels"
zwischen dem 9. und dem 10. Jahrhundert erkennen kann [432: Althoff, Reich], denn einen solchen Bruch hat es offenbar nicht gegeben: „Die Karolingerherrschaft im Ostfränkischen Reich war eher
‚ottonisch' als ‚karolingisch'." [435: Deutinger, Königsherrschaft,
390.] Die Zäsur liegt vielmehr mitten in der Regierungszeit Ludwigs
des Frommen und ist aus der Krise seiner Herrschaft seit 829 zu erklären, so dass zwischen 900 und 920 kein Verfassungswandel eingetreten ist, der zugleich die Grenze zwischen „fränkischer" und
„deutscher" Geschichte [444: Hlawitschka, Ausklingen] hätte mar-
kieren können. Dieser These vom Übergang der fränkischen in die
deutsche Geschichte zwischen 900 und 920 folgt gleichwohl ein im
Übrigen ausgewogener Forschungsüberblick zur „Frage nach dem
Beginn des deutschen Reichs" [440: Giese, 34].

    Unter den 27 Beiträgen zu einem Sammelband über Konrad I.   Reichs-
mit dem Untertitel „Auf dem Weg zum ‚Deutschen Reich'?"   bezeichnungen
[441: Goetz, Konrad I.] geht nur einer explizit auf diese Frage ein
[481: Jarnut, König], aber es sind tatsächlich weniger die grundsätzlichen Erwägungen als nahezu durchweg Forschungen zu wichtigen
Teilaspekten, die weiterführende Ergebnisse bringen. Das immer
wieder diskutierte Zeugnis der älteren Salzburger Annalen mit dem
angeblich frühesten Beleg für den Begriff *regnum Teutonicorum* sei
so zu verstehen, dass es 919/20 keine Königswahl Arnulfs gegeben
habe, sondern vielmehr sein neuer Rang als Herzog gemeint gewesen
sei [436: Deutinger, Königswahl]. *Regnum Teutonicorum* (und hier
folgt der Autor einem Vorschlag H. Wolframs von 1991) bedeute

demnach keineswegs „Reich der Deutschen", sondern vielmehr „Reich der deutsch - nicht: romanisch oder slawisch - sprechenden Bayern". Eine überraschende Interpretation dieser Wendung bot J. JARNUT, indem er vorschlug, *Teutonicus* als vom Salzburger Annalisten (der sich selbst keineswegs als *Teutonicus* verstanden haben müsse) gebrauchte, aus Italien übernommene Fremdbezeichnung für die Gesamtheit der Franken, Alemannen und Sachsen zu lesen [445: JARNUT, Treppenwitz]. In diesem Falle hätte zumindest der Annalist Bayerns Zugehörigkeit zum Reich Heinrichs I. abgelehnt, was angesichts der noch um die Mitte des 10. Jahrhunderts in Bayern betonten Eigenständigkeit dieses Regnum immerhin wahrscheinlich wäre. Der Begriff könnte demnach durchaus im 10. Jahrhundert auch außerhalb Italiens verwendet worden sein, behielte aber die Qualität einer Fremdbezeichnung und sagt deshalb über das Selbstverständnis der Angehörigen des Reiches Heinrichs I. nichts aus.

Verständnis-
probleme   Ebenso wortreich wie thesenfreudig und die referierte Forschungslage mitunter verzeichnend äußerte M. SPRINGER [450: *Italia*] Skepsis gegenüber der Auffassung, Wendungen wie *regnum Teutonicorum/Teutonicum* seien historisch aussagekräftige Indizien für Wandlungen des politischen Bewusstseins, denn es handle sich bei ihnen nur um Resultate eines veränderten Sprachgebrauchs: „ ... es kann sich erforderlich machen (!), ein neues Wort zu schaffen oder ein vorhandenes Wort mit einer neuen Bedeutung zu versehen, weil ein anderes Wort seine Bedeutung verändert hat - und nicht, weil etwas bisher Unbekanntes bezeichnet werden soll." [ebd., 81] Eine politische Interpretation solcher Begriffe wäre infolgedessen nicht sachgerecht, und konsequenterweise hält SPRINGER die in ihrer historischen Tragweite längst erkannte Terminologie der Kanzlei Gregors VII. für bloßen Sprachpurismus: „Um Heinrich IV. eindeutig zu bezeichnen, blieb dem Papst, der italienisches Latein schrieb, doch wohl nur *rex Teutonicus* übrig." [ebd., 93] Das wird niemanden überzeugen, der die Materie kennt. Einer an sich begrüßenswerten umfangreichen Materialsammlung zur quantifizierenden Begriffsklärung [454: WEISERT, Deutsche] fehlt leider die historisch interpretierende Durchdringung, so dass die im Titel gestellte Frage letztlich ohne Antwort geblieben ist.

Reichsbewusstsein
in der Historio-
graphie   Frühe Hinweise auf ein entstehendes neues Reichsbewusstsein finden sich in der Geschichtsschreibung, denn die ottonische Historiographie stellte ebenso wie die frühsalische das Gesamtreich deutlich vor die einzelnen Regna, die dessen Teile bildeten [437: EGGERT, Regna]. Zumindest auf der Ebene dieser Autoren ist der Integrations-

prozess demnach rasch vorangekommen. Das hing ganz offensichtlich mit der stolz akzeptierten Kaiserwürde der ottonischen und
salischen Könige zusammen, dem Erreichen einer hohen Reputati-
onsebene, die das ganze Mittelalter über gehalten wurde mit der
Konsequenz, dass dem späteren deutschen Nationsbewusstsein statt
des ethnisch „deutschen" eher ein imperialer Zug eigen blieb [438:
EHLERS, Imperium]. Selbst in Ostsachsen konnte man bald explizit
Reichsgeschichte schreiben; der sog. *Annalista Saxo* hielt zwischen
1148 und 1152 das deutsche Reich für ein Teilungsprodukt des karolingischen und für eine Fortsetzung des Ostfränkischen Reiches, so
dass Arnulf im Rückblick *super Teutonicos regnabat* und Ludwig das
Kind der letzte Karolinger *in Teutonico regno* gewesen sei. Dessen
Geschichte wollte der Autor schreiben und hinterließ damit „ein ein-
drucksvolles Zeugnis des Reichsbewußtseins" in Sachsen [446:
NASS, Reichschronik]. Die Bedeutung der Fürsten für eben dieses
Reich zeigt die Tatsache, dass trotz aller (seit Gregor VII. allerdings
kaum mehr glaubhaften) Bekenntnisse zur Sakralität des Königs nur
die Fürstenwahl als konstitutiv für dessen Herrschaft angesehen wurde [451: STRUVE, Vorstellungen]. Mit seiner Wahl durch die Fürsten
erwarb der König den Anspruch auf die Kaiserkrone; seit der Mitte
des 11. Jahrhunderts verstanden sich die Fürsten immer deutlicher
als Träger des Reiches und handelten entsprechend [447: SCHLICK,
König]. Für die Reichsintegration war diese Fürstenrepräsentanz, in
ihren weiteren Auswirkungen lange als „Partikularismus" denun-
ziert, von unschätzbarem Wert, weil sie bei den Eliten das Bewusstsein politischer Einheit jenseits politischer Divergenzen dauerhaft
verankert hat, so dass man geradezu (und mit Recht) von einer „Idee
der Fürstenverantwortung für das Reich" gesprochen hat [452: WEIN-
FURTER, Papsttum, 79]. Dessen starker Rombezug zeigte sich sowohl
im Reichstitel *Imperium Romanum*, der zur Zeit Konrads II. (1039)
in die Kanzleisprache Einzug fand und seit den vierziger Jahren des
12. Jahrhunderts dominierte, als auch im Herrschertitel *Romanorum
rex*, der unter Heinrich II. zum ersten Mal gebraucht wurde, als offizielle Selbstbezeichnung des noch nicht zum Kaiser gekrönten deutschen Königs aber erst seit Heinrich V. (1125) endgültig feststand
[449: SCHWARZ, Herrschertitel].

Obwohl das Reich sehr lange, bis 1806, bestanden hat, fehlte
ihm stets die innere Kohärenz. Das ist mit seiner Größe und dem
aristokratischen Grundkonsens erklärt worden, auf dem es beruhte
[485: MORAW, Zusammenhalt]: Ohne äußeren Druck durch provozie-
rende Bedrohung integrierte es sich nur locker, blieb ein von

Kohärenz und
Kontinuität

Kompromissen bestimmtes Gebilde, resistent gegen Modernisie-
rungstendenzen, wie sie Frankreich auf der Basis spätkapetingischer
Verwaltungsstrukturen der Monarchie im Laufe des Hundertjährigen
Krieges ausgebildet hat. Es mag sein, dass die deutsche National-
kultur aus diesen Gründen so auffallend „kontinuitätsschwach"
[ebd., 59] geblieben ist.

10.2 Ethnogenese

Ein weiterer Grund für diese Schwäche liegt in der verhältnismäßig spät einsetzenden deutschen Ethnogenese, d.h. der Bildung
eines im konkreten Sinne deutschen, sich selbst durch Territorium,
Recht, Geschichte, Sprache und Kultur definierenden Volkes. Wir
verfügen mittlerweile über hinreichend objektivierte Methoden zur
Erforschung eines solchen Vorganges, um das Niveau des Konsenses beurteilen zu können, der in einer breiten und politisch wirkenden Trägerschicht das Urteil über die eigene Vergangenheit bestimmen muss.

Interdisziplinärer   Ein Sammelband aus dem Umfeld der Wiener Schule [458:
Zugriff   BRUNNER/MERTA, Ethnogenese] zeigt die ganze Bandbreite der an
verschiedenen Befunden und Gegenständen erprobten Verfahren,
mit denen „Tradition, Ethnogenese und literarische Gestaltung"
[W. POHL, ebd., 9ff.] für unser Thema fruchtbar gemacht werden
können. Solche Analysen sind notwendig, denn die Idee vom deutschen Volk, das sich sein deutsches Reich geschaffen hätte, lebt ungeachtet aller Nachweise der Priorität des politischen Verbandes
gegenüber Volk und Nation und trotz zeitgeschichtlicher Erfahrung
mit den Anfangsstadien und Nachwirkungen zweier parallel abge-
laufener, bemerkenswert weit gediehener ethnogenetischer Prozesse
in der alten Bundesrepublik und in der DDR noch immer. Irrational-
spätromantische Vorstellungen von der reichs- und staatsbildenden
Kraft des Volkes überschneiden sich teilweise mit einer Germanen-
ideologie, deren Voraussetzungen und Entwicklung samt ihrer
Wirkung auf wissenschaftliche Programme und populäre Geschichtsbilder differenziert und ausgewogen dargestellt worden sind
[456: BECK, Geschichte]. Auch das Argumentieren mit Integrations-
kräften der „deutschen" Sprache ist für die Zeit vom 11. bis zum
15. Jahrhundert problematisch, weil es die dafür vorauszusetzende
Spracheinheit nicht gab, sondern viele einander ähnliche oder aber
auch durchaus verschiedene, untereinander nicht verständliche regionale Formen nebeneinander existierten, deren Gesamtheit nur in

der Abgrenzung (etwa vom Lateinischen) als „deutsch" bezeichnet
werden kann [457: BERGMANN, Sprache]. Einen gerade in diesem
Zusammenhang lehrreichen, bisher in dieser Form noch nicht gelie-
ferten internationalen Vergleich zur Bedeutung der Sprache für Ethnogenese und Nationsbildung bietet eine Sammlung umfangreicher
und sehr gut dokumentierter Abhandlungen, die ihren Gegenstand
sowohl unter funktionalen als auch unter intentionalen Gesichtspunkten betrachten, so dass neben den philologischen und literaturgeschichtlichen Befunden auch die nicht selten emotional gefärbten
Reflexionen von Historikern, Philologen, Sprachtheoretikern und
Schriftstellern vom 8. Jahrhundert bis in die Gegenwart einbezogen
sind [461: GARDT, Nation]. Demnach besteht Einigkeit darüber, dass
„auf Sprache begründetes Nationalgefühl ... den europäischen
Völkern bis 1500 weitgehend fremd" war, „sofern sich solche Hal-
tungen nicht mit außersprachlichen Kategorien wie Religion und
Ethnizität verbanden" [M. GÖRLACH, ebd., 614]. Das aber sind spätere Erscheinungen.

Im konkreten Fall der oft als „deutsche Sprache" missverstande-
nen *theodisca lingua* hat sich H. JAKOBS dafür ausgesprochen, *theodiscus* „in Affinität zu einer besonderen Rolle der Sprache im Recht
und im öffentlichen Leben" zu sehen [464: JAKOBS, Theodisk, 77], als
transgentile Sprache des Gerichts auf der Basis fränkischer Rechtswörter. Für die Entstehung eines deutschen Reiches aber hat auch sie
allenfalls indirekte Bedeutung: „Die politische und rechtliche und
damit auch eine ethnogenetische Potenz der *theodisca lingua* kommt
im ostfränkischen Reich nur noch in gelegentlichen politischen Entscheidungen zur Geltung ..., verflüchtigt sich aber im Niedergang des
Reiches" [ebd., 79. Vgl. auch 463: JAKOBS, Diot].

Den besten neueren Überblick zu Geschichte des Wortes
„deutsch" unter dem Aspekt einer ethnischen Fundierung des
Reiches legte auf der Basis umfangreicher eigener Forschungen
H. THOMAS vor [471: THOMAS, Sprache]. Seit den achtziger Jahren des
11. Jahrhunderts umschrieb der Name „die Gemeinschaft der vier
Völker (d.h. der Alemannen, Bayern, Franken und Sachsen, J. E.),
die politisch bedingt war durch ihre Herrschaft über das Römerreich
und im Übrigen auf der Sprache basierte, der *tiutschen zunge*, wie sie
wohl schon vor dem Rolandslied bezeichnet wurde, in dem sich der
erste Beleg dieses Begriffs findet" [ebd., 60]. Im Gegensatz zu den
vorgenannten Arbeiten wird hier die integrierende Kraft der Sprache
höher bewertet; grundsätzlich wichtig ist aber der aufs Neue betonte
Unterschied zwischen der politischen Integration, klar erkennbar seit

"Deutsch" und
„Deutsche"

der Kaiserkrönung Ottos des Großen, und einer erst als deren Folge im letzten Drittel des 11. Jahrhunderts langsam einsetzenden deutschen Ethnogenese. Als Träger des Römischen Reiches treten die Deutschen dann ausdrücklich formuliert seit dem 12. Jahrhundert auf, aber noch bis ins erste Viertel des 14. Jahrhunderts haben die römischen Könige oder Kaiser von sich aus keinen Wert auf diesen Bezug gelegt. Den Ursprung des Wortes *theodiscus* sieht H. WOLF-RAM im Anschluss an ältere Überlegungen von J. JARNUT in einer Selbstbezeichnung polyethnischer Heeresverbände (Goten, Langobarden) und hält „bibelgotischen" Ursprung für möglich [472: WOLF-RAM, Herkunft]. Eine bemerkenswerte Fremdbezeichnung für das Ostfränkische Reich Ludwigs des Deutschen und seiner Nachfolger ist *Baioaria*, entstanden wohl vor 850 in Oberitalien aus der Begegnung mit Bayern als Vertretern der ostfränkischen Könige, und bis ins Westfränkische Reich ausstrahlend [459: DEUTINGER, Reich]. Dem entspricht die Bezeichnung der „Deutschen" als Bayern im Sorbischen [472: WOLFRAM, Herkunft]. Daraus geht immerhin hervor, dass dieses Reich von außen schon früh als besondere politische Einheit wahrgenommen wurde, Hinweise auf ein transgentiles Selbstverständnis seiner Bewohner ergeben sich jedoch daraus nicht. Das gilt entsprechend für die italienische Unterscheidung von *Regnum Teutonicum* und *Regnum Italicum* [465: KELLER, Blick]. Im Reich selbst erscheint der Begriff „deutsch" erst vom 13./14. Jahrhundert an häufiger, allerdings „nicht im gehobenen Verfassungsmilieu und kaum in Oberdeutschland, dem königsnahen Teil des Reiches", sondern dort, „wo gegenüber auswärtigen, zivilisatorisch unterlegenen Regionen eine legitimierende Wirkung auch des Wortes ‚deutsch' möglich wurde", nämlich im Bereich der Ostsiedlung und im norddeutschen Hanseraum [485: MORAW, Zusammenhalt, 42].

Trägergruppen   Bedenken gegen die Möglichkeit einer Rekonstruktion des Verlaufs dieser komplexen ostfränkisch-deutschen Ethnogenese aus Begriffsgeschichten und -analysen sind mehrfach geäußert worden [469: SCHNEIDMÜLLER, Völker; 462: Goetz, *Gentes*], und in der Tat fehlen breit angelegte, längsschnittartige Untersuchungen zu den Trägergruppen und ihrem Verhalten unter wechselnden politischen Konstellationen und Bedingungen. Insbesondere müsste es dabei um das nationale Selbstverständnis der mittleren Schichten gehen, wie sie K. SCHULZ auf breiter Quellengrundlage am Beispiel deutscher Handwerker in Rom und ihrer persönlichen Erfahrung der Internationalität im 15. Jahrhundert vorgelegt hat [470: SCHULZ, Selbstverständnis]. Dabei ergab sich klar die gemeinsame Sprache als

Grundlage und Ausgangspunkt des Identitätsbewusstseins der Deutschen in Rom, obwohl deren Herkunft aus dem gesamten Reichsgebiet nördlich der Alpen das Verständigungsproblem zwischen Ober- und Niederdeutsch mit sich brachte und verschiedene regionale Eigenheiten aufeinandertrafen. Am kollektiven Wissen von einer übergeordneten deutschen Gemeinschaft änderte das nichts, doch sind das Befunde aus einer fremden Umgebung, die nicht ohne weiteres auf Binnendeutschland übertragen werden können.

10.3 Nation

Anders als von Neuzeithistorikern vielmals behauptet, kann durchaus schon für das Mittelalter von Nationen gesprochen werden, denn der Unterschied zwischen mittelalterlicher und moderner Nation ergibt sich in erster Linie aus der Schichtenspezifik, der Ausbreitung von der Adels- und Klerikernation fort zum massenhaft verankerten Nationalbewusstsein, das nationalistisch übersteigert werden kann; die Differenz ist mithin eher eine solche der Quantität (der gewaltig ansteigenden Zahl der Träger dieses Bewusstseins) als der Qualität (der Beschaffenheit seiner konstitutiven Elemente). Folgerichtig trennte J.-M. MOEGLIN anhand spätmittelalterlicher Beispiele „Nation" von „Nationalismus" und wies auf die zentrale Rolle der Dynastie als Kristallisationspunkt nationaler oder regionaler Identität hin [484: Nation]. Dieser von der mediävistischen Nationenforschung in Deutschland mehrfach verifizierte Befund war für den polnischen Historiker B. ZIENTARA Ausgangspunkt intensiver vergleichender Arbeiten, deren Synthese auch in deutscher Übersetzung vorliegt [496: ZIENTARA, Frühzeit]. Die für Deutschland vorgetragenen Ergebnisse sind allerdings anfechtbar (Anfang des deutschen Reiches 918/19; Sprache als wesentliche Antriebskraft zur Neutralisierung des Partikularismus, dessen Überwindung schon im 10. und 11. Jahrhundert zu einem deutschen Nationsbewusstsein geführt habe; Bedeutung der Kaiserwürde erst seit dem 12. Jahrhundert), während der Vergleich mit dem Westfränkischen Reich und Frankreich an Fehleinschätzungen vor allem der westfränkischen Verfassungsgeschichte leidet.

Einen besseren Überblick vermittelt hier der vom Deutschen Historischen Institut Warschau herausgegebene Tagungsband über die Strukturen der mittelalterlichen und der neuzeitlichen Nationen [473: BUES/REXHEUSER, nationes], in dem sich auch ein für unser Thema wichtiger, sehr gut fundierter Bericht zur Forschungsgeschichte,

Schichtenspezifik

Wege der Forschung

zu den Mythen (Volk, Sprache, Ursprünge und Anfänge) und zu den
modernen Versuchen ihrer Überwindung findet [493: SCHNEIDMÜL-
LER, Reich]. Auch J. JARNUT fasste den heutigen Stand der Debatte
zusammen (die Reichsbildung ein gestreckter Prozess; die *gentes*
keine „deutschen Stämme", sondern Völker; *regnum Teutonicum*
eine späte Fremdbezeichnung) und sah einen sinnvollen Zusammenhang zwischen Konrad I. und der Entstehung eines deutschen Reiches, weil sich während seiner Herrschaft die Ablösung des
Ostfränkischen Reiches von den übrigen Teilreichen beschleunigte,
wodurch ein Bewusstsein der Identität gestärkt worden sei. Außerdem beschränkten sich Konrad I. und seine Wähler auf das Ostfränkische Reich, während Karl der Einfältige eine imperiale Politik
betrieben habe. Dieses letzte darf allerdings bestritten werden, denn
neben anderen Befunden zeigt der von Karl seit 911 geführte Titel
rex Francorum seine Konzentration auf das Westreich, wie sie schon
Hinkmar von Reims Karl dem Kahlen als Regierungsmaxime empfohlen hatte; ein karolingischer Königstitel im Sinne des Großreiches wäre ein absoluter - *N. rex*, ohne ethnischen Zusatz - gewesen.
Wenn hier demnach kein Gegensatz besteht, lässt sich auch kein spezifisch ostfränkischer Befund feststellen. Allein durch seine mehr-
jährige Regierung im Gebiet des Ostfränkischen Reiches hat Konrad
I. jedoch „Voraussetzungen für die Entstehung des mittelalterlichen
deutschen Reiches geschaffen" [481: JARNUT, König, 271]. Das ist in
dieser Allgemeinheit natürlich richtig, aber man sieht „Konrad deutlicher in der Rolle des (letztlich gescheiterten) Fortsetzers der spätkarolingischen Herrschaftspraxis denn als vorausschauenden
Wegbereiter der Ottonenzeit" [491: SCHIEFFER, König, 41].

Beharrung und
Redundanz

Wie schwer es offenbar fällt, liebgewordene ältere Vorstellungen
zu revidieren, zeigt ein Beitrag von R. SCHNEIDER, in dem unter Verzicht auf einen „langwierigen Forschungsüberblick" [492: Anfänge,
8] und deshalb ohne Auseinandersetzung mit Positionen, die sich seit
den siebziger Jahren des vorigen Jahrhunderts ergeben haben, behauptet wird, das Reich, weil von einem Reichsvolk getragen, sei
„ein Reich der Deutschen" gewesen [ebd., 4]. Hier wird vorausgesetzt, was erst nachzuweisen wäre, nämlich das frühe deutsche Iden-
titätsbewusstsein einer politischen Elite, die doch darauf bestand,
dass ihr Reich ein römisches sei. Ein solcher Nachweis gelingt nicht
über die Frage „nach den Anfängen einer gemeinsamen Geschichte
im heutigen deutschen Raum" [ebd., 8], denn primär kommt es nicht
auf die Gemeinsamkeit als solche an, sondern auf ein explizit deutsches Bewusstsein von ihr. Der Nachweis gelingt auch nicht durch

Wiederholung alter Thesen, denen zufolge die 843 in Verdun ge-
schaffenen Reiche bewusst auf Dauer angelegt und dem Bonner Vertrag von 921 völkerrechtliche Züge eigen waren, dass schon das
Reich Arnulfs ein deutsches gewesen sei und die ostrheinischen *gentes* „sich gegenüber den Bewohnern linksrheinischer Gebiete als anders empfanden", wenngleich dies „mehr zu spüren als eindeutig zu
belegen" sei [ebd., 78f.]. Auch M. SPRINGER hätte seine „Fragen zur
Entstehung des mittelalterlichen deutschen Reichs" [495: Fragen]
besser beantwortet, wenn er das Selbstverständnis der Zeitgenossen
als oberstes methodisches Entscheidungskriterium erkannt und anerkannt hätte, denn bloßes (noch dazu auf recht lückenhaften Kenntnis-
sen besonders der vergleichend herangezogenen Geschichte
Frankreichs im Früh- und Hochmittelalter beruhendes) Raisonne-
ment über ausgewählte Meinungen führt auf diesem Gebiet nicht
mehr weiter.

Auf der Grundlage des nordalpinen Reiches, dessen politische | Selbstverständnis
Elite sich niemals als Träger einer vom römischen Imperium emanzi- | der Zeitgenossen
pierten deutschen Monarchie sehen wollte, entstand, soweit bisher
erkennbar, seit dem ausgehenden 11. Jahrhundert sehr allmählich ein
sich als „deutsch" artikulierendes Bewusstsein der Zusammengehörigkeit. Eine frühe deutsche Nation ist daraus so bald nicht geworden, denn der politische Rahmen, das Römische Imperium, bildete
zwar die Voraussetzung transgentiler Ethnogenese, doch deren von
neuzeitlichen Betrachtern erwünschtes Resultat, das deutsche Volk,
hat sich erst spät gebildet, weil die regionalen Identitäten stärker waren. „Wenn nicht jene beiden unvergleichlich hochrangigen Denk-
modelle und unvergleichlich wertvollen Leitbilder, das
fränkisch-karolingische und das imperial-römische, ... das tatsächlich realisierte Zusammenkommen und Beisammenbleiben der später deutschen Völker ... nahegelegt hätten, wäre es wohl zur
getrennten Staatsbildung der einzelnen oder einiger ... Völker gekommen ..." [485: MORAW, Zusammenhalt, 36f.]. Es war eben diese imperiale Komponente, die einheitsstiftend gewirkt hat: „Ohne Römisches
Reich keine deutsche Nation" [ebd., 39].

Wann aber begann das mittelalterliche Römische Reich? Wann | „Römische Reich"
wurde die Theorie entwickelt, das *imperium Romanum* sei an die | im Mittelalter
deutschen Könige gefallen? Diesen Fragen ist E. MÜLLER-MERTENS in
zwei umfangreichen Aufsätzen nachgegangen [487: Besitz und 489:
Reich] mit dem Ergebnis, dass es im 9. und 10. Jahrhundert offenbar
gar keine reflektierte Theorie des Kaisertums gegeben hat. Erst mit
Otto III. habe sich das insofern geändert, als christliches und Römi-

sches Reich identisch wurden, ohne dass die Reichsbezeichnung *imperium Romanum* politische Bedeutung erlangt hätte. Noch später findet sich bei Adam von Bremen (um 1081), der Heinrich III. als 90. Kaiser seit Augustus zählte, erstmals der Gedanke, dass die *Teutonum populi die summa imperii Romani* innehätten. Damit lässt sich die Verbindung von römischem Kaisertum und deutscher Nation auch in der politischen Theorie und in den Vorstellungen vom *imperium Romanum* nachweisen, denn „Die Konzeption vom Römischen Reich im Besitz der Deutschen und die Idee vom Reich der Deutschen oder deutschen Reich traten mit politischer Relevanz zeitgleich in Erscheinung, in den siebziger Jahren des 11. Jahrhunderts ...“ [489: MÜLLER-MERTENS, Reich, 51]. Erst in salischer Zeit, seit dem zweiten Drittel des 11. Jahrhunderts, sei der gesamte, alpenübergreifende Herrschaftsbereich des ostfränkisch-deutschen Königs als Römischer Kaiser einheitlich und explizit als Römisches Reich verstanden und bezeichnet worden. Dieser „erweiterte römische Reichsbegriff hatte, wie der alsbald in Erscheinung tretende neue deutsche Reichsbegriff, Vorläufer. Sie kamen in beiden Fällen von außen“ [ebd., 89], nämlich aus Italien für den deutschen, aus Burgund und Reims für den römischen Begriff. Wenn demnach zwar behauptet werden kann, dass von Karl dem Großen bis zu Wipo „im überlieferten historiographischen und politischen Schrifttum“ [ebd., 83] als gegenwärtig bestehendes *Romanum imperium* nicht das Gesamtreich, sondern nur die Stadt Rom und das römische Italien galten, so müsste für die hier diskutierte Problematik doch wohl geklärt werden, ob es nicht einen Unterschied zwischen einem solchen Minimalkonzept einerseits und dem vielfach bezeugten Anspruchsniveau der Könige und Kaiser andererseits gegeben hat, welchen Rang man der christlichen Bestimmung des spätantiken Römischen Reiches im Bewusstsein der frühmittelalterlichen Zeitgenossen grundsätzlich zubilligen muss. Das Ergebnis hängt von Auswahl und Bewertung der Quellengattungen ab, denn die ottonische Epoche artikulierte die wesentlichen Bestandteile ihres politischen und spirituellen Weltbildes nicht schriftlich, sondern in Bildern und Ritualen, so daß es auf die (vielfach behandelten) ikonographischen Programme ihrer Herrscherbilder in den liturgischen Handschriften ankommt, deren Antwort ganz anders ausfällt.

Romtradition und   Für diesen Komplex ist eine Arbeit von J. FRIED heranzuziehen,
Reichsbegriff   der auf breiter Materialbasis zur rombezogenen mittelalterlichen Kaiserherrschaft, zur dabei vorauszusetzenden Erinnerung an das antike Rom, zur mittelalterlichen Theorie vom Kaisertum und zum

dabei mitwirkenden Mythos (*Aurea Roma, Roma aeterna, Roma ca-put mundi und orbis domina*) zeigte, dass diese mittelalterliche Rom-tradition keineswegs ungefährdet war und der mit ihr verbundene universale Gedanke gegenüber den herrschenden gentilen Vorstel-lungen mühsam erarbeitet und durchgesetzt werden musste [475: Imperium]. Angesichts der legitimierenden Kraft dieser Idee für das Kaisertum hat im mittelalterlichen Deutschland das Konzept des *imperium* das des *regnum* so weit überlagert, dass *imperium* schließlich zur allgemeinen Orientierungsgröße geworden ist [488: MÜLLER-MERTENS, Imperium]. Die Konsequenzen dieser Überlagerung wer-den besonders im Vergleich mit den westeuropäischen Monarchien deutlich, die in ihrem kleineren, nicht-imperialen Maßstab ein höhe-res Maß an Kohärenz entwickeln konnten [438: EHLERS, Imperium], aber auch Polen sah seine Beziehungen zu Deutschland vorwiegend unter der Perspektive des Imperiums [476: GAWLAS, Blick].

Für Frankreich bekräftigte R. GROSSE die schon von K. F. WERNER [429: WERNER, Imperium] herausgearbeiteten Merkmale, besonders die Zurückhaltung gegenüber der römisch-imperialen Qualität des deutschen Reiches und den im Zeitalter der Reformpäpste entwi-ckelten Beurteilungsmaßstab für die deutschen Könige: Wohlverhal-ten gegenüber dem Papsttum [479: GROSSE, Kaiser]. Die Kaiser- und Imperiumstitulatur wurde in Frankreich kaum verwendet, man legte stattdessen schon aus Paritätsgründen Wert auf die Bezeichnung *Regnum Teutonicum, rex Alemannie/roy d'Alemaigne* [466: MOEGLIN, Blick]. Der Hunderjährige Krieg hat dann die Nationenbildung in Frankreich und England erheblich beschleunigt, nicht nur durch in-tensiveren Gebrauch von Stereotypen, sondern vor allem durch gene-rationenlange Herausforderungen und Abwehrzwänge [490: SCALES, Germen]. Eine solche Kriegserfahrung großen Stils hat dem Reich seit dem Scheitern Friedrich Barbarossas in Italien gefehlt, wo die Härte des deutschen Vorgehens zu einer entsprechend verhärteten Sicht auf die Deutschen insgesamt führte, zur Wiederbelebung und polemischen Ausfaltung des antiken Topos vom *furor Teutonicus* [477: GIESE, Rex]. Beachtliche Ergebnisse zu dem hier angesproche-nen Verhältnis von Selbst- und Fremdwahrnehmung bringt eine Ar-beit über drei norddeutsche Chronisten des 11. und 12. Jahrhunderts [494: SCIOR, Das Eigene]; sie zeigt darüber hinaus, wie regionale Identitäten, zumindest in den Grenzgebieten des Reiches, wesentlich stärker wirkten als überregional-nationale. Die Merkmale eigener und auch fremder Identität waren *habitus* und *lingua*, letzteres erklärlich aus der pragmatischen Verständigungssituation.

Außenansicht

Spätmittelalter

Weil man den Abschluss der Entstehung Deutschlands heute als Resultat einer verdichtenden Modernisierung in der zweiten Hälfte des 15. Jahrhunderts sehen sollte [485: MORAW, Zusammenhalt], wird sich der Blick stärker als noch vor wenigen Jahren auf das Spätmittelalter richten müssen, der Zeit einer sich beschleunigenden Entwicklung. Dabei ist freilich analytische Aufmerksamkeit geboten, die manche im Prinzip gute Arbeit vermissen lässt. So vermengt C. HIRSCHI das, was L. E. SCALES [490: *Germen*] sorgfältig auseinander gehalten hat, nämlich die Rhetorik der „Diskurse" einerseits und die im Sinne funktionaler Daten tatsächlich wirksamen Sachverhalte andererseits. Mit der These, dass in Frankreich erst durch die Humanisten „die Nation neben der kulturellen auch eine politische Dimension" erhalten habe [480: HIRSCHI, Wettkampf, 15], lässt sich keine tragfähige Brücke zwischen Mittelalter und Neuzeit bauen. Hier ist besser an einen vergleichenden Überblick zur Korrespondenz von Historiographie und Nationsbildung in Frankreich und Deutschland anzuknüpfen, den J.-M. MOEGLIN ausgearbeitet hat. Er sieht den Zeitpunkt des Scheiterns „einer deutschen Nationalgeschichte, die den Grandes Chroniques de France ebenbürtig gewesen wäre" in der Mitte des 12. Jahrhunderts, als die Geschichte der fränkisch-deutschen Könige sich endgültig „zu einer Geschichte der Kaiser seit Caesar und Augustus erweitert" [483: MOEGLIN, Konstruktion, 371f.]. Daher bildeten sich im 14. und 15. Jahrhundert zwei „Modelle einer Nationalgeschichte": Das einfache in Frankreich, ein komplexes in Deutschland [ebd., 374]. Die Eigenheit des deutschen Modells und seine erstaunliche Langlebigkeit hätten sich aus der Synthese von überregionaler Kaisergeschichte und regionaler sowie städtischer Historiographie ergeben.

Historiographie und Nationsbewusstsein

Auf der Basis solcher Vergleiche zeigt sich eine gemeineuropäische Struktur. Den schon rein quantitativ besten Ausgangspunkt für die Betrachtung des Zusammenhangs von Historiographie und Nationsbewustsein im Hoch- und Spätmittelalter anhand von Werken aus Spanien, der Normandie, England, Schottland, Norwegen, Dänemark, Polen, Böhmen und Ungarn hat N. KERSKEN vorgelegt [482: Geschichtsschreibung]. Danach ist allen Darstellungen gemeinsam das Streben nach sinnvoller Gliederung der eigenen Geschichte, die als Einheit begriffen und präsentiert wird, wobei in der Zeit vom ersten Drittel des 12. Jahrhunderts bis um 1200 eine gemeineuropäische „Geburtsphase" dieser Art von nationaler Geschichtsschreibung beobachtet werden kann.

Das gilt, allerdings durch zwei letztlich inkompatible Traditionen modifiziert, auch für Deutschland, denn Forschungen der letzten Jahre haben bekräftigt und präzisiert, dass die Entstehung des deutschen Reiches und die Bildung Deutschlands zur Nation sich in drei aufeinander folgenden und einander überlappenden Phasen vollzogen haben. Auf (1) die Bildung des politischen Verbandes im Gebiet und in der Nachfolge des Ostfränkischen Reiches folgte (2) die räumliche und legitimatorische Erweiterung seit der Kaiserkrönung Ottos des Großen 962, wobei das *Imperium Romanum* seit dem ersten Drittel des 11. Jahrhunderts in der Kanzleisprache sichtbar wird und auf den Königstitel *Romanorum Rex* zurückwirkt. Erst seit den siebziger Jahren des 11. Jahrhunderts lassen sich (3) hinreichend deutliche Hinweise für eine deutsche Ethnogenese ausmachen. Diese Periodisierung ist auch im Mittelalter gesehen worden: Von der ottonisch-salischen Historiographie für die transgentile Reichsbildung, von Autoren des 12. Jahrhunderts wie dem Annalista Saxo und Otto von Freising für die Verbindung von Kaisertum und deutscher Nation. Die deutsche Ethnogenese aber ist durch die römische Legitimation und den daraus folgendem Vorrang des *Imperium* vor dem (deutschen) *Regnum* retardiert worden und hat erst im Spätmittelalter politische Wirkung gezeigt.

Phasen deutscher Nationsbildung

Diesen Befund unterstreicht eine für den literaturgeschichtlichen Aspekt des Themas künftig grundlegende Arbeit, die einen sehr guten Forschungsbericht zum Paradigmenwechsel in der germanistischen Mediävistik mit genauer Kenntnis der geschichtswissenschaftlichen Debatte seit den 70er Jahren verbindet und fragt, seit wann es literarische Texte gibt, in denen „Deutsche" vorkommen und aus denen zugleich entnommen werden kann, was „deutsch" jeweils bedeutet [478: GOERLITZ, Konstruktion]. Vom Annolied (in dem das Adjektiv *diutsch* zum ersten Mal attributiv verwendet wird, und zwar bemerkenswerterweise im Zusammenhang mit dem römischen Imperium!) wird der Ablauf bis zur sog. „Prosakaiserchronik" aus dem letzten Viertel des 13. Jahrhunderts verfolgt, die nach der Herkunft der *tuschen lúte* fragt und ebenfalls die Verbindung zum Kaisertum hervorhebt. Entsprechend sind die „deutschen Lande" Bestandteile des Imperiums, werden aber deutlicher als in früheren Texten als Einheit betrachtet. Die Deutschen sind eine Adelsnation, bezogen auf Kaiser und Reich, so dass es umso mehr Deutsche gibt, je stärker sie sich als Hoftagsbesucher, Räte der Reichsstädte etc. aktiv am politischen Gemeinwesen beteiligen. Eine solche Betonung des politischen Aspekts nationaler Identität ist ein wesentliches Verdienst

Literaturgeschichte

dieses ungemein wichtigen Buches, das künftige Forschungsenergien von der mittlerweile steril gewordenen Suche nach frühen Anfängen des deutschen Reiches und überständigem Insistieren auf noch früherer Existenz eines deutschen Volkes fort auf das Spätmittelalter und die Rationalität staatlicher Strukturen umleiten wird.

III. Quellen und Literatur

Die folgenden Verzeichnisse enthalten mit wenigen Ausnahmen nur die im Text genannten Titel. Abkürzungen entsprechen denen der „Historischen Zeitschrift".

A. Quellen, Quellensammlungen, Hilfsmittel

1. Quellen, Quellensammlungen

1. ADALBERT VON MAGDEBURG (?), Continuatio Reginonis, in: [41] 154–179.
2. ALEXANDER VON ROES, Memoriale. MGH Dt. MA 4, 18–67.
3. ANNALES ALTAHENSES MAIORES (MGH SS rer. Germ.).
4. ANNALES BERTINIANI (MGH SS rer. Germ.).
5. ANNALES FULDENSES (MGH SS rer. Germ.).
6. ANNALES HILDESHEIMENSES (MGH SS rer. Germ.).
7. ANNALES IUVAVENSES MAXIMI, in: MGH SS 30.2, 727–743.
8. ANNALES LAUSANNENSES. Hrsg. von C. Roth, in: Cartulaire du chapitre de Notre-Dame de Lausanne. Lausanne 1948, 5–9.
9. ANNALES REGNI FRANCORUM (MGH SS rer. Germ.).
10. ANNOLIED. Hrsg. von E. Nellmann. 3. Aufl. Stuttgart 1986.
11. BERNOLD VON KONSTANZ, Chronik, in: MGH SS 5, 391–467.
12. BERTHOLD VON REICHENAU, Annalen, in: MGH SS 5, 267–326.
13. BREVIARII ERCHANBERTI CONTINUATIO, in: MGH SS 2, 327–330.
14. BRUN VON QUERFURT, Vita S. Adalberti episcopi et martyris, in: MGH SS 4, 596–612.
15. BRUNO VON MAGDEBURG, De bello Saxonico (MGH Dt. MA 2).
16. CHRONICA REGUM FRANCORUM, in: MGH SS 3, 214.
17. CHRONICON EBERSHEIMENSE, in: MGH SS 23, 427–453.
18. CONSTANTIN VON METZ, Vita Adalberonis II. Mettensis episcopi, in: MGH SS 4, 658–672.

19. EINHARD, Vita Karoli Magni (MGH SS rer. Germ.).
20. GERHARD VON AUGSBURG, Vita Udalrici, in: MGH SS 4, 377–419.
21. GREGORII VII. REGISTRUM (MGH Epp. sel. 2).
22. HELIAND UND GENESIS. Hrsg. von O. Behaghel. 9. Aufl. Bearb. von B. Taeger. Tübingen 1984.
23. HRABANUS MAURUS, Epistolae, in: MGH Epp. 5, 381–530.
24. HROTSVITH VON GANDERSHEIM, Gesta Ottonis, in: Hrotsvitae opera (MGH SS rer. Germ.), 201–228.
25. HROTSVITH VON GANDERSHEIM, Primordia coenobii Gandeshemensis, in: [s. 24] 229–246.
26. JOHANN VON SALISBURY, Epistolae 1. Hrsg. von W. J. Millor/ H. E. Butler. Oxford 1955.
27. KAISERCHRONIK, in: MGH Dt. Chroniken 1.1, 79–392.
28. LAMPERT VON HERSFELD, Annalen (MGH SS rer. Germ.).
29. LIUDPRAND VON CREMONA, Liber de rebus gestis Ottonis magni imperatoris, in: Liudprandi episcopi Cremonensis opera (MGH SS rer. Germ.), 159–175.
30. LIUDPRAND VON CREMONA, Relatio de legatione Constantinopolitana, in: [s. 29] 175–212.
31. LUDWIGSLIED, in: Althochdt. Lesebuch. 16. Aufl. Hrsg. von W. Braune/K. Helm. Tübingen 1979, 136–138.
32. MANEGOLD VON LAUTENBACH, Liber contra Wolfelmum (MGH Quellen z. Geistesgesch. d. MA 8).
33. Monumenta Germaniae Historica. Diplomata.
    1: Die Urkunden Konrad I., Heinrich I. und Otto I. Hrsg. von T. Sickel. Neudr. München 1980.
    2.1: Die Urkunden Otto des II. Hrsg. von T. Sickel. Neudr. München 1980.
    2.2: Die Urkunden Otto des III. Hrsg. von T. Sickel. Neudr. München 1980.
    3: Die Urkunden Heinrichs II. und Arduins. Hrsg. von H. Breßlau/H. Bloch/R. Holtzmann u. a. Neudr. München 1980.
    4: Die Urkunden Konrads II. Hrsg. von H. Breßlau/P. Kehr. Neudr. München 1980.
    5: Die UrkundenHeinrichs III. Hrsg. von H. Breßlau/ P. Kehr. Neudr. München 1980.
    6: Die Urkunden Heinrichs IV. Hrsg. von D. von Gladiß/A. Gawlik. T. 1: 1056–1076. Neudr. Hannover 1978. T. 2: 1077–1106. Verb. Neudr. Hannover 1959/78. T. 3: Einleitung, Nachträge, Verzeichnisse. Hannover 1978.

34. MUSPILLI, in: [s. 31] 86–89.
35. NITHARD, Historiae (MGH SS rer. Germ.).
36. NORBERT VON IBURG, Vita Bennonis II. episcopi Osnabrugensis (MGH SS rer. Germ.).
37. NOTKER (BALBULUS) VON ST. GALLEN, Gesta Karoli Magni imperatoris (MGH SS rer. Germ., N.S. 12).
38. NOTKER (TEUTONICUS) VON ST. GALLEN, Schriften. Hrsg. von P. Piper. 2 Bde. Freiburg i. Br. 1882/83.
39. OTFRID VON WEISSENBURG, Evangelienbuch. Hrsg. von L. Wolff. 6. Aufl. Tübingen 1973.
40. OTTO VON FREISING, Chronica sive Historia de duabus civitatibus (MGH SS rer. Germ.).
41. REGINO VON PRÜM, Chronicon cum continuatione Treverensi (MGH SS rer. Germ.).
42. RUOTGER, Vita Brunonis archiepiscopi Coloniensis (MGH SS rer. Germ., N.S. 10).
43. THANGMAR, Vita S. Bernwardi episcopi et confessoris, in: MGH SS 4, 754–782.
44. THIETMAR VON MERSEBURG, Chronicon (MGH SS rer. Germ., N.S. 9).
45. VITA MAHTHILDIS ANTIQUIOR, in: MGH SS 10, 573–582.
46. WIDUKIND VON CORVEY, Res gestae Saxonicae (MGH SS rer. Germ.).
47. WIPO, Gesta Chuonradi II. imperatoris, in: Wiponis opera (MGH SS rer. Germ.), 3–62.
48. WIPO, Tetralogus, in: [s. 47] 75–86.

2. Regestenwerke, Jahrbücher, Repertorien

49. J. F. BÖHMER, Regesta Imperii.
I: Die Regesten des Kaiserreichs unter den Karolingern 751–918. Neubearb. von E. Mühlbacher/J. Lechner. Neudr. m. Ergänzungen von C. Brühl/H. H. Kaminsky. Hildesheim 1966.
II: Sächsisches Haus 919–1024.
II.1: Heinrich I. und Otto I. Neubearb. von E. v. Ottenthal. Neudr. m. Erg. von H. H. Kaminsky. Graz 1967.
II.2: Otto II. Neubearb. von H. L. Mikoletzky. Graz 1950.
II.3: Otto III. Neubearb. von M. Uhlirz. Graz 1956.
II.4: Heinrich II. Neubearb. von T. Graff. Wien 1971.
II.5: Papstregesten. Bearb. von H. Zimmermann. Wien 1969.

II.6: Register. Erarb. von H. Zimmermann. Wien 1982.

III: Salisches Haus 1024–1125.

III.1: Konrad II. Neubearb. von H. Appelt. Graz 1951.

III.3.: Heinrich IV. Neubearb. von T. Struve (bis 1056). Köln 1984.

50. H. BRESSLAU, Jahrbücher des Deutschen Reiches unter Konrad II. 2 Bde. Leipzig 1879/84.

51. S. HIRSCH/H. PABST/H. BRESSLAU, Jahrbücher des Deutschen Reiches unter Heinrich II. 3 Bde. Leipzig 1862–1875.

52. R. KÖPKE/E. DÜMMLER, Kaiser Otto der Große. Leipzig 1876.

53. G. MEYER VON KNONAU, Jahrbücher des Deutschen Reiches unter Heinrich IV. und Heinrich V. 7 Bde. Leipzig 1890–1909.

54. E. STEINDORFF, Jahrbücher des Deutschen Reiches unter Heinrich III. 2 Bde. Leipzig 1874/81.

55. K. und M. UHLIRZ, Jahrbücher des Deutschen Reiches unter Otto II. und Otto III. 2 Bde. Leipzig 1902/Berlin 1954.

56. G. WAITZ, Jahrbücher des Deutschen Reichs unter König Heinrich I. 4. Aufl. Darmstadt 1963.

57. Die deutschen Königspfalzen. Repertorium der Pfalzen, Königshöfe und übrigen Aufenthaltsorte der Könige im deutschen Reich des Mittelalters. Hrsg. vom Max-Planck-Institut für Geschichte. Göttingen 1983-lfd.

58. Die deutsche Literatur des Mittelalters. Verfasserlexikon. Hrsg. von W. Stammler/K. Langosch. Berlin 1978-lfd.

59. W. WATTENBACH/R. HOLTZMANN, Deutschlands Geschichtsquellen im Mittelalter. Die Zeit der Sachsen und Salier. 3 Teile. Neuausgabe von F. J. Schmale. Darmstadt 1967–1971.

3. Handbücher, Gesamtdarstellungen

60. H. AUBIN/W. ZORN (Hrsg.), Handbuch der deutschen Wirtschafts- und Sozialgeschichte, Bd. 1: Von der Frühzeit bis zum Ende des 18. Jahrhunderts. Stuttgart 1971.

61. B. GEBHARDT, Handbuch der deutschen Geschichte. 9. Aufl. Hrsg. von H. Grundmann. Bd. 1: Frühzeit und Mitelalter. Stuttgart 1970.

62. A. HAUCK, Kirchengeschichte Deutschlands. Bd. 2 und 3. 7. Aufl. Berlin 1954.

63. H. JEDIN (Hrsg.), Handbuch der Kirchengeschichte. Bd. III.1:

Vom kirchlichen Frühmittelalter zur gregorianischen Reform. Freiburg i. Br. 1966.

64. H. KELLENBENZ (Hrsg.), Handbuch der europäischen Wirtschafts- und Sozialgeschichte. Bd. 2: Europäische Wirtschafts- und Sozialgeschichte im Mittelalter. Hrsg. von J. A. van Houtte. Stuttgart 1980.

65. M. MANITIUS, Geschichte der lateinischen Literatur des Mittelalters. Bd. 1: Von Justinian bis zur Mitte des zehnten Jahrhunderts. Bd. 2: Von der Mitte des zehnten Jahrhunderts bis zum Ausbruch des Kampfes zwischen Kirche und Staat. München 1911/23.

66. T. SCHIEDER (Hrsg.), Handbuch der europäischen Geschichte. Bd. 1: Europa im Wandel von der Antike zum Mittelalter. Hrsg. von T. Schieffer. Stuttgart 1976.

67. M. SPINDLER (Hrsg.), Handbuch der bayerischen Geschichte. Bd. 1. 2. Aufl. München 1981. Bd. 3/I,II. 2. Aufl. München 1979.

68. G. WAITZ, Deutsche Verfassungsgeschichte. 8 Bde. Berlin 1880–1896.

B. Literatur

1. Historisches Bewußtsein und historische Realität

69. M. ARNDT, Die Goslarer Kaiserpfalz als Nationaldenkmal. Hildesheim 1976.

70. H.-J. BARTMUSS, Die Geburt des ersten deutschen Staates. Berlin 1966.

71. G. VON BELOW, Die italienische Kaiserpolitik des deutschen Mittelalters. München 1927.

72. W. BERNHARD/A. KANDLER-PALSSON (Hrsg.), Ethnogenese europäischer Völker. Stuttgart 1986.

73. O. VON BISMARCK, Erinnerung und Gedanke. Hrsg. von R. Buchner. Stuttgart 1975.

74. E.-W. BÖCKENFÖRDE, Die deutsche verfassungsgeschichtliche Forschung im 19. Jahrhundert. Berlin 1961.

75. A. BORST, Reden über die Staufer. Frankfurt a. M. 1978.

76. C. BRÜHL, Deutschland – Frankreich. Die Geburt zweier Völker. Köln 1990.

77. C. BRÜHL, Die Anfänge der deutschen Geschichte, in: SB Wiss. Ges. an d. Johann-Wolfgang-Goethe-Universität Frankfurt a. M. 10.5 (1972) 147–181.

78. W. EGGERT, 919 – Geburts- oder Krisenjahr des mittelalterlichen deutschen Reiches?, in: ZfG 18 (1970) 46–65.

79. J. EHLERS, Die Anfänge der französischen Geschichte, in: HZ 240 (1985) 1–44.

80. J. EHLERS, Die deutsche Nation des Mittelalters als Gegenstand der Forschung, in: Ansätze und Diskontinuität deutscher Nationsbildung im Mittelalter. Hrsg. von J. Ehlers. Sigmaringen 1989, 11–58.

81. J. EHLERS, Rezension zu W. SCHLESINGER [154: Aufsätze], in: Göttingische Gelehrte Anzeigen 240 (1988) 263–282.

82. R. ELZE/S. PIERANGELO (Hrsg.), Il Medioevo nell'Ottocento in Italia e Germania. Das Mittelalter im 19. Jahrhundert in Italien und Deutschland. Bologna/Berlin 1988.

83. B. FAULENBACH, Ideologie des deutschen Weges. München 1980.

84. J. FLECKENSTEIN, Grundlagen und Beginn der deutschen Geschichte. Göttingen 1974.

85. J. FLECKENSTEIN, Über die Anfänge der deutschen Geschichte, in: Ders., Ordnungen und formende Kräfte des Mittelalters. Göttingen 1989, 147–167 (erstm. 1987).

86. J. FRIED, Deutsche Geschichte im früheren und hohen Mittelalter, in: HZ 245 (1987) 625–659.

87. J. FRIED, Wo beginnt – woher kommt die deutsche Geschichte?, in: Ploetz. Deutsche Geschichte. Hrsg. von W. Conze/V. Hentschel. Würzburg 1979, 26–36.

88. H. GOLLWITZER, Zum politischen Germanismus des 19. Jahrhunderts, in: Fschr. H. Heimpel, Bd. 1. Göttingen 1971, 282–356.

89. H. GOLLWITZER, Zur Auffassung der mittelalterlichen Kaiserpolitik im 19. Jahrhundert, in: Fschr. K. von Raumer. Münster 1966, 483–512.

90. F. GRAUS, Verfassungsgeschichte des Mittelalters, in: HZ 243 (1986) 529–589.

91. J. HALLER, Die Epochen der deutschen Geschichte. München 1959 (erstm. 1923).

92. N. HAMMERSTEIN, „Imperium Romanum cum omnibus suis qualitatibus ad Germanos est translatum", in: Neue Studien zur frühneuzeitlichen Reichsgeschichte. Hrsg. von J. Kunisch. Berlin 1987, 187–202.

93. A. HAVERKAMP, Aufbruch und Gestaltung. Deutschland 1056–1273. München 1984.

94. H. HEIMPEL, Bemerkungen zur Geschichte König Heinrichs I., in: Königswahl und Thronfolge in ottonisch-frühdeutscher Zeit. Hrsg. von E. Hlawitschka. Darmstadt 1971, 1–45 (erstm. 1936).

95. H. HEIMPEL, Deutschlands Mittelalter – Deutschlands Schicksal, in: Ders., Deutsches Mittelalter. Leipzig 1941, 10–32 (erstm. 1933).

96. W. HESSLER, Die Anfänge des deutschen Nationalgefühls in der ostfränkischen Geschichtsschreibung des 9. Jahrhunderts. Berlin 1943.

97. E. HLAWITSCHKA, Vom Frankenreich zur Formierung der europäischen Staaten- und Völkergemeinschaft 840–1046. Darmstadt 1986.

98. E. HLAWITSCHKA, Von der großfränkischen zur deutschen Geschichte. SB Sudetendeutsche Akad. d. Wiss. u. Künste, Geisteswiss. Kl. 1988,2. München 1988.

99. K. G. Hugelmann, Die deutsche Nation und der deutsche Nationalstaat im Mittelalter, in: HJb 51 (1931) 1–29 und 445–484.

100. K. G. Hugelmann, Stämme, Nation und Nationalstaat im deutschen Mittelalter. Stuttgart 1955.

101. P. Johanek, Mittelalterliche Stadt und bürgerliches Geschichtsbild im 19. Jahrhundert, in: Die Deutschen und ihr Mittelalter. Hrsg. von G. Althoff. Darmstadt 1992, 81–100.

102. H. Kämpf (Hrsg.), Die Entstehung des Deutschen Reiches. Darmstadt 1956.

103. H. Keller, Zwischen regionaler Begrenzung und universalem Horizont. Deutschland im Imperium der Salier und Staufer. Berlin 1986.

104. L. Krapf, Germanenmythos und Reichsideologie. Frühhumanistische Rezeptionsweisen der taciteischen „Germania". Tübingen 1979.

105. M. Lintzel, Die Kaiserpolitik Ottos des Großen, in: Ders., Ausgewählte Schriften, Bd. 2. Berlin 1961, 142–219 (erstm. 1943).

106. E. Mai/J. Paul/S. Waetzold (Hrsg.), Das Rathaus im Kaiserreich. Kunstpolitische Aspekte einer Bauaufgabe des 19. Jahrhunderts. Berlin 1982.

107. T. Mayer, Der Vertrag von Verdun, in: Ders., Mittelalterliche Studien. Lindau 1959, 7–27 (erstm. 1943).

108. D. Mertens, Mittelalterbilder in der Frühen Neuzeit, in: [s. 101] 29–54.

109. V. Mertens, Bodmer und die Folgen, in: [s. 101] 55–80.

110. W. Mohr, König Heinrich I. (919–936). Eine kritische Studie zur Geschichtsschreibung der letzten hundert Jahre. Saarlouis 1950.

111. P. Moraw, Von offener Verfassung zu gestalteter Verdichtung. Das Reich im späten Mittelalter. Berlin 1985.

112. T. Nipperdey, Deutsche Geschichte 1866–1918. Bd. 2: Machtstaat vor der Demokratie. München 1992.

113. C. Prignitz, Vaterlandsliebe und Freiheit. Deutscher Patriotismus von 1750 bis 1850. Wiesbaden 1981.

114. F. Prinz, Grundlagen und Anfänge. Deutschland bis 1056. München 1985.

115. J. Ridé, L'image du Germain dans la pensée et la littérature allemandes de la redécouverte de Tacite à la fin du XVIeme siècle, 3 Bde. Paris 1977.

116. T. Schieder, Friedrich der Große – eine Integrationsfigur des deutschen Nationalbewußtseins im 18. Jahrhundert?, in: Natio-

nalismus in vorindustrieller Zeit. Hrsg. von O. Dann. München 1986, 113–127.

117. W. SCHLESINGER, Die Königserhebung Heinrichs I., der Beginn der deutschen Geschichte und die deutsche Geschichtswissenschaft, in: HZ 221 (1975) 529–552.

118. F. SCHNEIDER, Universalstaat oder Nationalstaat. Macht und Ende des Ersten deutschen Reiches. Die Streitschriften von Heinrich v. Sybel und Julius Ficker zur deutschen Kaiserpolitik des Mittelalters. Innsbruck 1941.

119. K. SCHREINER, Friedrich Babarossa – Herr der Welt, Zeuge der Wahrheit, die Verkörperung nationaler Macht und Herrlichkeit, in: Die Zeit der Staufer, Bd. 5. Stuttgart 1979, 521–579.

120. K. SCHREINER, Führertum, Rasse, Reich. Wissenschaft von der Geschichte nach der nationalsozialistischen Machtergreifung, in: Wissenschaft im Dritten Reich. Hrsg. von P. Lundgreen. Frankfurt a. M. 1985, 163–252.

121. K. VON SEE, Das „Nordische" in der deutschen Wissenschaft des 20. Jahrhunderts, in: Jb. f. Int. Germanistik 15/2 (1983) 8–38.

122. K. VON SEE, Deutsche Germanen-Ideologie vom Humanismus bis zur Gegenwart. Frankfurt a. M. 1970.

123. W. SMIDT, Deutsches Königtum und deutscher Staat des Hochmittelalters während und unter dem Einfluß der italienischen Heerfahrten. Wiesbaden 1964.

124. H. SPROEMBERG, Die Anfänge eines „Deutschen Staates" im Mittelalter, in: Ders., Mittelalter und demokratische Geschichtsschreibung. Berlin 1971, 3–26 (erstm. 1958).

125. R. WENSKUS, Probleme der germanisch-deutschen Sozial- und Verfassungsgeschichte im Lichte der Ethnosoziologie, in: Historische Forschungen für W. Schlesinger. Hrsg. von H. Beumann. Köln 1974, 19–46.

126. R. WENSKUS, Über die Möglichkeit eines allgemeinen interdisziplinären Germanenbegriffs, in: Germanenprobleme in heutiger Sicht. Hrsg. von H. Beck. Berlin 1986, 1–21.

127. K. F. WERNER, Artikel „Volk, Nation, Nationalismus, Masse, III V", in: O. Brunner/W. Conze/R. Koselleck, Geschichtliche Grundbegriffe. Historisches Lexikon zur politisch-sozialen Sprache in Deutschland, Bd. 7. Stuttgart 1992, 171–281.

128. K. F. WERNER, Das NS-Geschichtsbild und die deutsche Geschichtswissenschaft. Stuttgart 1967.

129. C. Wiedemann, Zwischen Nationalgeist und Kosmopolitismus. Über die Schwierigkeiten der deutschen Klassiker, einen Nationalhelden zu finden, in: Patriotismus. Hrsg. von G. Birtsch. Hamburg 1991, 75–101.

130. H. Zatschek, Das Volksbewußtsein. Sein Werden im Spiegel der Geschichtsschreibung. Brünn 1936.

2. Reich und Nation

131. J. A. Armstrong, Nations before Nationalism. Chapel Hill 1982.

132. H. Beumann (Hrsg.), Beiträge zur Bildung der französischen Nation im Früh- und Hochmittelalter. Sigmaringen 1983.

133. H. Beumann, Zur Nationenbildung im Mittelalter, in: Ders., Ausgewählte Aufsätze aus den Jahren 1966–1986. Hrsg. von J. Petersohn/R. Schmidt. Sigmaringen 1987, 124–136 (erstm. 1986).

134. H. Beumann/W. Schröder (Hrsg.), Aspekte der Nationenbildung im Mittelalter. Sigmaringen 1978.

135. H. Beumann/W. Schröder (Hrsg.), Frühmittelalterliche Ethnogenese im Alpenraum. Sigmaringen 1985.

136. R. Buchner, Kulturelle und politische Zusammengehörigkeitsgefühle im europäischen Frühmittelalter, in: HZ 207 (1968), 562–583.

137. A. Dove, Der Wiedereintritt des nationalen Prinzips in die Weltgeschichte. Bonn 1890.

138. J. Ehlers, Elemente mittelalterlicher Nationsbildung in Frankreich (10.–13. Jahrhundert), in: HZ 231 (1980) 565–587.

139. J. Ehlers, Mittelalterliche Voraussetzungen für nationale Identität in der Neuzeit, in: Nationale und kulturelle Identität. Studien zur Entwicklung des kollektiven Bewußtseins in der Neuzeit. Hrsg. von B. Giesen. Frankfurt a. M. 1991, 77–99.

140. O.-R. Ehrismann, Volk. Eine Wortgeschichte. (Vom Ende des 8. Jahrhunderts bis zum Barock.) Diss. phil. Gießen 1970.

141. T. Eichenberger, Patria. Studien zur Bedeutung des Wortes im Mittelalter (6.–12. Jahrhundert). Sigmaringen 1991.

142. F. Francis, Ethnos und Demos. Soziologische Beiträge zur Volkstheorie. Berlin 1965.

143. F. Furet, Penser la Révolution française. Paris 1978.

144. E. Gellner, Nations and Nationalism. Oxford 1987.

145. F. GRAUS, Die Nationenbildung der Westslawen im Mittelalter. Sigmaringen 1980.

146. H.-D. KAHL, Einige Beobachtungen zum Sprachgebrauch von *natio* im mittelalterlichen Latein mit Ausblicken auf das neuhochdeutsche Fremdwort „Nation", in: [134] 63–108.

147. P. KIRN, Aus der Frühzeit des Nationalgefühls. Studien zur deutschen und französischen Geschichte sowie zu den Nationalitätenkämpfen auf den britischen Inseln. Leipzig 1943.

148. K. LAMPRECHT, Deutsche Geschichte, Bd. 1. Berlin 1891.

149. W. E. MÜHLMANN, Ethnogonie und Ethnogenese. Theoretisch-ethnologische und ideologiekritische Studie, in: Studien zur Ethnogenese. (Abh. d. Rhein.-Westf. Akad. d. Wiss., Bd. 72.) Opladen 1985, 9–27.

150. W. E. MÜHLMANN, Methodik der Völkerkunde. Stuttgart 1938.

151. F. W. MÜLLER, Zur Geschichte des Wortes und Begriffes „nation" im französischen Schrifttum des Mittelalters bis zur Mitte des 15. Jahrhunderts, in: Romanische Forsch. 58/59 (1947) 247–321.

152. E. MÜLLER-MERTENS, Die Deutschen. Zur Rolle der politischen Formung bei ihrer Volkwerdung, in: Germanen – Slawen – Deutsche. Forschungen zu ihrer Ethnogenese. Berlin 1968, 31–41.

153. H. PLESSNER, Die verspätete Nation. Über die politische Verführbarkeit bürgerlichen Geistes. Stuttgart 1959.

154. W. SCHLESINGER, Die Entstehung der Nationen. Gedanken zu einem Forschungsprogramm, in: Ders., Ausgewählte Aufsätze. Hrsg. von H. Patze/F. Schwind. Sigmaringen 1987, 125–172 (erstm. 1987).

155. B. SCHNEIDMÜLLER, Nomen patriae. Die Entstehung Frankreichs in der politisch-geographischen Terminologie (10.–13. Jahrhundert). Sigmaringen 1987.

156. S. TEILLET, Des Goths à la nation gothique. Les origines de l'idée de nation en Occident du Ve au VIIe siècle. Paris 1984.

157. H. WALTHER, Scherz und Ernst in der Völker- und Stämme-Charakteristik mittellateinischer Verse, in: AKG 41 (1959) 263–301.

158. R. WENSKUS, Stammesbildung und Verfassung. Das Werden der frühmittelalterlichen gentes. Köln 1961.

159. H. WOLFRAM, Geschichte der Goten. Entwurf einer historischen Ethnographie. München 1979.

160. H. WOLFRAM/W. POHL (Hrsg.), Typen der Ethnogenese unter besonderer Berücksichtigung der Bayern. Teil I. Wien 1990.

161. H. WOLFRAM/A. SCHWARCZ (Hrsg.), Die Bayern und ihre Nachbarn. 2 Bde. Wien 1985.

162. B. ZIENTARA, Nationale Strukturen im Mittelalter, in: Saec 32 (1981) 303–316.

3. Die Auflösung der karolingischen Ordnung Europas

163. M. BORGOLTE, Karl III. und Neudingen. Zum Problem der Nachfolgeregelung Ludwigs des Deutschen, in: ZGO 125 (1977) 21–55.

164. H. BÜTTNER, Zur Burgenbauordnung Heinrichs I., in: BlldtLG 92 (1956) 1–17.

165. K. BUND, Thronsturz und Herrscherabsetzung im Frühmittelalter. Bonn 1979.

166. P. CLASSEN, Die Verträge von Verdun und von Coulaines 843 als Grundlagen des westfränkischen Reiches, in: Ders., Ausgewählte Aufsätze. Hrsg. von J. Fleckenstein. Sigmaringen 1983, 249–277 (erstm. 1963).

167. J. EHLERS, Karolingische Tradition und frühes Nationalbewußtsein in Frankreich, in: Francia 4 (1976) 213–235.

168. H.-W. GOETZ, Der letzte „Karolinger"? Die Regierung Konrads I. im Spiegel seiner Urkunden, in: AfD 26 (1980) 56–125.

169. H.-W. GOETZ, Regnum: Zum politischen Denken in der Karolingerzeit, in: ZRG GA 104 (1987) 110–189.

170. E. HLAWITSCHKA, Lotharingien und das Reich an der Schwelle der deutschen Geschichte. Stuttgart 1968.

171. K.-U. JÄSCHKE, Burgenbau und Landesverteidigung um 900. Sigmaringen 1975.

172. E. KARPF, Königserhebung ohne Salbung. Zur politischen Bedeutung von Heinrichs I. ungewöhnlichem Verzicht in Fritzlar, in: HessJbLG 34 (1984) 1–24.

173. H. KELLER, Zum Sturz Karls III., in: DA 22 (1966) 333–384.

174. E. MAGNOU-NORTIER, Nouveaux propos sur „Foi et fidélité", in: Francia 7 (1979) 537–550.

175. W. MOHR, Die begriffliche Absonderung des ostfränkischen Gebietes in westfränkischen Quellen des 9. und 10. Jahrhunderts, in: ALMA 24 (1954) 19–41.

176. W. Mohr, Die Rolle Lothringens im zerfallenden Karolingerreich, in: RBPH 47 (1969) 361–398.

177. U. Penndorf, Das Problem der „Reichseinheitsidee" nach der Teilung von Verdun (843). München 1974.

178. K. Reindel, Die bayerischen Luitpoldinger 893–989. Sammlung und Erläuterung der Quellen. München 1953.

179. R. Schieffer, Die Karolinger. Stuttgart 1992.

180. T. Schieffer, Die lothringische Kanzlei um 900, in: DA 14 (1958) 16–148.

181. W. Schlesinger, Die Auflösung des Karlsreiches, in: [s. 154] 49–124 (erstm. 1965).

182. W. Schlesinger, Kaiser Arnulf und die Entstehung des deutschen Staates und Volkes, in: [102] 94–109 (erstm. 1941).

183. R. Schneider, Brüdergemeine und Schwurfreundschaft. Der Auflösungsprozeß des Karlingerreiches im Spiegel der Caritas-Terminologie in den Verträgen der karlingischen Teilkönige des 9. Jahrhunderts. Lübeck 1964.

184. B. Schneidmüller, Regnum und Ducatus. Identität und Integration in der lothringischen Geschichte des 9. bis 11. Jahrhunderts, in: RhVjbll 51 (1987) 81–114.

185. G. Tellenbach, Die geistigen und politischen Grundlagen der karolingischen Thronfolge, in: FMSt 13 (1979) 184–302.

186. G. Tellenbach, Die Unteilbarkeit des Reiches. Ein Beitrag zur Entstehungsgeschichte Deutschlands und Frankreichs, in: [102] 110–134 (erstm. 1941).

187. I. Voss, Herrschertreffen im frühen und hohen Mittelalter. Untersuchungen zu den Begegnungen der ostfränkischen und westfränkischen Herrscher im 9. und 10. Jahrhundert sowie der deutschen und französischen Könige vom 11. bis 13. Jahrhundert. Köln 1987.

188. R. Wenskus, Die deutschen Stämme im Reiche Karls des Großen, in: Ders., Ausgewählte Aufsätze zum frühen und preußischen Mittelalter. Hrsg. von H. Patze. Sigmaringen 1986, 96–137.

189. K. F. Werner, Bedeutende Adelsfamilien im Reich Karls des Großen, in: Ders., Vom Frankenreich zur Entfaltung Deutschlands und Frankreichs. Sigmaringen 1984, 22–81 (erstm. 1965).

190. E. Zöllner, Die politische Stellung der Völker im Frankenreich. Wien 1950.

4. Die Integration des Reiches

191. G. ALTHOFF, Amicitiae und Pacta. Bündnis, Einung, Politik und Gebetsgedenken im beginnenden 10. Jahrhundert. Hannover 1992.

192. G. ALTHOFF, Königsherrschaft und Konfliktbewältigung im 10. und 11. Jahrhundert, in: FMSt 23 (1989) 265–290.

193. G. ALTHOFF, Verwandte, Freunde und Getreue. Zum politischen Stellenwert der Gruppenbindungen im früheren Mittelalter. Darmstadt 1990.

194. G. ALTHOFF/H. KELLER, Heinrich I. und Otto der Große. Göttingen 1985.

195. A. ANGENENDT, Kaiserherrschaft und Königstaufe. Kaiser, Könige und Päpste als geistliche Patrone in der abendländischen Missionsgeschichte. Berlin 1984.

196. H. BEUMANN, Das Imperium und die Regna bei Wipo, in: Ders., Wissenschaft vom Mittelalter. Köln 1972, 175–200 (erstm. 1960).

197. H. BEUMANN, Das Kaisertum Ottos des Großen. Ein Rückblick nach tausend Jahren, in: [s. 133] 411–458 (erstm. 1962).

198. H. BEUMANN, Die Bedeutung des Kaisertums für die Entstehung der deutschen Nation im Spiegel der Bezeichnungen von Reich und Herrscher, in: [s. 133] 66–114 (erstm. 1978).

199. H. BEUMANN, Die Einheit des ostfränkischen Reiches und der Kaisergedanke bei der Königserhebung Ludwigs des Kindes, in: [s. 133] 45–65 (erstm. 1977).

200. H. BEUMANN, Die Ottonen. 2. Aufl. Stuttgart 1991.

201. H. BEUMANN, Imperator Romanorum, rex gentium. Zu Widukind III,76, in: [s. 133] 324–340 (erstm. 1982).

202. H. BEUMANN, Laurentius und Mauritius. Zu den missionspolitischen Folgen des Ungarnsieges Ottos des Großen, in: [s. 133] 139–176 (erstm. 1974).

203. H. BEUMANN, Unitas ecclesiae – unitas imperii – unitas regni. Von der imperialen Reichseinheitsidee zur Einheit der Regna, in: [s. 133] 3–43 (erstm. 1981).

204. H. BLOCH, Der Autor der „Graphia aureae urbis Romae", in: DA 40 (1984) 55–175.

205. E. BOSHOF, Die Salier. Stuttgart 1987.

206. C. BRÜHL, Fodrum, Gistum, Servitium regis. Studien zu den wirtschaftlichen Grundlagen des Königtums im Frankenreich

und in den fränkischen Nachfolgestaaten Deutschland, Frankreich und Italien vom 6. bis zur Mitte des 14. Jahrhunderts. 2 Bde. Köln 1968.

207. P. CORBET, Les saints ottoniens. Sainteté dynastique, sainteté royale et sainteté féminine autour de l'an Mil. Sigmaringen 1986.

208. A. M. DRABEK, Die Verträge der fränkischen und deutschen Herrscher mit dem Papsttum von 754 bis 1020. Wien 1976.

209. L. DRALLE, Zu Vorgeschichte und Hintergründen der Ostpolitik Heinrichs I., in: Fschr. H. Ludat. Hrsg. von K.-D. Grothusen und K. Zernack. Berlin 1980, 99–126.

210. W. EGGERT, Das ostfränkisch-deutsche Reich in der Auffassung seiner Zeitgenossen. Berlin 1973.

211. E. EICHMANN, Die Kaiserkrönung im Abendland. 2 Bde. Würzburg 1942.

212. O. ENGELS, Das Reich der Salier – Entwicklungslinien, in: [254, Bd. 3] 497–541.

213. S. EPPERLEIN, Über das romfreie Kaisertum im frühen Mittelalter, in: JbG 2 (1967) 307–342.

214. C. ERDMANN, Das ottonische Reich als Imperium Romanum, in: Ders., Ottonische Studien. Darmstadt 1968, 174–203 (erstm. 1943).

215. C. ERDMANN, Die nichtrömische Kaiseridee, in: Ders., Forschungen zur politischen Ideenwelt des Frühmittelalters. Berlin 1951, 1–51 (erstm. 1943).

216. H. FUHRMANN, Die Synode von Hohenaltheim (916) – quellenkundlich betrachtet, in: DA 43 (1987) 440–468.

217. F. L. GANSHOF, Stämme als „Träger des Reiches"? Zu Walther Kienasts Studien über die französischen Volksstämme des Frühmittelalters, in: ZRG GA 89 (1972) 147–160.

218. W. GIESE, Der Stamm der Sachsen und das Reich in ottonischer und salischer Zeit. Wiesbaden 1979.

219. W. GLOCKER, Die Verwandten der Ottonen und ihre Bedeutung in der Politik. Studien zur Familienpolitik und zur Genealogie des sächsischen Kaiserhauses. Köln 1989.

220. H.-W. GOETZ, „Dux" und „Ducatus". Begriffs- und verfassungsgeschichtliche Untersuchungen zur Entstehung des sogenannten „jüngeren" Stammesherzogtums an der Wende vom neunten zum zehnten Jahrhundert. Diss. phil. Bochum 1981.

221. E. HLAWITSCHKA, Die Ottonen-Einträge der Lausanner Anna-

len, in: Roma renascens. Hrsg. von M. Wisselmann. Frankfurt a. M. 1988, 125–148.

222. E. HLAWITSCHKA, Franken, Alemannen, Bayern und Burgunder in Oberitalien (774 bis 962). Zum Verständnis der fränkischen Königsherrschaft in Italien. Freiburg i. Br. 1960.

223. H. HOFFMANN, Buchkunst und Königtum im ottonischen und frühsalischen Reich. 2 Bde. Stuttgart 1986.

224. H. KELLER, Das Kaisertum Ottos des Großen im Verständnis seiner Zeit, in: Otto der Große. Hrsg. von H. Zimmermann. Darmstadt 1976, 218–295 (erstm. 1964).

225. H. KELLER, Reichsorganisation, Herrschaftsformen und Gesellschaftsstrukturen im Regnum Teutonicum, in: Il secolo di ferro: Mito e realtà del secolo X. Spoleto 1991, 159–195.

226. H. KELLER, Reichsstruktur und Herrschaftsauffassung in ottonisch-salischer Zeit, in: FMSt 16 (1982) 74–128.

227. H. KELLER, Zum Charakter der ‚Staatlichkeit' zwischen karolingischer Reichsreform und hochmittelalterlichem Herrschaftsausbau, in: FMSt 23 (1989) 248–264.

228. W. KIENAST, Der Herzogstitel in Frankreich und Deutschland (9.–12. Jahrhundert). München 1968.

229. K. J. LEYSER, Die Ottonen und Wessex, in: FMSt 17 (1983) 73–97.

230. K. J. LEYSER, Ottonian Government, in: EHR 96 (1981) 721–753.

231. K. J. LEYSER, The Crisis of Medieval Germany, in: Proceedings of the British Academy 69 (1983) 409–443.

232. M. LINTZEL, Das abendländische Kaisertum im neunten und zehnten Jahrhundert, in: [s. 105] 122–141] (erstm. 1938).

233. M. LINTZEL, Die Schlacht von Riade und die Anfänge des deutschen Staates, in: [s. 105] 92–111 (erstm. 1933).

234. H. MAURER, Der Herzog von Schwaben. Grundlagen, Wirkungen und Wesen seiner Herrschaft in ottonischer, salischer und staufischer Zeit. Sigmaringen 1978.

235. H. MITTEIS, Die Krise des deutschen Königswahlrechts, in: [s. 94] 216–302 (erstm. 1950).

236. E. MÜLLER-MERTENS, Die Reichsstruktur im Spiegel der Herrschaftspraxis Ottos des Großen. Berlin 1980.

237. E. MÜLLER-MERTENS, Reich und Hauptorte der Salier: Probleme und Fragen, in: [254, Bd. 1] 139–158.

238. E. MÜLLER-MERTENS/W. HUSCHNER, Reichsintegration im Spiegel der Herrschaftspraxis Kaiser Konrads II. Weimar 1992.

239. R. PAULER, Das Regnum Italiae in ottonischer Zeit. Markgrafen, Grafen und Bischöfe als politische Kräfte. Tübingen 1982.

240. K. REINDEL, Herzog Arnulf und das Regnum Bavariae, in: [102] 213–288 (erstm. 1954).

241. H. J. RIECKENBERG, Königsstraße und Königsgut in liudolfingischer und frühsalischer Zeit (919–1056). Darmstadt 1965 (erstm. 1941).

242. W. SCHLESINGER, Die Grundlegung der deutschen Einheit im frühen Mittelalter, in: Ders., Beiträge zur deutschen Verfassungsgeschichte des Mittelalters, Bd. 1. Göttingen 1963, 245–285 und 346–348 (erstm. 1960).

243. W. SCHLESINGER, Die Königserhebung Heinrichs I. zu Fritzlar im Jahre 919, in: [s. 154] 199–220 (erstm. 1974).

244. K. SCHMID, Das Problem der „Unteilbarkeit des Reiches", in: Reich und Kirche vor dem Investiturstreit. Hrsg. von K. Schmid. Sigmaringen 1985, 1–15.

245. K. SCHMID, Unerforschte Quellen aus quellenarmer Zeit. Zur amicitia zwischen Heinrich I. und dem westfränkischen König Robert im Jahre 923, in: Francia 12 (1984) 119–147.

246. R. SCHMIDT, Königsumritt und Huldigung in ottonisch-salischer Zeit, in: Vorträge und Forschungen, Bd. 6. 2. Aufl. Sigmaringen 1981, 97–233 (erstm. 1961).

247. R. SCHNEIDER, Das Königtum als Integrationsfaktor im Reich, in: [s. 80] 59–82.

248. P. E. SCHRAMM, Kaiser, Rom und Renovatio. Studien und Texte zur Geschichte des römischen Erneuerungsgedankens vom Ende des karolingischen Reiches bis zum Investiturstreit. 2 Bde. Leipzig 1929.

249. E. E. STENGEL, Der Heerkaiser (Den Kaiser macht das Heer). Studien zur Geschichte eines politischen Gedankens, in: Ders., Abhandlungen und Untersuchungen zur Geschichte des Kaisergedankens im Mittelalter. Köln 1965, 1–169 (erstm. 1910).

250. E. E. STENGEL, Kaisertitel und Suveränitätsidee [!]. Studien zur Vorgeschichte des modernen Staatsbegriffs, in: [s. 249] 239–286 (erstm. 1939).

251. II. STINGL, Die Entstehung der deutschen Stammesherzogtümer am Anfang des 10. Jahrhunderts. Aalen 1974.

252. G. TELLENBACH, Kaiser, Rom und Renovatio. Ein Beitrag zu einem großen Thema, in: Ders., Ausgewählte Aufsätze und Abhandlungen, Bd. 2. Stuttgart 1988, 770–792 (erstm. 1982).

253. M. Uhlirz, Die italienische Kirchenpolitik der Ottonen, in: MIÖG 48 (1934) 201–321.

254. S. Weinfurter (Hrsg.), Die Salier und das Reich. 3 Bde. Sigmaringen 1991.

255. S. Weinfurter, Die Zentralisierung der Herrschaftsgewalt im Reich durch Kaiser Heinrich II., in: HJb 106 (1986) 241–297.

256. S. Weinfurter, Herrschaft und Reich der Salier. Sigmaringen 1991.

257. R. Wenskus, Studien zur politisch-historischen Gedankenwelt Bruns von Querfurt. Münster 1956.

258. K. F. Werner, L'empire carolingien et le Saint Empire, in: [s. 189] 329–376 (erstm. 1980).

259. K. F. Werner, La genèse des duchés en France et en Allemagne, in: [s. 189] 278–310 (erstm. 1981).

260. K. F. Werner, Les duchés „nationaux" d'Allemagne au IXe et au Xe siècles, in: [s. 189] 311–328 (erstm. 1979).

261. H. Zimmermann, Ottonische Studien, in: Ders., Im Bann des Mittelalters. Sigmaringen 1986, 1–69 (erstm. 1962).

5. Die Träger des Reiches

262. G. Althoff, Adels- und Königsfamilien im Spiegel ihrer Memorialüberlieferung. Studien zum Totengedenken der Billunger und Ottonen. München 1984.

263. L. Auer, Der Kriegsdienst des Klerus unter den sächsischen Kaisern. I: Der Kreis der Teilnehmer, in: MIÖG 79 (1971) 316–407. II: Verfassungsgeschichtliche Probleme, in: MIÖG 80 (1972) 48–70.

264. H. Beumann, Die sakrale Legitimierung des Herrschers im Denken der ottonischen Zeit, in: [s. 94] 148–198 (erstm. 1948).

265. H. Beumann, Zur Entwicklung transpersonaler Staatsvorstellungen, in: [s. 196] 135–174 (erstm. 1956).

266. L. Bornscheuer, Miseriae regum. Untersuchungen zum Krisen- und Todesgedanken in den herrschaftstheologischen Vorstellungen der ottonisch-salischen Zeit. Berlin 1968.

267. H. Decker-Hauff, Die „Reichskrone", angefertigt für Kaiser Otto I., in: [297, Bd. 2] 560–637.

268. C. Erdmann, Der ungesalbte König, in: [s. 214] 1–30 (erstm. 1938).

269. F.-R. ERKENS, Fürstliche Opposition in ottonisch-salischer Zeit, in: AKG 64 (1982) 307–370.

270. A. GRAF FINCK VON FINCKENSTEIN, Bischof und Reich. Untersuchungen zum Integrationsprozeß des ottonisch-frühsalischen Reiches (919–1056). Sigmaringen 1989.

271. J. FLECKENSTEIN, Die Hofkapelle der deutschen Könige, 2 Bde. Stuttgart 1959/66.

272. J. FLECKENSTEIN, Königshof und Bischofsschule unter Otto d. Gr., in: [s. 85] 168–192 (erstm. 1956).

273. J. FLECKENSTEIN, Problematik und Gestalt der ottonisch-salischen Reichskirche, in: [s. 85] 222–242 (erstm. 1985).

274. J. FRIED, Laienadel und Papst in der Frühzeit der französischen und deutschen Geschichte, in: [134] 367–406.

275. C. S. JAEGER, The Origins of Courtliness. Civilizing Trends and the Formation of Courtly Ideals 939–1210. Philadelphia 1985.

276. R. KAISER, Münzprivilegien und bischöfliche Münzprägung in Frankreich, Deutschland und Burgund im 9.–12. Jahrhundert, in: VSWG 63 (1976) 289–338.

277. H. KELLER, Herrscherbild und Herrschaftslegitimation. Zur Deutung der ottonischen Denkmäler, in: FMSt 19 (1985) 290–311.

278. H. KELLER, Schwäbische Herzöge als Thronbewerber: Herzog Hermann II (1002), Rudolf von Rheinfelden (1077), Friedrich von Staufen (1125). Zur Entwicklung von Reichsidee und Fürstenverantwortung, Wahlverständnis und Wahlverfahren im 11. und 12. Jahrhundert, in: ZGO 131 (1983) 123–162.

279. O. KÖHLER, Die Ottonische Reichskirche. Ein Forschungsbericht, in: Adel und Kirche. Fschr. für G. Tellenbach. Hrsg. von J. Fleckenstein und K. Schmid. Freiburg i. Br. 1968, 141–204.

280. K. J. LEYSER, Herrschaft und Konflikt. König und Adel im ottonischen Sachsen. Göttingen 1984.

281. P. MILLOTAT, Transpersonale Staatsvorstellungen in den Beziehungen zwischen Kirchen und Königtum der ausgehenden Salierzeit. Rheinfelden 1989.

282. H. MÜLLER, Heribert, Kanzler Ottos III. und Erzbischof von Köln. Köln 1977.

283. F. PRINZ, Klerus und Krieg im früheren Mittelalter. Untersuchungen zur Rolle der Kirche beim Aufbau der Königsherrschaft. Stuttgart 1971.

284. U. REULING, Die Kur in Deutschland und Frankreich. Untersuchungen zur Entwicklung des rechtsförmlichen Wahlaktes bei

der Königserhebung im 11. und 12. Jahrhundert. Göttingen 1979.

285. T. REUTER, The ,Imperial Church System' of the Ottonian and Salian Rulers: A Reconsideration, in: JEcclH 33 (1982) 347–374.

286. F. RÖRIG, Geblütsrecht und freie Wahl in ihrer Auswirkung auf die deutsche Geschichte, in: [s. 94] 71–147 (erstm. 1948).

287. L. SANTIFALLER, Zur Geschichte des ottonisch-salischen Reichskirchensystems. Wien 1953.

288. R. SCHIEFFER, Der ottonische Reichsepiskopat zwischen Königtum und Adel, in: FMSt 23 (1989) 291–301.

289. R. SCHIEFFER, Die Entstehung des päpstlichen Investiturverbotes für den deutschen König. Stuttgart 1981.

290. R. SCHIEFFER, Gregor VII. und die Könige Europas, in: La riforma gregoriana e l'Europa. Hrsg. von A. M. Stickler. Rom 1989, 189–211.

291. W. SCHLESINGER, Die Anfänge der deutschen Königswahl, in: [102] 313–382 (erstm. 1948).

292. W. SCHLESINGER, Die sogenannte Nachwahl Heinrichs II. in Merseburg, in: [s. 154] 255–271 (erstm. 1974).

293. W. SCHLESINGER, Die Wahl Rudolfs von Schwaben zum Gegenkönig 1077 in Forchheim, in: [s. 154] 273–296 (erstm. 1973).

294. W. SCHLESINGER, Erbfolge und Wahl bei der Königserhebung Heinrichs II. 1002, in: [s. 154] 221–253 (erstm. 1972).

295. K. SCHMID, Die Thronfolge Ottos des Großen, in: [s. 94] 417–508 (erstm. 1964).

296. P. E. SCHRAMM, Die Königskrönungen der deutschen Herrscher von 961 bis um 1050, in: Ders., Kaiser, Könige und Päpste, Bd. 3. Stuttgart 1969, 108–134.

297. P. E. SCHRAMM, Herrschaftszeichen und Staatssymbolik. Beiträge zu ihrer Geschichte vom dritten bis zum sechzehnten Jahrhundert. 3 Bde. Stuttgart 1954–1956.

298. P. E. SCHRAMM, Die Kaiser aus dem Sächsischen Haus im Lichte der Staatssymbolik, in: [s. 296] 153–181 (erstm. 1962).

299. P. E. SCHRAMM/F. MÜTHERICH (Hrsg.), Denkmale der deutschen Könige und Kaiser. Ein Beitrag zur Herrschergeschichte von Karl dem Großen bis Friedrich II., 768–1250. München 1962.

300. E. SCHUBERT, König und Reich. Studien zur spätmittelalterlichen deutschen Verfassungsgeschichte. Göttingen 1979.

301. M. SCHULZE-DÖRRLAMM, Die Kaiserkrone Konrads II. Sigmaringen 1991.

302. R. STAATS, Theologie der Reichskrone. Ottonische „Renovatio Imperii" im Spiegel einer Insignie. Stuttgart 1976.

303. G. TELLENBACH, Die westliche Kirche vom 10. bis zum frühen 12. Jahrhundert. Göttingen 1988.

304. G. TELLENBACH, Römischer und christlicher Reichsgedanke in der Liturgie des frühen Mittelalters. Berlin 1934.

305. S. WEINFURTER, Reformidee und Königtum im spätsalischen Reich, in: Reformidee und Reformpolitik im spätsalisch-frühstaufischen Reich. Hrsg. von S. Weinfurter. Mainz 1992, 1–45.

306. R. WENSKUS, Sächsischer Stammesadel und fränkischer Reichsadel. Göttingen 1976.

307. K. F. WERNER, Heeresorganisation und Kriegführung im deutschen Königreich des 10. und 11. Jahrhunderts, in: Ders., Structures politiques du monde franc. London 1979, Nr. III (erstm. 1968).

308. H. ZIELINSKI, Der Reichsepiskopat in spätottonischer und salischer Zeit (1002–1125), Teil I. Wiesbaden 1984.

6. Geschichte und Tradition

309. G. ALTHOFF, Causa scribendi und Darstellungsabsicht: Die Lebensbeschreibungen der Königin Mathilde und andere Beispiele, in: Fschr. für J. Autenrieth. Hrsg. von M. Borgolte/H. Spilling. Sigmaringen 1988, 117–133.

310. H. BEUMANN, Die Hagiographie „bewältigt" Unterwerfung und Christianisierung der Sachsen durch Karl den Großen, in: [s. 133] 289–323 (erstm. 1982).

311. H. BEUMANN, Historiographische Konzeption und politische Ziele Widukinds von Corvey, in: [s. 196] 71–108 (erstm. 1970).

312. H. BEUMANN, Methodenfragen der mittelalterlichen Geschichtsschreibung, in: [s. 196] 1–8 (erstm. 1961).

313. H. BEUMANN, Sachsen und Franken im werdenden Regnum Teutonicum, in: Angli e Sassoni al di qua e al di là del mare. Spoleto 1986, 887–912.

314. H. BEUMANN, Widukind von Korvei. Untersuchungen zur Geschichtsschreibung und Ideengeschichte des 10. Jahrhunderts. Weimar 1950.

315. A. BORST, Das Karlsbild in der Geschichtswissenschaft vom

Humanismus bis heute, in: Karl der Große, Bd. 4. Hrsg. von W. Braunfels /P. E. Schramm. Düsseldorf 1967, 364–402.

316. R. BUCHNER, Die frühsalische Geschichtsschreibung in Deutschland, in: La storiografia altomedievale. Spoleto 1970, 895–948.

317. W. EGGERT/B. PÄTZOLD, Wir-Gefühl und Regnum Saxonum bei frühmittelalterlichen Geschichtsschreibern. Weimar 1984.

318. J. EHLERS, Kontinuität und Tradition als Grundlage mittelalterlicher Nationsbildung in Frankreich, in: [132] 15–47.

319. R. FOLZ, Le souvenir et la légende de Charlemagne dans l'Empire germanique médiéval. Paris 1950.

320. W. GOEZ, Translatio imperii. Ein Beitrag zur Geschichte des Geschichtsdenkens und der politischen Theorien im Mittelalter und in der frühen Neuzeit. Tübingen 1958.

321. F. GRAUS, Lebendige Vergangenheit. Überlieferung im Mittelalter und in den Vorstellungen vom Mittelalter. Köln 1975.

322. E. KARPF, Herrscherlegitimation und Reichsbegriff in der ottonischen Geschichtsschreibung des 10. Jahrhunderts. Wiesbaden 1985.

323. M. LINTZEL, Erzbischof Adalbert von Magdeburg als Geschichtsschreiber, in: [s. 105] 399–406 (erstm. 1939).

324. M. LINTZEL, Studien über Liudprand von Cremona, in: [s. 105] 351–398 (erstm. 1933).

325. H. LIPPELT, Thietmar von Merseburg. Reichsbischof und Chronist. Köln 1973.

326. B. PÄTZOLD, „Francia et Saxonia" – Vorstufe einer sächsischen Reichsauffassung, in: JbGFeud 3 (1979) 19–49.

327. T. SCHIEFFER, Heinrich II. und Konrad II. Die Umprägung des Geschichtsbildes durch die Kirchenreform des 11. Jahrhunderts. Darmstadt 1969 (erstm. 1951).

328. A. SCHMID, Das Bild des Bayernherzogs Arnulf (907–937) in der deutschen Geschichtsschreibung von seinen Zeitgenossen bis zu Wilhelm von Giesebrecht. Kallmünz 1976.

329. B. SCHNEIDMÜLLER, Karolingische Tradition und frühes französisches Königtum. Untersuchungen zur Herrschaftslegitimation der westfränkisch-französischen Monarchie im 10. Jahrhundert. Wiesbaden 1979.

330. B. SCHÜRMANN, Die Rezeption der Werke Ottos von Freising im 15. und frühen 16. Jahrhundert. Stuttgart 1986.

331. G. TELLENBACH, Von der Tradition des fränkischen Reiches in der deutschen und französischen Geschichte des Mittelalters,

in: Der Vertrag von Verdun 843. Hrsg. von T. Mayer. Leipzig 1943, 181–202.

332. H. THOMAS, Julius Caesar und die Deutschen. Zu Ursprung und Gehalt eines deutschen Geschichtsbewußtseins in der Zeit Gregors VII. und Heinrichs IV., in: [254, Bd. 3] 245–277.

7. Terminologie

333. H. BEUMANN, Der deutsche König als „Romanorum rex", in: SB der Wiss. Ges. an der Johann-Wolfgang-Goethe-Universität Frankfurt a. M. 17.2 (1981) 39–84.

334. H. EGGERS (Hrsg.), Der Volksname Deutsch. Darmstadt 1970.

335. W. EGGERT, Ostfränkisch – fränkisch – sächsisch – römisch – deutsch. Zur Benennung des rechtsrheinisch-nordalpinen Reiches bis zum Investiturstreit, in: FMSt 26 (1992) 239–273.

336. J. EHLERS, Schriftkultur, Ethnogenese und Nationsbildung in ottonischer Zeit, in: FMSt 23 (1989) 302–317.

337. C. ERDMANN, Der Name Deutsch, in: Karl der Große oder Charlemagne? Berlin 1935, 94–105.

338. E. EWIG, Beobachtungen zur politisch-geographischen Terminologie des fränkischen Großreiches und der Teilreiche des 9. Jahrhunderts, in: Ders., Spätantikes und fränkisches Gallien, Bd. 1. München 1976, 323–361 (erstm. 1964).

339. T. FRINGS, Das Wort Deutsch, in: [334] 209–244 (erstm. 1941).

340. K. HEISSENBÜTTEL, Die Bedeutung der Bezeichnungen für „Volk" und „Nation" bei den Geschichtsschreibern des 10. bis 13. Jahrhunderts. Diss. phil. Göttingen 1920.

341. E. ISENMANN, Kaiser, Reich und deutsche Nation am Ausgang des 15. Jahrhunderts, in: [s. 80] 145–246.

342. H. JAKOBS, Der Volksbegriff in den historischen Deutungen des Namens Deutsch, in: RhVjbll 32 (1968) 86–104.

343. G. KOCH, Auf dem Wege zum Sacrum Imperium. Studien zur ideologischen Herrschaftsbegründung der deutschen Zentralgewalt im 11. und 12. Jahrhundert. Berlin 1972.

344. W. KROGMANN, Deutsch. Eine wortgeschichtliche Untersuchung. Berlin 1936.

345. M. LUGGE, „Gallia" und „Francia" im Mittelalter. Untersuchungen über den Zusammenhang zwischen geographisch-historischer Terminologie und politischem Denken vom 6.–15. Jahrhundert. Bonn 1960.

346. B. Merta, Die Titel Heinrichs II. und der Salier, in: Intitulatio III. Hrsg. von H. Wolfram/A. Scharer. Wien 1988, 163–200.

347. J. Miethke, Politisches Denken und monarchische Theorie. Das Kaisertum als supranationale Institution im späteren Mittelalter, in: [s. 80] 121–144.

348. E. Müller-Mertens, Regnum Teutonicum. Aufkommen und Verbreitung der deutschen Reichs- und Königsauffassung im früheren Mittelalter. Berlin 1970.

349. U. Nonn, Heiliges Römisches Reich deutscher Nation. Zum Nationen-Begriff im XV. Jahrhundert, in: ZHF 9 (1982) 129–142.

350. E. Rosenstock, Unser Volksname Deutsch und die Aufhebung des Herzogtums Bayern, in: [334] 32–102 (erstm. 1928).

351. W. C. Schneider, Heinrich II. als „Romanorum rex", in: QuFiAB 67 (1987) 421–446.

352. B. Schneidmüller, Französisches Sonderbewußtsein in der politisch-geographischen Terminologie des 10. Jahrhunderts, in: [132] 49–91.

353. B. Schneidmüller, Nomen patriae. Die Entstehung Frankreichs in der politisch-geographischen Terminologie (10. bis 13. Jahrhundert). Sigmaringen 1987.

354. J. Semmler, Francia Saxoniaque oder Die ostfränkische Reichsteilung von 865/76 und die Folgen, in: DA 46 (1990) 337–374.

355. F. Steinbach, Austrien und Neustrien. Die Anfänge der deutschen Volkwerdung und des deutsch-französischen Gegensatzes, in: [334] 166–182 (erstm. 1940).

356. H. Thomas, Der Ursprung des Wortes theodiscus, in: HZ 247 (1988) 295–331.

357. H. Thomas, Die Deutschen und die Rezeption ihres Volksnamens, in: Nord und Süd in der deutschen Geschichte des Mittelalters. Hrsg. von W. Paravicini. Sigmaringen 1990, 19–50.

358. H. Thomas, Regnum Teutonicorum = Diutiskono richi? Bemerkungen zur Doppelwahl des Jahres 919, in: RhVjbll 40 (1976) 17–45.

359. F. Vigener, Bezeichnungen für Volk und Land der Deutschen vom 10. bis zum 13. Jahrhundert. 2. Aufl. Darmstadt 1970 (erstm. 1901).

360. L. Weisgerber, Der Sinn des Wortes „Deutsch". Göttingen 1949.

361. H. Wolfram, Intitulatio I. Lateinische Königs- und Fürstentitel bis zum Ende des 8. Jahrhunderts. Graz 1967.

362. H. WOLFRAM, Lateinische Herrschertitel im neunten und zehnten Jahrhundert, in: Intitulatio II. Hrsg. von H. Wolfram. Wien 1973, 19–178.

363. K. ZEUMER, Heiliges römisches Reich deutscher Nation. Eine Studie über den Reichstitel. Weimar 1910.

8. Sprache und Literatur

364. A. BACH, Zur Frankonisierung des deutschen Ortsnamenschatzes, in: Siedlung, Sprache und Bevölkerungsstruktur im Frankenreich. Hrsg. von F. Petri. Darmstadt 1973, 183–208 (erstm. 1954).

365. W. BETZ, Karl der Große und die Lingua Theodisca, in: [334] 392–404 (erstm. 1965).

366. H. DE BOOR, Die deutsche Literatur von Karl dem Großen bis zum Beginn der höfischen Dichtung, 770–1170. 9. Aufl. bearb. von H. Kolb. München 1979.

367. A. BORST, Der Turmbau von Babel. Geschichte der Meinungen über Ursprung und Vielfalt der Sprachen und Völker. 4 Bde. Stuttgart 1957–1963.

368. F. BRUNHÖLZL, Geschichte der lateinischen Literatur des Mittelalters, Bd. 2: Die Zwischenzeit vom Ausgang des karolingischen Zeitalters bis zur Mitte des 11. Jahrhunderts. München 1992.

369. H. EGGERS, Deutsche Sprachgeschichte, Bd. 1: Das Althochdeutsche. Reinbek 1963.

370. H. EGGERS, Nachlese zur Frühgeschichte des Wortes Deutsch, in: [334] 374–391 (erstm. 1961).

371. I. EICHHOFF/I. RAUCH (Hrsg.), Der Heliand. Darmstadt 1973.

372. K. GARBER (Hrsg.), Nation und Literatur im Europa der Frühen Neuzeit. Tübingen 1989.

373. D. GEUENICH, Die volkssprachige Überlieferung der Karolingerzeit aus der Sicht des Historikers, in: DA 39 (1983) 104–130.

374. F. GRAUS, Littérature et mentalité médiévales: Le roi et le peuple, in: Historica 16 (1969) 5–79.

375. H. GÜNTHER, Probleme beim Verschriften der Muttersprache. Otfrid von Weißenburg und die *lingua theodisca*, in: Zs. f. Literaturwiss. und Linguistik 59 (1985) 36–54.

376. W. HAUBRICHS, Die Praefatio des Heliand. Ein Zeugnis der Re-

ligions- und Bildungspolitik Ludwigs des Deutschen, in: [371] 400–435 (erstm. 1966).

377. W. Haubrichs, Nekrologische Notizen zu Otfrid von Weißenburg. Prosopographische Studien zum sozialen Umfeld und zur Rezeption des Evangelienbuchs, in: Adelsherrschaft und Literatur. Hrsg. von H. Wenzel. Bern 1980, 7–113.

378. D. Hofmann, Die altsächsische Bibelepik zwischen Gedächtniskultur und Schriftkultur, in: [s. 313] 453–483.

379. D. Kartschoke, Geschichte der deutschen Literatur im frühen Mittelalter. München 1990.

380. H. Keller, Die Entwicklung der europäischen Schriftkultur im Spiegel der mittelalterlichen Überlieferung, in: Geschichte und Geschichtsbewußtsein. Fschr. K.-E. Jeismann. Hrsg. von P. Leidinger/D. Metzler. Münster 1990, 171–204.

381. W. Kleiber, Otfrid von Weißenburg. Untersuchungen zur handschriftlichen Überlieferung und Studien zum Aufbau des Evangelienbuches. Bern 1971.

382. P. von Polenz, Landschafts- und Bezirksnamen im frühmittelalterlichen Deutschland, Bd. 1: Namentypen und Grundwortschatz. Marburg 1961.

383. I. Reiffenstein, Diutisce. Ein Salzburger Frühbeleg des Wortes „deutsch", in: Peripherie und Zentrum. Studien zur österreichischen Literatur. Hrsg. von G. Weiss/K. Zelewitz. Salzburg 1971, 243–263.

384. K. H. Rexroth, Volkssprache und werdendes Volksbewußtsein im ostfränkischen Reich, in: [134] 275–315.

385. R. Schnell, Deutsche Literatur und deutsches Nationsbewußtsein in Spätmittelalter und früher Neuzeit, in: [s. 80] 247–319.

386. R. Schnell (Hrsg.), Die Reichsidee in der deutschen Dichtung des Mittelalters. Darmstadt 1983.

387. S. Sonderegger, Tendenzen zu einem überregional geschriebenen Althochdeutsch, in: [134] 229–273.

388. I. Strasser, Diutisk-deutsch. Neue Überlegungen zur Entstehung der Sprachbezeichnung. (SB Österr. Akad. d. Wiss., Phil.-hist. Kl. 444.) Wien 1984.

389. H. Thomas, Bemerkungen zu Datierung, Gestalt und Gehalt des Annoliedes, in: [386] 384–402.

390. H. Thomas, *Frenkisg*. Zur Geschichte von *theodiscus* und *teutonicus* im Frankenreich des 9. Jahrhunderts, in: Beiträge zur Geschichte des Regnum Francorum. Hrsg. von R. Schieffer. Sigmaringen 1990, 67–95.

391. H. THOMAS, Theodiscus – Diutiskus – Regnum Teutonicorum, in: RhVjbll 51 (1987) 287–302.

392. L. WEISGERBER, Deutsch als Volksname. Stuttgart 1953.

393. P. WIESINGER, Regionale und überregionale Sprachausformung im Deutschen vom 12. bis 15. Jahrhundert unter dem Aspekt der Nationsbildung, in: [s. 80] 321–343.

9. Das Reich in Europa

394. R. L. BENSON/G. CONSTABLE (Hrsg.), Renaissance and Renewal in the Twelfth Century. Oxford 1982.

395. D. BERG, England und der Kontinent. Studien zur auswärtigen Politik der anglonormannischen Könige im 11. und 12. Jahrhundert. Bochum 1987.

396. H. BEUMANN/W. SCHRÖDER (Hrsg.), Die transalpinen Verbindungen der Bayern, Alemannen und Franken bis zum 10. Jahrhundert. Sigmaringen 1986.

397. G. A. BEZZOLA, Das Ottonische Kaisertum in der französischen Geschichtsschreibung des 10. und beginnenden 11. Jahrhunderts. Graz 1956.

398. E. BOSHOF, Lotharingien – Lothringen. Vom Teilreich zum Herzogtum, in: Zwischen Gallia und Germania, Frankreich und Deutschland. Hrsg. von A. Heit. Trier 1987, 129–153.

399. E. BOSHOF, Lothringen, Frankreich und das Reich in der Regierungszeit Heinrichs III., in: RhVjbll 42 (1978) 63–127.

400. H. BÜTTNER, Heinrichs I. Südwest- und Westpolitik. Konstanz 1964.

401. J. EHLERS, Carolingiens, Robertiens, Ottoniens: politique familiale ou relations franco-allemandes?, in: Le roi de France et son royaume autour de l'an Mil. Hrsg. von M. Parisse/X. Barral i Altet. Paris 1992, 39–45.

402. J. EHLERS, Deutsche Scholaren in Frankreich während des 12. Jahrhunderts, in: Schulen und Studium im sozialen Wandel des hohen und späten Mittelalters. Hrsg. von J. Fried. Sigmaringen 1986, 97–120.

403. J. EHLERS, Die Historia Francorum Senonensis und der Aufstieg des Hauses Capet, in: JMedH 4 (1978) 1–26.

404. A. VON EUW/P. SCHREINER (Hrsg.), Kaiserin Theophanu. 2 Bde. Köln 1991.

405. V. VON FALKENHAUSEN, Untersuchungen über die byzantinische

Herrschaft in Süditalien vom 9. bis ins 11. Jahrhundert. Wiesbaden 1967.

406. H. Fichtenau, Gentiler und europäischer Horizont an der Schwelle des ersten Jahrtausends, in: Ders., Ausgewählte Aufsätze, Bd. 3. Stuttgart 1986, 80–97 (erstm. 1981).

407. J. Fried, Die Formierung Europas 840–1046. München 1991.

408. J. Fried, Otto III. und Boleslaw Chrobry. Das Widmungsbild des Aachener Evangeliars, der „Akt von Gnesen" und das frühe polnische und ungarische Königtum. Wiesbaden 1989.

409. F. Graus, Deutsche und slawische Verfassungsgeschichte?, in: HZ 197 (1963) 265–317.

410. F. Graus, Die Entstehung der mittelalterlichen Staaten in Mitteleuropa, in: Historica 10 (1965) 5–65.

411. W. L. Grünewald, Das fränkisch-deutsche Kaisertum des Mittelalters in der Auffassung englischer Geschichtsschreiber (800–1273). Diss. phil. Frankfurt a. M. 1961.

412. R. Hiestand, Byzanz und das Regnum Italicum im 10. Jahrhundert. Zürich 1964.

413. W. Kienast, Deutschland und Frankreich in der Kaiserzeit (900–1270). Weltkaiser und Einzelkönige. 3 Bde. Stuttgart 1974/75.

414. K. J. Leyser, Medieval Germany and its Neighbours, 900–1250. London 1982.

415. H. Löwe, Kaisertum und Abendland in ottonischer und frühsalischer Zeit, in: Ders., Von Cassiodor zu Dante. Berlin 1973, 231–259 (erstm. 1963).

416. H. Ludat, An Elbe und Oder um das Jahr 1000. Skizzen zur Politik des Ottonenreiches und der slawischen Mächte in Mitteleuropa. Köln 1971.

417. H. Ludat, Deutsch-slawische Frühzeit und modernes polnisches Geschichtsbewußtsein. Köln 1969.

418. W. Mohr, Die lothringische Frage unter Otto II. und Lothar, in: RBPH 35 (1957) 705–725.

419. W. Mohr, Geschichte des Herzogtums Lothringen, Bd. 1. Saarbrücken 1974.

420. W. Ohnsorge, Das Zweikaiserproblem im frühen Mittelalter. Die Bedeutung des byzantinischen Reiches für die Entwicklung der Staatsidee in Europa. Hildesheim 1947.

421. W. Ohnsorge, Die Heirat Kaiser Ottos II. mit der Byzantinerin Theophanu (972), in: BraunJb 54 (1973) 24–60.

422. F. Prinz, Böhmen im mittelalterlichen Europa. München 1984.

423. F. Prinz, Die Grenzen des Reiches in frühsalischer Zeit, in:
     [254, Bd. 1] 159–173.
424. P. Riché, Les écoles et l'enseignement dans l'Occident chrétien
     de la fin du Ve siècle au milieu du XIe siècle. Paris 1979.
425. B. Schneidmüller, Ottonische Familienpolitik und französi-
     sche Nationsbildung im Zeitalter der Theophanu, in: [404,
     Bd. 2] 345–359.
426. H. Sproemberg, Die lothringische Politik Ottos des Großen, in:
     RhVjbll 11 (1941) 1–101.
427. G. Tellenbach, Vom Zusammenleben der abendländischen
     Völker im Mittelalter, in: Fschr. G. Ritter. Hrsg. von R. Nürn-
     berger. Tübingen 1950, 1–60.
428. P. Weimar (Hrsg.), Die Renaissance der Wissenschaften im
     12. Jahrhundert. Zürich 1981.
429. K. F. Werner, Das hochmittelalterliche Imperium im politi-
     schen Bewußtsein Frankreichs (10.–12. Jahrhundert), in: [s. 307]
     Nr. 10 (erstm. 1965).
430. K. Zernack, Das Jahrtausend deutsch-polnischer Beziehungs-
     geschichte als geschichtswissenschaftliches Problemfeld, in:
     Grundfragen der geschichtlichen Beziehungen zwischen Deut-
     schen, Polaben und Polen. Hrsg. von W. H. Fritze/K. Zer-
     nack. Berlin 1976, 3–46.
431. K. Zernack, Deutschlands Ostgrenze, in: Deutschlands Gren-
     zen in der Geschichte. Hrsg. von A. Demandt. München 1990,
     135–159.

10. Nachtrag 2010

10.1 Reichsbildung

432. G. Althoff, Das ottonische Reich als *regnum Francorum*?, in:
     [474] 235-261.
433. B. Bigott, Ludwig der Deutsche und die Reichskirche im Ost-
     fränkischen Reich (826-876). Husum 2002.
434. C. Brühl/B. Schneidmüller (Hrsg.), Beiträge zur mittelalterli-
     chen Reichs- und Nationsbildung in Deutschland und Frankreich.
     München 1997.
435. R. Deutinger, Königsherrschaft im Ostfränkischen Reich. Eine
     pragmatische Verfassungsgeschichte der späten Karolingerzeit.
     Ostfildern 2006.

436. R. Deutinger, ‚Königswahl' und Herzogserhebung Arnulfs von Bayern. Das Zeugnis der älteren Salzburger Annalen zum Jahr 920, in: DA 58 (2002) 17-68.

437. W. Eggert, „Regna, partes regni, provinciae, ducatus." Bemerkungen zu Reichsbenennungen und -auffassungen in „deutschen" Geschichtswerken des 10. und 11. Jahrhunderts, in: MIÖG 104 (1996) 237-251.

438. J. Ehlers, Imperium und Nationsbildung im europäischen Vergleich, in: [448] 101-118.

439. J. Ehlers, Die Reichsfürsten, in: M. Puhle/C.-P. Hasse (Hrsg.), Heiliges Römisches Reich Deutscher Nation. Dresden 2006, 199-209.

440. W. Giese, Heinrich I. Begründer der ottonischen Herrschaft. Darmstadt 2008.

441. H.-W. Goetz (Hrsg.), Konrad I. - Auf dem Weg zum „Deutschen Reich"? Bochum 2006.

442. W. Hartmann, Ludwig der Deutsche. Darmstadt 2002.

443. W. Hartmann (Hrsg.), Ludwig der Deutsche und seine Zeit. Darmstadt 2004.

444. E. Hlawitschka, Vom Ausklingen der fränkischen und Einsetzen der deutschen Geschichte. Ein Abwägen von Kriterien, in: [434] 53-81.

445. J. Jarnut, Ein Treppenwitz? Zur Deutung der Reichsbezeichnung regnum Teutonicorum in den Salzburger Annalen, in: F.-R. Erkens/H. Wolff (Hrsg.), Von Sacerdotium und Regnum. Geistliche und weltliche Gewalt im hohen Mittelalter. Köln 2002, 313-323.

446. K. Nass, Die Reichschronik des Annalista Saxo und die sächsische Geschichtsschreibung im 12. Jahrhundert. Hannover 1996.

447. J. Schlick, König, Fürsten und Reich, 1056-1159. Stuttgart 2001.

448. B. Schneidmüller/St. Weinfurter (Hrsg.), Heilig - Römisch - Deutsch. Das Reich im mittelalterlichen Europa. Dresden 2006.

449. J. Schwarz, Herrscher- und Reichstitel bei Kaisertum und Papsttum im 12. und 13. Jahrhundert. Köln 2003.

450. M. Springer, Italia docet. Bemerkungen zu den Wörtern francus, theodiscus und teutonicus, in: D. Hägermann u.a. (Hrsg.), Akkulturation. Probleme einer germanisch-romanischen Kultursynthese in Spätantike und frühem Mittelalter. Berlin 2004, 68-98.

451. T. Struve, Vorstellungen von „König" und „Reich" in der zweiten Hälfte des 12. Jahrhunderts, in: [452] 288-311.

452. St. Weinfurter, Papsttum, Reich und kaiserliche Autorität. Von Rom 1111 bis Venedig 1177, in: E.-D. Hehl u.a. (Hrsg.), Das

Papsttum in der Welt des 12. Jahrhunderts. Stuttgart 2002, 77-99.

453. St. WEINFURTER (Hrsg.), Stauferreich im Wandel. Ordnungsvorstellungen und Politik in der Zeit Friedrich Barbarossas. Stuttgart 2002.

454. H. WEISERT, Seit wann spricht man von Deutschen?, in: BlldtLG 133 (1997) 131-168.

455. K. F. WERNER, Völker und Regna, in: [434] 15-43.

10.2 Ethnogenese

456. H. BECK u.a. (Hrsg.), Zur Geschichte der Gleichung „germanisch - deutsch". Sprache und Namen, Geschichte und Institutionen. Berlin 2004.

457. R. BERGMANN, Deutsche Sprache und römisches Reich im Mittelalter, in: [448] 162-184.

458. K. BRUNNER/B. MERTA (Hrsg.), Ethnogenese und Überlieferung. Angewandte Methoden der Frühmittelalterforschung. Wien 1994.

459. R. DEUTINGER, Das ostfränkische Reich und das regnum Baioariorum, in: HZ 276 (2003) 581-611.

460. J. EHLERS, Die Sachsenmission als heilsgeschichtliches Ereignis, in: F. J. Felten/N. Jaspert (Hrsg.), Vita Religiosa im Mittelalter. Berlin 1999, 37-53.

461. A. GARDT (Hrsg.), Nation und Sprache. Die Diskussion ihres Verhältnisses in Geschichte und Gegenwart. Berlin 2000.

462. H.-W. GOETZ, Gentes. Zur zeitgenössischen Terminologie und Wahrnehmung ostfränkischer Ethnogenese im 9. Jahrhundert, in: MIÖG 108 (2000) 85-116.

463. H. JAKOBS, *Diot* und Sprache. *Deutsch* im Verband der Frankenreiche (8. bis frühes 11. Jahrhundert, in: [459] 7-46 .

464. H. JAKOBS, Theodisk im Frankenreich. Heidelberg 1998.

465. H. KELLER, Der Blick von Italien auf das „römische" Imperium und seine „deutschen" Kaiser, in: [448] 286-307.

466. J.-M. MOEGLIN, Der Blick von Frankreich auf das mittelalterliche Reich, in: [448] 251-265.

467. L. SCALES, Late medieval Germany: an under-Stated nation?, in: L. Scales/O. Zimmer (Hrsg.), Power and the Nation in European History. Cambridge 2005, 166-191.

468. L. E. SCALES, Monarchy and German identity in the later Middle Ages, in: Bulletin of the John Rylands University Library of Manchester 83 (2001) 167-200.

469. B. SCHNEIDMÜLLER, Völker – Stämme – Herzogtümer? Von der

Vielfalt der Ethnogenesen im ostfränkischen Reich, in: MIÖG 108 (2000) 31-47.

470. K. Schulz, Was ist deutsch? Zum Selbstverständnis deutscher Bruderschaften im Rom der Renaissance, in: A. Meyer u.a. (Hrsg.), Päpste, Pilger, Pönitentiarie. Tübingen 2004, 135-179.

471. H. Thomas, Sprache und Nation. Zur Geschichte des Wortes *deutsch* vom Ende des 11. bis zur Mitte des 15. Jahrhunderts, in: [459] 47-101.

472. H. Wolfram, Die undeutsche Herkunft des Wortes „deutsch", in: R. Bratož (Hrsg.), Slowenien und die Nachbarländer zwischen Antike und karolingischer Epoche. , Bd. 1. Ljubljana 2001, 41-55.

10.3 Nation

473. A. Bues/R. Rexheuser (Hrsg.), Mittelalterliche natiortes - neuzeitliche Nationen. Probleme der Nationenbildung in Europa. Wiesbaden 1995.

474. J. Ehlers (Hrsg.), Deutschland und der Westen Europas im Mittelalter. Stuttgart 2002.

475. J. Fried, Imperium Romanum. Das römische Reich und der mittelalterliche Reichsgedanke, in: Millenium 3 (2006) 1-42.

476. S. Gawlas, Der Blick von Polen auf das mittelalterliche Reich, in: [448] 266-285.

477. W. Giese, Rex Ruffe, furoris Teutonici ductor! Kaiser Friedrich Barbarossas Kriegsführung in Italien – eine Wiederauferstehung des *furor teutonicus*?, in: U. Lindgren u.a. (Hrsg.), Sine ira et studio. Militärhistorische Studien zur Erinnerung an Hans Schmidt. Kallmünz 2001, 41-50.

478. U. Goerlitz, Literarische Konstruktion (vor-)nationaler Identität seit dem *Annolied*. Analysen und Interpretationen zur deutschen Literatur des Mittelalters (11.-16. Jahrhundert). Berlin 2007.

479. R. Grosse, Kaiser und Reich aus der Sicht Frankreichs in der zweiten Hälfte des 12. Jahrhunderts, in: [453] 172-188.

480. C. Hirschi, Wettkampf der Nationen. Konstruktionen einer deutschen Ehrgemeinschaft an der Wende vom Mittelalter zur Neuzeit. Göttingen 2005.

481. J. Jarnut, König Konrad I. und die Entstehung des mittelalterlichen deutschen Reiches, in: [441] 265-273.

482. N. Kersken, Geschichtsschreibung im Europa der „nationes". Nationalgeschichtliche Gesamtdarstellungen im Mittelalter. Köln 1995.

483. J.-M. MOEGLIN, Die historiographische Konstruktion der Nation - „französische Nation" und „deutsche Nation" im Vergleich, in: [474] 353-377.

484. J.-M. MOEGLIN, Nation et nationalisme du Moyen Age à l'époque moderne (France – Allemagne), in: RH 123 (1999) 537-553.

485. P. MORAW, Vom deutschen Zusammenhalt in älterer Zeit, in: M. Werner (Hrsg.), Identität und Geschichte. Weimar 1997, 27-59.

486. E. MÜLLER-MERTENS, Nationale Frage, deutscher Staat, Ermittlungsmethoden. Bemerkungen zu Forschungen an der Humboldt-Universität über das mittelalterliche Reich, in: M. Borgolte (Hrsg.), Mittelalterforschung nach der Wende 1989. München 1995, 27-42.

487. E. MÜLLER-MERTENS, Römisches Reich im Besitz der Deutschen, der König an Stelle des Augustus. Recherche zu der Frage: seit wann wird das mittelalterlich-frühneuzeitliche Reich von den Zeitgenossen als römisch und deutsch begriffen?, in: HZ 282 (2006) 1-58.

488. E. MÜLLER-MERTENS, Imperium und Regnum im Verhältnis zwischen Wormser Konkordat und Goldener Bulle, in: HZ 284 (2007) 561-595.

489. E. MÜLLER-MERTENS, Römisches Reich im Frühmittelalter: kaiserlich-päpstliches Kondominat, salischer Herrschaftsverband, in: HZ 288 (2009) 51-92.

490. L. E. SCALES, Germen militiae: War and German identity in the later Middle Ages, in: Past & Present 180 (2003) 41-82.

491. R. SCHIEFFER, König Konrad I. in der modernen Geschichtswissenschaft, in: [441] 33-41.

492. R. SCHNEIDER, Die Anfänge der deutschen Geschichte, in: ZRG GA 124 (2007) 1-81.

493. B. SCHNEIDMÜLLER, Reich - Volk - Nation: Die Entstehung des Deutschen Reiches und der deutschen Nation im Mittelalter, in: [473] 73-101.

494. V. SCIOR, Das Eigene und das Fremde. Identität und Fremdheit in den Chroniken Adams von Bremen, Helmolds von Bosau und Arnolds von Lübeck. Berlin 2002.

495. M. SPRINGER, Fragen zur Entstehung des mittelalterlichen deutschen Reichs, in: ZfG 43 (1995) 405-420.

496. B. ZIENTARA, Frühzeit der europäischen Nationen. Die Entstehung von Nationalbewußtsein im nachkarolingischen Europa. Osnabrück 1997.

Register

1. Personen

2. Orte

3. Sachen

Enzyklopädie deutscher Geschichte
Themen und Autoren

Mittelalter

**Agrarwirtschaft, Agrarverfassung und ländliche Gesellschaft im Mittelalter
(Werner Rösener) 1992. EdG 13**
**Adel, Rittertum und Ministerialität im Mittelalter (Werner Hechberger) 2004.
EdG 72**
Die Stadt im Mittelalter (Frank G. Hirschmann) 2009. EdG 84
Die Armen im Mittelalter (Otto Gerhard Oexle)
Frauen- und Geschlechtergeschichte des Mittelalters (Hedwig Röckelein)
Die Juden im mittelalterlichen Reich (Michael Toch) 2. Aufl. 2003. EdG 44

Gesellschaft

Wirtschaftlicher Wandel und Wirtschaftspolitik im Mittelalter
(Michael Rothmann)

Wirtschaft

Wissen als soziales System im Frühen und Hochmittelalter (Johannes Fried)
Die geistige Kultur im späteren Mittelalter (Johannes Helmrath)
**Die ritterlich-höfische Kultur des Mittelalters (Werner Paravicini)
2. Aufl. 1999. EdG 32**

Kultur, Alltag,
Mentalitäten

Die mittelalterliche Kirche (Michael Borgolte) 2. Aufl. 2004. EdG 17
Mönchtum und religiöse Bewegungen im Mittelalter (Gert Melville)
**Grundformen der Frömmigkeit im Mittelalter (Arnold Angenendt) 2. Aufl.
2004. EdG 68**

Religion und
Kirche

Die Germanen (Walter Pohl) 2. Aufl. 2004. EdG 57
**Das römische Erbe und das Merowingerreich (Reinhold Kaiser)
3., überarb. u. erw. Aufl. 2004. EdG 26**
Das Karolingerreich (Jörg W. Busch)
**Die Entstehung des Deutschen Reiches (Joachim Ehlers) 3., um einen Nach-
trag erw. Aufl. 2010. EdG 31**
**Königtum und Königsherrschaft im 10. und 11. Jahrhundert (Egon Boshof)
3., aktualisierte und um einen Nachtrag erw. Aufl. 2010. EdG 27**
**Der Investiturstreit (Wilfried Hartmann) 3., überarb. u. erw. Aufl. 2007.
EdG 21**
**König und Fürsten, Kaiser und Papst nach dem Wormser Konkordat
(Bernhard Schimmelpfennig) 1996. EdG 37**
Deutschland und seine Nachbarn 1200–1500 (Dieter Berg) 1996. EdG 40
Die kirchliche Krise des Spätmittelalters (Heribert Müller)
**König, Reich und Reichsreform im Spätmittelalter (Karl-Friedrich Krieger)
2., durchges. Aufl. 2005. EdG 14**
**Fürstliche Herrschaft und Territorien im späten Mittelalter (Ernst Schubert)
2. Aufl. 2006. EdG 35**

Politik, Staat,
Verfassung

Frühe Neuzeit

**Bevölkerungsgeschichte und historische Demographie 1500–1800
(Christian Pfister) 2. Aufl. 2007. EdG 28**

Gesellschaft

Umweltgeschichte der Frühen Neuzeit (Reinhold Reith)
**Bauern zwischen Bauernkrieg und Dreißigjährigem Krieg (André Holenstein)
1996. EdG 38
Bauern 1648–1806 (Werner Troßbach) 1992. EdG 19
Adel in der Frühen Neuzeit (Rudolf Endres) 1993. EdG 18
Der Fürstenhof in der Frühen Neuzeit (Rainer A. Müller) 2. Aufl. 2004. EdG 33
Die Stadt in der Frühen Neuzeit (Heinz Schilling) 2. Aufl. 2004. EdG 24
Armut, Unterschichten, Randgruppen in der Frühen Neuzeit
(Wolfgang von Hippel) 1995. EdG 34
Unruhen in der ständischen Gesellschaft 1300–1800 (Peter Blickle) 1988. EdG 1**
Frauen- und Geschlechtergeschichte 1500–1800 (N. N.)
**Die deutschen Juden vom 16. bis zum Ende des 18. Jahrhunderts
(J. Friedrich Battenberg) 2001. EdG 60**

Wirtschaft **Die deutsche Wirtschaft im 16. Jahrhundert (Franz Mathis) 1992. EdG 11
Die Entwicklung der Wirtschaft im Zeitalter des Merkantilismus 1620–1800
(Rainer Gömmel) 1998. EdG 46
Landwirtschaft in der Frühen Neuzeit (Walter Achilles) 1991. EdG 10
Gewerbe in der Frühen Neuzeit (Wilfried Reininghaus) 1990. EdG 3
Kommunikation, Handel, Geld und Banken in der Frühen Neuzeit (Michael
North) 2000. EdG 59**

Kultur, Alltag, Renaissance und Humanismus (Ulrich Muhlack)
Mentalitäten **Medien in der Frühen Neuzeit (Andreas Würgler) 2009. EdG 85
Bildung und Wissenschaft vom 15. bis zum 17. Jahrhundert (Notker Hammer-
stein) 2003. EdG 64
Bildung und Wissenschaft in der Frühen Neuzeit 1650–1800
(Anton Schindling) 2. Aufl. 1999. EdG 30
Die Aufklärung (Winfried Müller) 2002. EdG 61
Lebenswelt und Kultur des Bürgertums in der Frühen Neuzeit (Bernd Roeck)
1991. EdG 9
Lebenswelt und Kultur der unterständischen Schichten in der Frühen Neuzeit
(Robert von Friedeburg) 2002. EdG 62**

Religion und **Die Reformation. Voraussetzungen und Durchsetzung (Olaf Mörke) 2005.
Kirche EdG 74
Konfessionalisierung im 16. Jahrhundert (Heinrich Richard Schmidt)
1992. EdG 12
Kirche, Staat und Gesellschaft im 17. und 18. Jahrhundert (Michael Maurer)
1999. EdG 51
Religiöse Bewegungen in der Frühen Neuzeit (Hans-Jürgen Goertz)
1993. EdG 20**

Politik, Staat, **Das Reich in der Frühen Neuzeit (Helmut Neuhaus) 2. Aufl. 2003. EdG 42**
Verfassung Landesherrschaft, Territorien und Staat in der Frühen Neuzeit (Joachim Bahlcke)
**Die Landständische Verfassung (Kersten Krüger) 2003. EdG 67
Vom aufgeklärten Reformstaat zum bürokratischen Staatsabsolutismus
(Walter Demel) 2., um einen Nachtrag erw. Auflage 2010. EdG 23**
Militärgeschichte des späten Mittelalters und der Frühen Neuzeit
(Bernhard R. Kroener)

Staatensystem, internationale Beziehungen

19. und 20. Jahrhundert

Gesellschaft

Wirtschaft

·

Kultur, Alltag und Mentalitäten

Lebenswelt und Kultur des Bürgertums im 19. und 20. Jahrhundert
(Andreas Schulz) 2005. EdG 75
Lebenswelt und Kultur der unterbürgerlichen Schichten im 19. und
20. Jahrhundert (Wolfgang Kaschuba) 1990. EdG 5

Religion und
Kirche

Kirche, Politik und Gesellschaft im 19. Jahrhundert (Gerhard Besier)
1998. EdG 48
Kirche, Politik und Gesellschaft im 20. Jahrhundert (Gerhard Besier)
2000. EdG 56

Politik, Staat,
Verfassung

Der Deutsche Bund 1815–1866 (Jürgen Müller) 2006. EdG 78
Verfassungsstaat und Nationsbildung 1815–1871 (Elisabeth Fehrenbach)
2., um einen Nachtrag erw. Aufl. 2007. EdG 22
Politik im deutschen Kaiserreich (Hans-Peter Ullmann) 2., durchges. Aufl.
2005. EdG 52
Die Weimarer Republik. Politik und Gesellschaft (Andreas Wirsching)
2., um einen Nachtrag erw. Aufl. 2008. EdG 58
Nationalsozialistische Herrschaft (Ulrich von Hehl) 2. Aufl. 2001. EdG 39
Die Bundesrepublik Deutschland. Verfassung, Parlament und Parteien
(Adolf M. Birke/Udo Wengst) 2., überarb. und erw. Auflage 2010. EdG 41
Militär, Staat und Gesellschaft im 19. Jahrhundert (Ralf Pröve) 2006. EdG 77
Militär, Staat und Gesellschaft im 20. Jahrhundert (Bernhard R. Kroener)
Die Sozialgeschichte der Bundesrepublik Deutschland bis 1989/90 (Axel
Schildt) 2007. EdG 80
Die Sozialgeschichte der DDR (Arnd Bauerkämper) 2005. EdG 76
Die Innenpolitik der DDR (Günther Heydemann) 2003. EdG 66

Staatensystem,
internationale
Beziehungen

Die deutsche Frage und das europäische Staatensystem 1815–1871 (Anselm
Doering-Manteuffel) 3., um einen Nachtrag erw. Aufl. 2010. EdG 15
Deutsche Außenpolitik 1871–1918 (Klaus Hildebrand) 3., überarb. und um
einen Nachtrag erw. Aufl. 2008. EdG 2
Die Außenpolitik der Weimarer Republik (Gottfried Niedhart)
2., aktualisierte Aufl. 2006. EdG 53
Die Außenpolitik des Dritten Reiches (Marie-Luise Recker) 2., um einen
Nachtrag erw. Auflage 2010. EdG 8
Die Außenpolitik der Bundesrepublik Deutschland 1949 bis 1990 (Ulrich
Lappenküper) 2008. EdG 83
Die Außenpolitik der DDR (Joachim Scholtyseck) 2003. EDG 69

Hervorgehobene Titel sind bereits erschienen.

Stand: (Januar 2010)